suncolor

後真相時代

當真相被操弄、利用，
我們該如何看？如何聽？如何思考？

TRUTH

How the Many Sides to Every Story
Shape Our Reality

海特・麥當納 Hector Macdonald ／著　　林麗雪、葉織茵 ／譯

suncolor
三采文化

目 錄 CONTENTS

第一部　部分真相

第二部　主觀真相

作者序

　　我預期本書將招來強烈的批評。

　　現今假新聞與另類事實①大行其道，我在這樣的社會風氣下寫出本書，希望喚醒社會大眾關注真相②，並凝聚一股廣大的監督力量，嚴格要求政治人物、商業領袖、社會運動人士和其他專業溝通人士，對個人言論的真實性負起責任。因為我們真的在乎真相，所以我敢說大家願意為真相而戰。

　　只不過，真相並不像我們以為的那麼一清二楚。表述真相有很多種方式，但並不是每種方式都一樣誠實。大部分議題都具有多重真相，我們可以選擇傳達其中一個，而我們的選擇會發揮影響力，左右身邊的人對某項議題的認知與反應。我們可以善用真相來號召他人、激發行動，也可以濫用真相，故意誤導他人。真相可以透過各種形式來呈現，老練的溝通者正是利用真相繁複的面貌，來塑造我們對於現實的觀感。

---

① 編按：Alternative fact，一詞源自美國總統川普的顧問凱莉安‧康威（Kellyanne Conway）在 2017 年 1 月接受媒體訪問時，為白宮發言人未如實公布總統就職典禮出席人數所做的辯護。
② 譯按：在本書中，「truth」這個字和資訊有關的部分翻成「真相」，和理念有關的部分翻成「真理」。

　　雖然在本書中，有不少內容都是在剖析真相如何遭人利用而淪為謊言，不過說到底，本書要談的依然是真相，而不是謊言。驅使溝通者說假話的直覺、壓力和動機，同樣驅使他們以誤導的方式利用真相。因此，我想要揭穿別人如何利用真相，鼓勵大家指出誤導世人的真相，並譴責這種行為。

　　另一方面，我們也可以透過更有建設性的方式，利用各種不同真相團結群眾、激勵他人，甚至改革社會。只要選擇適當的真相，就能團結一家公司、激勵一支軍隊、加速新科技發展、號召世人支持某個政黨，或是激發整個組織的活力、創意和熱情。身為領袖，不僅要了解自己溝通時擁有哪些選項，更要知道如何選擇、呈現真相，以發揮最強大的號召力。

　　不論你是願意透過選擇真相來誠實溝通的人，或是厭倦政客、行銷和公關塑造真相來引人誤入歧途，都很適合閱讀本書。哪一個真相最能有效證明你的論點？哪一個真相最能激勵你的組織？哪一個真相最合乎道德倫理？哪一些真相有可能遭人利用，企圖說服我們採取對自身不利的行動？我們要如何反擊誤導人心的真相？我想，這本書應該有助於回答這些問題。

　　一本關於真相的書很容易被當成箭靶，被人批評不夠精確、不夠誠實。本書中蒐羅的許多故事與案例，我都盡可能採用最真確的事實。只是錯誤仍然在所難免，因此，不論是眼尖發現內容訛誤的讀者，或是對書中議題懂得比我更多的各方人士，都歡迎不吝指教。你們提供的回饋可讓本書再版時變得更好。此外，如果你們從新聞上看到，或是在職場與生活中曾經遭遇過一些有趣

的、狡猾的、無恥的或徹底改造的真相，我都願聞其詳。請透過以下網站，把你們的指正或建議傳給我：https://hectormacdonald.com/truth

海特　・　麥當納

二〇一七年十月，於倫敦

前言
當真相彼此牴觸

「被聽者誤解的真相比謊言更糟糕。」
　　── 威廉·詹姆斯,〈神聖的價值〉
（William James, "The Value of Saintliness"）

安地斯農民的困境

　　對素食者和乳糜瀉患者來說,藜麥的發現可說是一項奇蹟。這麼一顆富含鎂與鐵的無麩質種子,蛋白質含量比任何穀類都要多,還擁有一切人體無法自行製造的必需胺基酸。美國太空總署(NASA)宣稱,藜麥是完美的地球營養物質,非常適合用來當作太空人的食物。以色列籍英國名廚尤坦·奧圖蘭吉(Yotam Ottolenghi)更在二○○七年時大力推薦:「藜麥的滋味好極了,有一種令人心滿意足的『Q彈』口感,而且吃起來特別健康。」[1]藜麥原產於安地斯山脈,還有一段深深吸引歐美國家消費者的故事。據說印加人認為藜麥是神聖的種子,並將之尊為「萬穀之母」,印加國王每年還會用純金打造的農具,播下當季

第一批藜麥種子。就連聯合國也來歌頌這所謂的「超級食物」，宣布二〇一三年是「國際藜麥年」。

　　然而，這群狂熱的藜麥支持者隨即得知一項令人感到不安的事實：二〇〇六至二〇一三年間，玻利維亞與秘魯的藜麥價格漲了兩倍。起初大家還很高興，認為漲價能提升當地貧困農民的生活水準。過沒多久，又冒出一項傳聞，說北美人與歐洲人貪得無厭，害當地居民再也買不起藜麥，吃不起自己的傳統食物。二〇一一年，英國《獨立報》（*The Independent*）警告，玻利維亞的藜麥消費量「在過去五年來暴跌 34%，這種主食如今已變成奢侈品，當地家庭再也吃不起了」。[2] 美國《紐約時報》（*New York Times*）引用的研究顯示，藜麥產地的兒童營養不良現象出現惡化的趨勢。[3] 二〇一三年，英國《衛報》（*The Guardian*）的報導用更聳動的標題寫著：「素食者的胃有辦法消化難以下嚥的藜麥嗎？」新聞內容聲稱，對可憐的秘魯人與玻利維亞人來說，如今吃一頓「進口垃圾食物」反而還比較便宜。[4] 二〇一三年，《獨立報》的其中一個頭條寫著：「吃藜麥對你很好，但玻利維亞人卻慘了。」[5]

　　這些傳聞在世界各地引起回響，導致崇尚健康飲食的人陷入良心危機。加拿大《環球郵報》（*The Globe and Mail*）的標題斷言：「你越愛吃藜麥，秘魯人與玻利維亞人就越受傷害。」[6] 網友在社群媒體、素食部落格與健康飲食論壇上紛紛詢問，是否還能食用來自安地斯山脈的奇蹟種子。有一名女士公開表示自己不打算再吃藜麥了，她說：「這是原則問題……就因為像我這種人

造成了龐大的出口需求，迫使藜麥價格上漲，那些數不清多少世代都以藜麥為主食的人才會買不起這種食材……我們不吃藜麥也活得下去，我不吃藜麥也活得下去。」[7]

全球出口需求拉升藜麥價格，導致玻利維亞與秘魯當地居民處境艱難，這種見解聽起來頗有根據，自然受到許多人採信。不過看在經濟學家馬克・貝勒馬爾（Marc Bellemare）、塞斯・吉特（Seth Gitter）和喬漢娜・法赫朵岡札雷斯（Johanna Fajardo-Gonzalez）眼裡，卻不太對勁。說到底還是多虧了藜麥貿易，讓大量的外國資金流入玻利維亞與秘魯，其中有不少更回饋在某些特別貧困的地區。此外，在海拔四千二百公尺的高山上，也種不了多少其他農作物。照這樣看來，藜麥貿易對在地居民來說，理當是件好事呀？

於是經濟學家們追蹤秘魯家戶開支的調查資料，並且把那些家庭分成三大類：種植並食用藜麥的家庭、只食用而不種植藜麥的家庭，以及從來不碰藜麥的家庭。他們發現，二〇〇四至二〇一三年間，雖然藜麥農夫的家戶開支成長最快，這三種家庭的生活水準卻同樣都提升了。藜麥農夫越來越有錢，也會利用這些新增加的收入來幫助周遭的人。[8]至於只食用而不種植藜麥的家庭，平均來說，原本就比藜麥農夫富裕兩倍，想必還是負擔得起貴了一點點的藜麥。事實並不令人意外，只有 0.5% 的秘魯家庭把錢花在藜麥上。藜麥在家庭預算中向來不是多麼重要的部分。「這真的是一個幸福美滿的故事，」吉特說，「那些最貧窮的人滿載而歸。」[9]

　　但是藜麥消費量下跌 34% 又該怎麼解釋？結果發現，如果把時間區間拉得比藜麥價格攀升期更長更遠看來，不論是玻利維亞或秘魯，藜麥消費量都呈現穩定且緩慢下降的趨勢。由此可見，價格上漲與消費量下降之間並無顯著關聯。其中一種比較可能的解釋是，玻利維亞人與秘魯人純粹想換口味，吃些別的東西。「食物第一」（Food First）研究中心的成員譚雅‧克森（Tanya Kerssen），她在談及安地斯山的藜麥農民時曾說：「說真的，他們是吃膩了藜麥，才買其他食物來吃。」[10] 某個玻利維亞農藝學家則指出：「十年前，他們除了安地斯傳統飲食外沒什麼好選。現在既然能夠選擇，他們也想要吃米飯、麵條、糖果和可口可樂。他們什麼都想試試。」[11]

　　我去過秘魯的科爾卡峽谷，當地早在印加文明以前就一直栽種藜麥。藜麥是一種長得像穀類植物的作物，會結出深紅色或濃金色的藜麥穗。在此地，藜麥與本地品種的玉米和馬鈴薯在梯田上並排生長。我的秘魯嚮導潔西卡表示：「國外對藜麥需求的增加絕對是件好事，農民都歡天喜地，而且任何想買藜麥的人都還買得起。」她還提到另一個的好處，以前在秘魯，出身她那個地區的人因為吃藜麥，往往被都市人當作鄉巴佬；自從美國人和歐洲人熱切渴望藜麥，他們才開始把藜麥視為一種時尚。她說：「那些住在利馬的人，終於懂得尊重來自阿提普拉諾高原的人，還有我們的文化傳統。」

　　玻利維亞西南部處處是鹽沼與休眠火山，在那不宜人居的偏遠地帶，我看見當地人利用藜麥的收入，落實當地急需的發展

與觀光計畫。過去自給自足的農民拼命工作，才勉強能換得一家人溫飽，現在因為藜麥，他們開始有能力投資未來以及更遠大的志向。據玻利維亞外貿研究院院長何塞・路易斯・蘭蒂瓦・博里斯（José Luis Landívar Bowles）表示，藜麥可以「幫助許多人擺脫赤貧狀態」。[12]

　　二〇一七年四月，我唯一聽到關於這種農作物的顧慮，是供給量擴增導致價格下降。在玻利維亞，用來栽植藜麥的土地面積增加到三倍以上，原本在二〇〇七年還是五萬公頃，到了二〇一六年已擴大至十八萬公頃。貝勒馬爾告訴我：「藜麥市場運作的方式，幾乎就和經濟學教科書描述的一樣。新的生產者加入市場競爭，奪走了（暫時的）額外正常利潤。」

　　夕陽在科爾卡峽谷山頭緩緩落下時，我問潔西卡，歐洲與北美洲的消費者吃掉原本可能供給秘魯與玻利維亞居民的食物，他們是否該為此感到內疚。我大概猜得到答案，不過還是想聽在地人告訴我。潔西卡爆出一陣笑聲，接著伸出一隻手臂，彷彿要把整個豐饒的峽谷攬在懷中。「相信我，」她微微一笑，「我們有一大堆藜麥。」

　　這個關於食物風尚、全球貿易與消費者憂慮的古怪傳聞，乍看之下只是一個糾正謠言的故事。事實上，前半段大部分說法就和後半段的一樣真實。一方面，藜麥價格的確漲了三倍，因此對秘魯與玻利維亞的消費者來說，這種主食的確變得更加昂貴。另一方面，在這兩個國家中，藜麥消費量的確也下降了。唯一不真實的是由此推出的結論：歐美國家的健康飲食人士害得秘魯與

玻利維亞的人吃不起傳統糧食。這個遭到曲解的事實，反而可能對阿提普拉諾高原的居民造成真正的傷害。電影導演麥可·韋考克斯（Michael Wilcox）曾就這項議題拍攝了一部紀錄片，他說：「我曾在某些反藜麥文章上看到這種留言：『謝謝你指出真相，既然會傷害這些農民，我就不再吃玻利維亞藜麥了。』可是，不吃藜麥才真的會傷害這些農民。」[13]

　　一組偏頗的事實與遭到誤解的數據，在缺乏正確脈絡的情形下被串連成一套故事情節，不僅改變了食材的吸引力，也改變了食用這種食材的道德性。接下來你也會發現，片面的真相、數字、故事、吸引力和道德性，都只是其中一些元素。各行各業的溝通老手會利用這些元素，呈現某種世界觀，進而塑造現實的樣貌。就這個例子而言，新聞記者與部落客誘導消費者遠離藜麥，的確是出於一種高尚情操，在面對那些突然被捲進全球藜麥貿易風暴的窮人時，這群人是真心關懷他們的福祉。在後面章節中，我們會看到更多實際案例，政治人物、行銷人員、社運人士，甚至公務人員在形塑現實時，就未必懷著這麼純粹的善意了。

真相只有一個？

　　比較下列這兩種說法：
　　網際網路促使世界上的知識廣為流傳。
　　網際網路加速了錯誤資訊與仇恨的散播。

　　這兩種說法都對。然而，如果一個人從來沒聽說過網際網路，那麼第一種說法帶給他的印象，將與第二種說法截然不同。

　　每一個故事都有許多面向，換個說法就是，「任何一組事實都可以推論出不只一個真相」。我們從小小年紀就明白這個道理，每一個辯論新手或犯錯的學生都知道，要選擇對自己的處境最有利的真相。只是我們多半不清楚，這些不同的真相究竟為溝通者提供了多少彈性。在許多情況下，有各式各樣真誠的（甚至也許是公平的）正當方式，可以用來描述一個人、一件事、一樣東西或一項政策。

　　我把那些說法稱為「矛盾真相」（competing truths）。

　　幾年前，一家經歷轉型期的跨國企業邀請我去協助他們度過難關。這項任務並不稀奇，我在戰略溝通這一行累積了足夠經驗，讓我有機會協助許多世界一流的企業，釐清他們想做的事，並設法向他們的員工說明。我先去找那家公司最重要的幾位高階主管面談，蒐集他們對於產業與組織現狀的看法，整理好他們告訴我的事實，再前往一間位於曼哈頓的豪華商務套房，坐下來和執行長談這件事。我問執行長，他希望我為公司寫個「千載難逢」的故事，還是「火燒屁股」的故事？

　　如果是千載難逢的故事，就會描述令人興奮的新科技將如何協助公司，在某些關鍵市場滿足不斷成長的顧客需求，並進一步獲取利潤，開創成功的未來。但必須人人都支持即將實施的轉型計畫，否則公司就會錯失這個千載難逢的好機會。相較之下，

如果是火燒屁股的故事，就會反映公司近來的失敗，以及這些失敗衍生的深層組織問題，造成漠不關心與事態加劇的惡性循環，以致在短短五年內就可能毀掉整個公司。而扭轉這種命運的唯一方法，就是每個人都要支持即將實施的轉型計畫。

　　這兩個故事都是真的，公司的確有大展鴻圖的好機會，但要是大家不同心協力把握，組織的存在將岌岌可危。這兩種版本的真相皆為了實現同一個結果 —— 全體員工支持辛苦難捱的轉型過程，然而兩種真相在員工心中產生的印象卻是天差地別。聰明人聽了領導者的話會信以為真，開始對未來感到焦慮或興奮，至於他們是哪一種反應，取決於執行長訴說的是哪一個故事。不僅如此，他們的所做、所想和感覺，也會被他們秉持的心態染上異樣的色彩。

　　這種溝通方式具有令人不安的彈性，令我不禁疑惑，一個事件怎麼可能呈現不只一個真相？我想知道這種現象還可能出現在什麼地方，於是，不論是新聞、政治人物演說、廣告、論戰書籍、Facebook 的動態消息或是競選刊物，我開始辨識裡頭的矛盾真相。其中有些是用來倡導某個目標，對誰也沒壞處，有些則顯然是蓄意誤導、欺騙他人。一開始，我僅僅在部落格上把我看到的矛盾真相記錄下來，久而久之，我開始看出某些反覆出現的模式，便進一步針對這些模式展開更具批判性的全面分析。最重要的是，我終於明白別人選擇的矛盾真相，對我們的影響有多麼深遠。

◆ ◆ ◆

請你把時鐘往回轉個幾年，那時候你還沒聽說過什麼是藜麥。當你在商店的架子上發現這種食材，轉身向離你最近的店員請教。他說了一件關於你手中那包種子的真相，那件真相可能是：藜麥真的很有營養，不僅富含蛋白質、纖維和礦物質，脂肪含量也很低。

或是：購買藜麥可以增加南美洲貧困農民的收入。

或是：購買藜麥會導致玻利維亞與秘魯的人得花更多錢，才吃得起傳統食物。

或是：藜麥農業對安地斯山脈造成嚴重的環境衝擊。

如果店員選擇前兩個真相中的一個來回答你，而不是後兩個，你就更有可能買下藜麥。他藉由選擇其中一種矛盾真相來影響你的行動，而這些選擇一點一滴形塑了你生活周遭的現實。

店員做的還不只如此，事實上，他也塑造了你對藜麥的思考方式，替有關藜麥的一系列想法與信念打下基礎，為你的心態定型。未來很長一段時間裡，這種心態將持續影響你買什麼、說什麼以及吃什麼。

任何一種心態，都是我們對自身與周遭世界秉持的一系列信念、想法與意見。心態決定了我們如何思考、如何採取行動。

就某些方面而言，心態具有彈性。當我們對某個對象一無所知的時候，很容易就會受到影響。我們的心態上對藜麥感到好奇的那部分，讓我們在聽到第一個關於這種食材的訊息時，很容

易照單全收。然而一旦心態定型了，一旦確立了某種關於藜麥的觀點，要改變想法反而特別困難。比方說，如果有人告訴我們，藜麥農業會破壞安地斯山脈的環境，那麼三個月後，即使又有人說藜麥種子多麼營養，我們很可能仍會忽略、懷疑，甚至輕視這項資訊。這就是一種「確認偏誤」（confirmation bias），即當新的真相符合我們既有的心態，就比較容易被接納；當新的真相挑戰我們根深蒂固的觀點，則比較容易被排斥。

　　去過藜麥商店幾個月後的某一天，你和某個同事一起去吃午餐，並注意到她選擇了藜麥沙拉。如果你當初聽說的真相是藜麥會造成環境衝擊，你大概就會在內心嚴厲批判她選藜麥當午餐的行為，甚至可能試圖說服她選別的東西吃。你的心態已經受到最初接觸到的真相影響，就算過了這麼久，那個真相還是持續左右著你的思想與行動。

　　我們每個人都透過不同的透鏡觀看世界，而這些透鏡多半是由我們聽過、讀過的不同真相所構成。無論有心或無意，他人的言論或作為都會引導我們對於真相的詮釋與觀看角度。二十世紀的偉大政治記者兼矛盾真相能手沃爾特・李普曼（Walter Lippmann）寫道：「我們的意見所包含的，不論在空間、時間和數量上，都比我們直接觀察到的事物更廣闊、悠長且龐大。因此必須藉由他人言論與我們想像得到的一切，把這些意見拼湊出來。」[14] 他人的言論構成了我們「感受到的現實」，然而我們基於自己的感受採取行動，所以他人的言論也會影響客觀現實。

　　矛盾真相形塑現實。

　　矛盾真相影響心態，心態又影響我們的選擇與行動。我們根據自己相信的真相來投票、購物、工作、合作、鬥爭。有些真相跟著我們一輩子，左右著各種關鍵的選擇，甚至界定了我們性格的本質。不論我們面對的是警察槍擊案、企業使命宣言、一群難民、總統候選人、神聖的經典、科學新發現、引起爭議的雕像或自然災難，我們的反應一定都源自於我們的心態。

　　說來毫不誇張，我們想的、做的事多半取決於我們聽過的、讀過的矛盾真相。如果你認為，那些驅使你購買某個產品、支持某個政治人物、譴責某個公眾人物，或為了某個理念奮鬥的影響力，確實值得慎重考慮，就該了解矛盾真相如何運作，以及我們可以採取哪些對策。

王者之聲

　　第二次世界大戰爆發時，大英帝國國王喬治六世透過收音機對人民發表演說。他的講稿內容非常精簡，不只是因為他本人口吃的緣故。不論聽眾來自什麼背景、文化或教育程度，國王演說的內容都要能引起共鳴才行，還要考慮到非英語母語的人士，許多人不了解英國宣戰背後複雜的地緣政治，要聽懂關於時事的長篇大論可能會很吃力。有鑑於此，國王呼籲英國民眾「保持冷靜、堅定與團結」的口號出奇地簡單，通篇講稿只有四百多字，關於事實的部分甚至占不到一半。

　　「對大多數人來說，這是我們人生中第二次陷入戰爭。一次

又一次，我們努力想找出和平的手段，來化解我們自己和眼前敵人之間的歧見，只是最後仍然徒勞無功。我們和盟國必須正視來自另一項原則的挑戰，萬一這項原則擊敗了我們，世界上任何文明秩序也將就此瓦解。因此，我們不得不加入這場衝突。這項原則容許自私追求權力的國家漠視條約與神聖誓約，任意使用武力威脅或破壞其他國家的主權與獨立。當然，這樣的原則卸下一切偽裝後，就只是信奉強權即公理的野蠻教條而已。」[15]

想想他省略了哪些事情沒說：德國人改良軍備、破壞《凡爾賽條約》、納粹同義大利和蘇聯簽訂條約、德軍再度進駐萊茵蘭非軍事區、捷克斯洛伐克遭到占領等。更令人驚訝的是，國王甚至沒有提到任何關於德國、希特勒，或波蘭遭到入侵的事，反而全力強調具有普世號召力的道德主張。

喬治六世顯然省略了某些事實，並聚焦在刻意選取的重點上，但是幾乎沒有人認為他曲解了當時的局勢。他陳述的是一套精挑細選出來的事實，為的是穩定民心，協助大英帝國做好交戰準備。就算提供更多資訊，也不會讓人覺得他更加誠實，反而只會模糊他要傳達的關鍵訊息。

由此可見，矛盾真相也可以有建設性的用途。可靠的行銷人員懂得向不同顧客傳達不同訊息，強調與各個客層切身相關的產品好處；醫師告知患者必須知道的醫學事實，引導他們照料自身病況，並省略細胞生物學或藥理學的繁瑣知識，以免徒增困擾。社會正義倡議人士、環保人士、神職人員、公共衛生當局，以及各行各業的領袖，都必須採取適當的矛盾事實，才能感動他

人、說服他人，進而達成重要目標。

牙膏與乳癌

　　許多年來，高露潔公司一向在廣告中宣稱「超過 80% 的牙醫師推薦使用高露潔牙膏」。[16] 消費者自然會假設，這項調查數據代表高露潔牙膏勝過其他品牌。事實上，那項調查是問牙醫師推薦哪「些」品牌的牙膏。多數牙醫師都選了不只一個品牌，其中某個競品獲得的推薦次數甚至和高露潔差不多。高露潔公司誘導我們相信的東西，並不是那項調查真正要衡量的東西。即使這段廣告標語沒有說謊，最後還是遭英國廣告標準管理局禁止了。[17]

　　同樣使用矛盾真相，喬治六世對現實提出了精簡而誠實的說明，藜麥部落客天真地引述了扭曲現實的推論，高露潔公司的行銷人員則蓄意誤導消費者。這些例子並非少數個案，政治人物擅長藉由調度真相來營造錯誤印象；報紙採用掩飾部分真相的新聞標題來吸引目光，在比較沒人讀的正文中才還原完整真相；社運人士採用的則是對活動最有利的真相，儘管有時那些真相並不足以代表全部。

　　法蘭克・藍茲（Frank Luntz）說過：「我唯一不信的就是說謊，一旦超過那條界線，你幾乎什麼話都說得出口。」[18] 藍茲是運用矛盾真相的大師，我們待會兒就會來好好認識他。

　　各行各業都會有人企圖用矛盾真相誤導你，包括那些你應該要能信賴的、能提供你公正意見或重要建議的人。

乳癌在美國女性好發癌症的榜上排名第二，而且死亡率僅次於肺癌。當美國德州建康服務處（DSHS）在二〇一六年印製的孕婦健康手冊中，把墮胎和乳癌連結在一起，許多支持自由墮胎的讀者馬上緊張起來。手冊標題寫著「女性知的權利」，其中一節小標題是「墮胎的風險」，五大風險明列於下，包括死亡、不孕以及乳癌。以下是德州官方的健康建議：

「妳的孕史會影響妳罹患乳癌的機會。如果妳把寶寶生下來，未來就比較不容易罹患乳癌。研究顯示，墮胎將無法增加妳對於乳癌的抵抗力。」[19]

從研究結果看來，年輕時就生產的女性，罹患乳癌的風險較低，這句話是對的；至於墮胎會導致罹患乳癌的風險升高，從該領域所有最新研究結果來看，這句話怎麼看都是不對的。美國癌症協會表示：「科學證據並不支持這種想法，沒有證據顯示任何一種墮胎方式會導致罹患乳癌的風險升高，或導致罹患任何一種癌症的風險升高。」[20] 美國國家癌症研究所也同意：「研究始終未曾顯示，人工流產或自然流產與乳癌風險有任何關聯。」[21]

事實上，德州 DSHS 也沒說墮胎會導致罹癌，只暗示了這種想法。手冊上大可以寫：「避免懷孕不見得更能保護妳不得到乳癌。」但他們選擇了另一種說法。這種說法雖然沒錯，但顯然有意灌輸錯誤的觀念和聯想。德州民眾有權要求州政府提供立場公正的醫療建議，這些建議卻被政治目的取代了。

美國癌症協會醫療長奧提斯・布拉里（Otis Brawley）曾評論這件事，他說：「德州當局的措辭很迷人，雖然字面上沒有

錯，卻會混淆視聽。」[22]

既能為善也能為惡的強大工具

　　每個人說話或做事都帶有意圖，因此溝通者選擇傳達能推動意圖的事實，也是人之常情。這種選擇既可能合乎倫理，也可能虛偽不實。溝通者選擇傳達的關於現實的印象，既可以是符合客觀現實，也可以是故意扭曲客觀現實。溝通者的意圖既可能符合聽眾的利益，也可能違背他們的利益；可能是善意的，也可能是惡意的。矛盾真相是道德中立的工具，就像一把上了膛的手槍或一盒火柴，其所造成的影響與後果取決於我們的使用方式。接下來，我們會看到各種矛盾真相的運用實例，有的是為了達成良善目的，有的則不然。

　　為了方便讀者掌握概念，我把溝通者簡單分成以下三類：

1. **倡議者**：為了實現某個有益目標，選用矛盾真相來營造某種還算正確的現實印象。
2. **誤傳者**：出於無知散布矛盾真相，卻在無意間扭曲了現實。
3. **誤導者**：故意利用矛盾真相，來製造某種自己明知不對的現實印象。

　　在前述幾個案例中，喬治六世是倡導者，反對吃藜麥的人士是誤傳者，高露潔的行銷人員則是誤導者。

　　至於德州 DSHS，看在某些反墮胎人士眼裡也許是倡導者，

但其背後的意圖如果是要製造錯誤印象，導致他人誤解當前正確的科學觀念，一樣算是誤導者。不管意圖正當與否、言詞真實與否，任何人只要故意製造扭曲的現實印象，都算是誤導者。

　　身兼經濟學家與記者身分的英國廣播公司（BBC）節目主持人伊凡・戴維斯（Evan Davis）訪談過許多誤導者，他說：「到頭來你會發現，人們往往沒必要說謊。只要能夠用高明的技巧隱藏大量真相，不必靠任何謊言就能順利得逞。」[23]

　　有時候，溝通者基於某些正面的理由而選擇誤導他人。軍隊指揮官為了維持士兵高昂的鬥志，也許有必要掩蓋軍事演習的潛在危險；公衛部門官員為了避免大眾恐慌，也許有必要對某種流行病的風險輕描淡寫。前英國首相東尼・布萊爾（Tony Blair）也不情願地承認：「為了取得策略性目標的最大好處，政治人物有時不得不隱瞞、掩飾，甚至扭曲完整的真相。」[24] 如果手冊上的內容能拯救尚未出世的生命，你也許會覺得德州 DSHS 誤導讀者的行為是對的。然而我的目的並非教你判斷是非對錯，而是指出我們有必要考量這種溝通方式的倫理面向。至於誤導他人的理由是否足夠正當，就要由你自己判斷了。

寫給各位哲學家的一小段話

　　真相，是歷來廣受哲學家辯論的主題。他們爭論真相與知識之間的關係、真相的客觀性與普遍性，以及真相在宗教中的地位等。關於這類論述的書籍不少，卻非本書探討的重點。我也讀

過一些那樣的哲學書，說實在的，光是閱讀就讓人頭痛。

　　本書並非探討艱深意義的哲學著作，而是希望能為那些想要運用真實論述來說服、激勵他人的溝通者，以及任何擔心被他人所選擇的矛盾真相誤導的讀者，提供一套實用指引。話雖如此，或許這不失為一個好時機，把我對真相①的定義解釋清楚。

　　世界上有一些基於事實而成立的真相，人們對這些真相大抵上不會有任何異議。②無論印度獨立的日期或水的沸點，都是可以透過研究或科學測量查證的事實真相（factual truth）。然而世人仍會發表許多既非基於事實，也非造假或說謊的言論。在談論某樣東西好不好、值不值得擁有，或價值多少錢時，這些言論通常是主觀的判斷，我們卻把它們當成真相；如果有人說那不是真的，我們可能還會和他吵起來，因為對我們來說，那就是真的。當我們談到對未來的預期，以及關於意識形態或宗教信念，也常出現同樣的情形。

　　如果在定義真相時，還要廣泛納入主觀判斷、預期和信念，對某些讀者來說未免有點吃不消。但如果一本書只談事實真相，就沒辦法讓人全面認識、看清楚溝通者如何運用「真實的」言論（至少並非謊言），來說服他人以特定的方式思考、行動，進而塑造現實。如果有位深受敬重的美食評論家告訴我，某一道菜十分美味，我會很樂意相信他的評語，然後照他說的點一份來

---

① 譯按：作者在此刻意使用複數形式的「真相」，暗示真相不只一個。
② 在我們這個偏頗的後真相時代，我知道這種說法難免不切實際。

吃吃看。如果有位經驗豐富的土木工程師大喊：「這棟樓快要倒啦！」我也會把這話當真，為了保命拔腿就逃。

　　因此本書不僅談論事實真相，也探討那些被我們視為真實並願意照辦的言論。為了讓文章更簡單易懂，凡是提及信念、主張、判斷和預期，我都稱之為「真相」，單純因為「誰也無法確定這不是真的」。溝通者經常會製造聽似可信的非事實陳述，因此務必要了解他們的言論在什麼情況下確實可信，以及他們可能如何運用那些言論來影響我們。法國思想家伏爾泰（Voltaire）曾寫道：「有些真相既非人人適用，亦非千古不變。」本書正是試圖探討這樣的真相。

　　雖然我探討的真相包羅萬象，卻不包括假話與謊言。本書中不會研究謊言、另類事實、陰謀論、假新聞，或後真相時代一切令人氣結的廢話。畢竟還有許多作家、評論家和新聞記者，他們竭力譴責當代那些說謊造假的騙子，已經把這項工作做得很好了。我將聚焦在那些誤導者身上，將他們一個個從名為真相的遮羞布後方揪出來。

　　最後，我要向各位耐心讀到這裡的哲學家聲明一件事。我以矛盾真相為主題，所以你們可能會懷疑，我認為每一個真相都一樣好，或所謂真相就只是個人意見，於是把我當成狡猾的相對主義者③。各位大可放心，對於事實真相，我採取絕對主義觀點：

---

③ 編按：簡單地說，相對主義（relativism）主張觀點沒有絕對的對與錯，只有因立場不同、條件差異而相互對立。

即使我們只能領略真相的一小部分，真相依然存在。至於道德判斷、價值判斷，我則傾向於採取相對主義的態度，這一點在後續的討論中會很明顯看得出來。另外，因為個人知識有限，所以我即使未曾親眼目睹某些事實，只要敘述合情合理，我仍然願意把那些事實視為真相。因此我很樂意說，迦納是一個位於非洲的國家、搖滾巨星大衛·鮑伊（David Bowie）已經去世，以及豬無法飛上天，這些都是真的。如果你是那種連這些話都不相信的懷疑論者，本書大概也不太適合你閱讀。

四種矛盾真相

　　本書將帶領大家遊覽矛盾真相的世界，那裡多采多姿、充滿創意，有時候簡直無法無天。書中不只介紹輔助說明的實例，還會仔細探討以色列學校教授歷史的方法、社會與媒體數十年來對毒品的描述、失敗如何散發出奇怪的新吸引力、定義女權主義的最佳方式、卡崔娜颶風後發生了什麼事、為何政治人物可以同時主張工資上漲與下跌，以及引進無人自駕車將如何考驗立法人士的公正性。不論在政治、商業、媒體或日常生活中，我們都會遇到各式各樣的矛盾真相。我將帶著你深入剖析，認識倡導者與誤導者都會使用的溝通手段。

　　相信讀完本書後，你應該就有能力看出生活中的矛盾真相，讓自己不再任憑擺布，並且能夠以更有效的方式和家人、朋友、同事溝通。幾乎可以肯定的是，當你開始以英明睿智的方式

解讀真相，以令人信服的方式描述真相，將會變得更富有、更快樂、更有魅力，不會再隨便就受到影響（請注意，這番話是一種預期，並非我能夠承諾的事實真相）。

本書一共包含四大段落：

第一部：部分真相

大多時候，我們的言論儘管真實，卻無法傳達完整的真相。即使是最平淡無奇的人事物，也有其**複雜性**。部分真相正是源於這種複雜性，而成為溝通方式中不可避免的特徵。部分真相會形塑我們對於**歷史**的理解，而這份理解又將形塑我們自己。雖然**脈絡**對理解事物極為重要，人們卻可以用截然不同的方式描述同一套脈絡。統計與**數字**是製造矛盾真相的豐富素材，因為許多人不一定能了解這些數字的意義。此外，人類在演化過程中大量使用**故事**來溝通，但不要忘了，故事不一定會包含所有細節。

第二部：主觀真相

人會願意為對的事情而戰。為了達成自己渴望的目標，他們會爬過碎玻璃；為了取得最便宜的價格，他們會在某個街區大排長龍。當某人說某樣東西很好、很吸引人或很值錢，他說的只是一種主觀真相。正因這種真相是主觀的，所以也是可以改變的。我們之所以採取某種行動，往往是出於自己認定的**道德觀**、**吸引力**和**金錢價值**。如果想說服他人改變行動，先了解如何改變他們認定的主觀真相，也許就是關鍵所在。

第三部：人為真相

語言具有彈性。使用文字時，只要按照自己的需要代入**定義**，語言就可以表示我們希望它表示的意思。同理，我們替產品、事件和政策所取的**名字**，也左右著那些事物的成敗。名字與定義都是由人一手打造，所以都是人為真相。溝通者依照目的發明出新名詞或新定義時，實際上就是在打造新真相。人類一向擅長打造抽象事物，不論貨幣、公司、政治實體或品牌。正因為是人類的發明，所以這些**社會建構**都是可以輕易被更改的真相。

第四部：未知真相

當我們決定婚姻、教育、投資及生活中許多重要的事情時，通常都是根據聽起來最有說服力的**預測**來採取行動。關於一件事可以有各種不同的預測，不同的人面對未來也會採納不同的想法。除非在一段時間後，我們終於證明了哪一種想法是對的，否則那些想法依然是矛盾真相。我們可能永遠無法找出或證實關於宗教**信念**與意識形態的真正真相，但這些信念仍舊能夠激發無數人採取行動。只要我們無法證明信念是錯的，信念對這些人來說就是一種真理。

選擇自己的真相，改變周遭的世界

在反烏托邦小說《一九八四》（*Nineteen Eighty-Four*）中，喬治・歐威爾（George Orwell）設想了一個惡夢般的社會。在那

個社會中，政府的「真相部」負責扭曲現實，他們的手段就是散播謊言，以及製造虛構的歷史。不僅如此，政府更施行一種具有約束性的新語言④與「思想警察」制度，妨礙人民對政府的宣傳內容進行批判思考。歐威爾筆下主人翁拼命抗拒政府的謊言，不斷告訴自己：「世界上有真相也有謊言。只要你堅持忠於真相，甚至不惜對抗全世界，那麼你就沒發瘋。」

隨著社群媒體與穿戴式科技產品陸續問世，歐威爾對全面監控提出的反烏托邦觀點，似乎將以一種與他想像中略有不同的形式成真。看來歐威爾對真相被整併的憂慮是有根據的，只是發展的方向不同罷了。我們並非純粹被欺騙而已，更隱微難察的問題在於，我們經常是被真相誤導了。

如果能像故事主人翁溫斯頓那樣，不斷告訴自己真相只有一個，其他一切都偏離了真相，只是一種錯誤、一種謊言、一種假話，人生就簡單多了。只要選擇不同真相就可以影響現實，一想到這點就令人不安。正是矛盾真相這個想法本身，讓人覺得太過狡猾、不誠實、耍陰險。

然而矛盾真相可能造成的影響，比我們想像得更大、更廣。

只要是有人類活動的地方，幾乎都可以找到矛盾真相。我在後面章節中援引的例子，將反映出矛盾真相的多元性。其中一些例子不免涉及政治或具有爭議，就好像德州 DSHS 對孕婦的

---

④ 譯按：小說中將這種語言稱為「新語」（newspeak），是政府藉由簡化語言　來箝制人民思想範圍的手段。

建議那樣。無論是哪一個例子，無論你贊不贊成我的觀點都無所謂，重要的是，我希望你看見傳遞不同真相的可能性，以及傳遞那些真相帶來的結果。

　　藉由矛盾真相來形塑現實，可能會令我們暈頭轉向、感到困惑。尤其是面對向來視為理所當然的事物，一旦我們開始質疑其中的正當性，就特別容易產生這種感覺。當我們看到有人投機取巧，以狡猾的手段利用統計數據與定義，也許會覺得他們過於賣弄學問而不禁火氣直冒。當我們對世界的理解突然改變了，眼前浮現出嶄新的可能性，也許會覺得朝氣蓬勃、充滿靈感。最重要的是，矛盾真相的存在自有其意義，而且和每一個人切身相關。不管我們喜不喜歡，矛盾真相都會繼續影響我們每天的生活。為了自已，也為了社會，我們應該學習辨識矛盾真相的能力，以值得信賴的方式去運用矛盾真相，或是在必要的時候挺身對抗矛盾真相。

實踐指南

　　談論某一件事情時，往往不只有一種正確的方法。一方面，我們可以採用有建設性的矛盾真相來號召他人、激發行動；另一方面，也要當心某些溝通者利用矛盾真相，故意誤導我們。在本書各章結尾，你會讀到一則簡短的實踐指南，說明如何兼顧這兩種行動。

　　使用矛盾真相常會引起倫理爭議，與其在每一個章節中反覆講述，我們不如先訂立一項基本的判別原則：關於你描述的主題，如果閱聽者對你所知悉的每一項資訊也同樣瞭若指掌，那麼，他們會認為你的說法是公正客觀的嗎？

　　如果你的回答是肯定的，那麼你所陳述的內容大概就沒什麼問題。

　　除了合乎倫理這項基本原則，我還要提出另外三項原則供大家參考：

　　1. 溝通內容符合正確事實。

　　2. 溝通目的是為了讓閱聽者支持某項正面成果。

　　3. 不會造成閱聽者採取任何對自己有害的行動。

　　也許你有不一樣的參考標準，我只希望你能在心中秉持某些準則，好確保自己最後不致淪為誤導者……除非，你本來就打算成為那種人。

第一部

部分真相

第一章
複雜性

「真相是一面破裂成無數碎片的鏡子，而每個人都以為自己那一小塊碎片就是全部。」

—— 理查・柏頓，《天道頌》

（Richard Burton, *The Kasidah of Haji Abdu El-Yezdi*）

現實很複雜

桌上有一顆蛋。

這是一句明確而簡單的敘述。

你能想像出這顆蛋的模樣嗎？

閉上眼睛一會兒，想像自己看見那顆蛋，就放在素淨的白色桌面上。

你有多少把握，敢說你看見的蛋和我看見的一模一樣？

你想像那是一顆雞蛋嗎？

為什麼不是一顆鴨蛋？或一顆鴕鳥蛋？恐龍蛋呢？還是青

蛙蛋？鱒魚卵？為什麼不是一顆人類的卵子[1]？

又或者法貝熱彩蛋？還是復活節彩蛋，或蛋頭憨博弟？

回頭來談談雞蛋吧。你看到的是蛋殼完好如初的整顆雞蛋，還是經過烹調、盛在盤子裡的雞蛋？那顆蛋是煎的、炒的，還是水煮的？如果那是一顆母雞剛生下來的新鮮、完整的雞蛋，那麼，你看見的只有蛋殼，還是連蛋黃與蛋白的模樣也想像出來了呢？你想過那顆蛋裡的一絲絲血斑、蛋白質、脂肪及內含物質的分子結構嗎？你想過它的 DNA 與數以千計的基因序列嗎？其中的遺傳編碼是多麼龐大的工程？你想過那顆蛋裡有數兆個原子以及複雜的反應路徑嗎？

關於那顆蛋的象徵意義、用途和文化包袱呢？你想像的是嶄新的開始、創造的火花，是整個宇宙的再現嗎？也許你想像的是蛋糕與蛋白霜，或是在電影《鐵窗喋血》（*Cool Hand Luke*）或《快樂腳》（*Happy Feet*）中，那些令人難忘的關於蛋的場景？那顆蛋是抗議者的武器，還是某種投資機制[2]？你看到的是不是某顆蛋的圖畫，若是如此，你看到的真的是一顆蛋嗎？

這樣看來，蛋還真是複雜的東西。

一九八六年，英國《衛報》在電視與電影院曾播出一支廣告，一直留在我的腦海中。那是一段黑白畫面的新聞影片，一

---

① 譯按：蛋與卵在英文中皆為 egg。
② 譯按：談到投資或儲蓄時，常引用諺語「別將雞蛋放在同一個籃子裡」。

開始，有個光頭青年從一輛駛向他的汽車跑開；廣告音軌一片寂靜，只聽到口氣沉穩的旁白說：「從一個觀點看一件事，就會產生一種印象。」然後影片換了一個角度，同一個光頭青年的身影，這次他直直衝向一個商人，似乎打定主意要攻擊他，或偷走他的公事包；這時旁白說道：「從另一個觀點看，又會產生另一種截然不同的印象。」接著畫面切換到下一個鏡頭，這一次改從上方觀看這個場景，一大堆建築材料高懸在半空中，在商人頭頂上方劇烈搖晃，失去了控制。轉眼間，青年硬是把商人拉到一邊，救了他一命，那堆建材隨即一股腦兒翻落在路面上；旁白說出結論：「唯有綜觀全局，才能完全明白這是怎麼一回事。」

　　這支名為〈觀點〉（points of view）的廣告，是由 BMP 廣告公司 ③ 的創意總編約翰‧韋柏斯特（John Webster）監製，至今仍為世人津津樂道。許多英國觀眾離開電影院或關上電視機後，都帶著一種強烈的印象，認為唯有《衛報》能如實呈現世界的全貌，不會受政治動機左右而導致新聞報導流於片面。這個推銷手段很有說服力，事實證明也非常成功，讓《衛報》在二〇一二年再度以「綜觀全局」（whole picture）為主題展開推廣活動。

　　問題是沒有人可以真的綜觀全局。人生太複雜了。

　　找一扇離你最近的窗戶，往外看，你看到什麼？外面有幾

---

③ 譯按：BMP 即 Boase Massimi Pollitt，已於 2004 年更名為 Doyle Dane Bernbach（DDB）。

輛汽車？那些汽車是什麼顏色和廠牌？有多少不同品種的植物？你看得到人孔蓋嗎？附近建築物使用什麼建材？那些建築物一共開了幾扇窗戶？

如果你覺得一一描述窗外景物太困難，也可以針對某一個特定人物，試著描述你對他的看法。你的女兒、姪女或姊妹，在學校的表現比同儕優秀嗎？若是如此，你現在想到的八成是她的學業成績，或她贏得的賽跑名次。但是一個人不只一種面向，而且天天都在變化，難道光憑分數或名次就足以衡量個人的價值嗎？她的道德認知發展到什麼程度了？她每天都有吃健康又營養的午餐嗎？她的自拍照可以獲得幾個讚？

若我們總是企圖掌握一切可用資訊，以做出對周遭現實的實際見解，我們的頭腦大概會爆掉。因此我們別無選擇，只能簡化資訊，並揀取部分真相。我們隨時隨地都在這麼做。關鍵在於每個人都是從不同角度、用不同方法來揀選真相，並塑造出周圍的現實世界。你望向窗外時看見的可能是五種不同的樹，而我看見的可能是幾個人孔蓋。

雖然我們觀看的是同一個世界，我們對這個世界的見解卻迥然不同。如同那古老的耆那教寓言，我們是一群初次碰到大象的盲人。

摸到象腿的盲人說，大象就像一根柱子。

摸到象尾巴的盲人說，大象就像一條繩子。

摸到象鼻子的盲人說，大象就像一截樹枝。

摸到象肚皮的盲人說，大象就像一面牆。

摸到象牙的盲人說，大象就像一條管子。

摸到象耳朵的盲人說，大象就像一把扇子。

我們要如何決定現實的樣本該納入哪些東西？我們選擇時可能毫無警覺，全憑個人喜好或固有偏見，或任何當時聯想到的事物。我們可能只顧著關注對自己有意義的事物，或與自己心態相契合的事物，凡是與我們的世界觀相牴觸的想法和資訊，一概棄之不顧或不予重視。或者，我們也可能蓄意選用某些現實面向，來達成某些目的。

上路測試

不用多久，各國立法人士就會面臨一個問題：「我們該讓私人擁有的無人自駕車在城市中上路嗎？」

他們該如何回應這個問題？

到目前為止，無人自駕車對大多數人來說還是很稀奇的東西。Google 早已著手研發，特斯拉（Tesla）則朝著不同方向行動，各大汽車公司也都有自己的一套計畫。你可能瀏覽過影片，知道 Google 無人自駕車的外型奇特，就像太空艙。也許 Google 的設計影響了你的看法？你可能聽說過報導，知道以自駕模式行駛的特斯拉汽車曾經發生車禍，並造成傷亡。也許那件事影響了你的看法？

認真負責的立法人士應該會蒐集更多資訊，然後徵詢公務人員、利害關係人和政策顧問的意見，再做出決策。這時他們聽

到的，可能是一系列由各方人士提出的矛盾真相。

　　經濟學家：無人車是潛力龐大的新興產業，可以促進科技發展與消費者需求，進而推動經濟成長。此外，無人車也可以替駕駛省下大把時間，讓他們得以從事更有生產力的工作，或購買更多數位娛樂產品，這兩種活動都有益經濟發展。

　　工會代表：無人車不需要人來駕駛，陸路運輸業與計程車客運業將會有上百萬人失業。這是以一般工作者的權益為代價，圖利 Uber 與 UPS 等公司，將導致社會越來越不平等。

　　環保人士：無人車可以省下計程車的成本，提升替代移動模式的吸引力。如此一來，買車的人會越來越少，不論是交通壅塞情形，或是能源消耗、資源消耗，也都會越來越少。

　　交通安全專家：每年約有一百三十萬人死於道路意外，其中大部分都是人為疏失。雖然當軟體故障或環境感知功能失常時，無人車也會出意外，但還是比人操控的汽車安全有保障。

　　政治顧問：比起新冒出來的問題，選民還是比較能容忍存在已久的問題。萬一自駕系統出狀況，在大街上造成幾百人死亡，就算死亡人數比從前的紀錄低，政治上也絕對不允許這種失敗。

　　無人自駕車製造商：其實無人車有很多種，有些需要人為應用先進駕駛輔助系統（ADAS），有些提供人為控制的選項，有些則完全沒有裝置人為控制介面。因此無人車並非要或不要的二元議題，問題在於政府打算開放自動駕駛到什麼程度。

　　保險業者：未來汽車保險必須轉型，從針對人為疏失替個別駕駛人投保，變成針對技術故障替製造商投保。產物保險業很可

能會經歷一陣混亂期。

城市規劃師：無人車不必停在市中心，所以目前用來當作停車場的大量高價市區土地，都可以改造成其他更有益於市民的建築或設施，像是公園或運動場。

市府行政官員：我們要靠收取停車費來負擔城市服務支出，如果民眾再也不必停車，我們就必須提高稅收，或刪減部分服務項目，導致最弱勢的市民受害。

商業領袖：總有一天，無人車會變成全世界通行的交通工具。越快開放無人車上路，我國企業在這項新興產業就占有越大的領先與競爭優勢。

資訊安全專家：無人車很容易遭駭客入侵，我們可能一覺醒來發現恐怖分子或敵國破壞了所有車子的功能，或霸占了所有車子的操控權。

道德思想家：我們要預先設計好程式，才能幫助無人車應付危急情況。舉例來說，當無人車遇上一個闖進大馬路的孩子，它要直接撞上那個孩子，還是要冒著撞死行人的風險轉向駛離大馬路？身為立法人士，你必須判斷無人車在各種可怕的情況下，應該採取什麼行動。

像這樣多方徵詢意見後，立法人士看待特別複雜的議題時，雖然未必能輕易做出決策，至少能掌握比較客觀的平衡觀點。然而，要是立法人士正好都忙著處理其他議題，每個人都只能靠單一顧問的簡報來獲得資訊，那麼他們面對這項議題時，可能就只掌握了其中一種觀點。這時候，就和盲人摸象的故事一

樣，每個人都只能形成某種片面的見解，而這種見解多半也容易誤導他人。

想像一下，如果我們為這個問題舉行公投，就算政治人物都努力了解關於議題的每個面向了，大多數公民撥空好好研究各種觀點的可能性又有多大呢？

這類議題的複雜程度，加上現代人快速的生活步調與短暫的注意力，意味著我們在討論任何主題時，多半只考慮到其中幾個面向。除非多方聆聽不同聲音，否則無法更接近現實的全貌。

然而多數人並不會這麼做。我們僅僅從單一且狹隘的消息來源了解時事，我們傾向去找那些會贊同自己的朋友或同事談論各種議題。「確認偏誤」的現象十分普遍。遇上反駁個人信念的想法或資料時，我們往往下意識將它們過濾掉或不予理會。一旦要處理重大議題時，面對他人精挑細選的說辭，我們往往缺乏抵抗能力。即使絕大部分議題都包含了多種矛盾真相，值得好好研究，我們卻只願聽取其中一小部分。

一個矛盾真相可以比作一張照片。

當你拍下照片，手中相機捕捉到的恰恰就是鏡頭正前方的景物；另一方面，你也可以決定要在畫面中呈現哪些東西，運用各種方式來形塑照片所呈現的現實。你可以變換焦距，調整畫面中物件的主從關係，也可以用閃光燈照亮畫面，或刻意減少曝光。等你拍完照片，還可以利用數位後製工具修飾照片，像是製造暗角、改變顏色、增強對比、減少顆粒感等。

照相機不會說謊，然而面對同樣的景物，你仍然可以拍出一千張不同的照片。

同樣地，你必須決定要把哪些物件放進照片中，或是選擇排除那些你不想要的物件。不喜歡朵琳姑媽？拍照時稍微移動相機，或修圖時把姑媽裁切掉，她就好像從來沒出現過。我們在溝通的時候，做的就是同樣的事情。

立法人士很忙，只能諮詢一、兩個特別顧問，所以顧問要先讀遍相關資訊，全盤掌握無人自駕車的議題。身為顧問，必須懷著大無畏精神，才能做到公正無私，妥善平衡各種不同觀點，不受私心左右，獨厚某些意見。如果顧問已經投資無人車製造公司，就不太可能多談駭客對自駕系統的威脅，或意料之中的失業問題。反過來說，如果顧問嫁給了計程車司機，就可能對無人車對環境與安全的益處輕描淡寫。

同理，一旦立法人士拿定了主意，在議會上或媒體前，又會如何捍衛自己的立場？他可能稍微讀過一、兩個支持對立方的論點，但是在演講或簡報時，他仍會著重於傳達自己擁護的立場與觀點。

戰術一：省略

每個人在傳遞跟自己有關的資訊時，自然會採取省略戰術。我們從不在 Facebook 上張貼自貶身價的照片，就像第一次約會絕不會告訴對方自己睡覺會打鼾，或有個老是添麻煩的親

戚。面對越複雜的話題，我們就越有可能省略那些對自己無益的真相——明明還有那麼多值得談論的事情，不是嗎？

　　這種情形實在太常見了，世人往往以省略為手段，隱瞞某些重要的真相，甚至扭曲現實。銀行提供一系列基金方案，理財專員卻只對外宣傳表現最好的其中幾支；醫院管理者為癌症死亡人數減少大肆慶功，對院內感染病例數增加卻絕口不提；食品包裝業者大張旗鼓宣稱自己用健康食材，卻在包裝背面不顯眼的角落處，用細小字樣印上其他不健康的成分。

　　然而省略不一定就會誤導他人。電腦製造商、零售商為了表示自己比競爭對手更出色，大可展示一堆技術與設計細節，把我們搞得一頭霧水。不過他們曉得一般消費者消化不了那麼多資訊，於是乾脆省略大部分細節，轉而強調某些產品規格，像是記憶體容量、處理器速度。雖然我們無法藉此比較出兩牌產品之間的細微差異，卻會因此覺得感激不盡。

複雜的商店

　　二〇一四年，法國規模最大的阿歇特出版集團（Hachette）槓上零售龍頭亞馬遜公司（Amazon），爭奪電子書定價權。《出版人週刊》（*Publishers Weekly*）登出斗大的標題：「亞馬遜真的是大惡魔嗎？」[1]值得褒獎的是，這家專業雜誌採用平衡報導，並指出：「有些出版專業人士與發行商開始提出異議，認為亞馬遜並非惡魔的化身。」

　　實體書店向來厭惡亞馬遜公司，這點不難理解，畢竟這間線上零售企業已經害得許多書店倒閉。英國連鎖水石書店（Waterstones）的總經理詹姆斯·鄧特（James Daunt），把亞馬遜公司形容成「只顧著賺錢的無情惡魔」。[2] 靠著實體書商辛苦耕耘而建立龐大讀者群的作家，也紛紛抨擊亞馬遜造成的損失。作家兼書店創辦人安·派契特（Ann Patchett）說：「亞馬遜鐵了心要消滅我們。」[3] 時任美國作家協會主席的史考特·杜羅（Scott Turow）則說亞馬遜公司是「文學界的達斯·維達 ④」。[4]

　　曾因亞馬遜創立之初所帶來的營業額而大表歡迎的出版社，現在也開始擔心這家網路書店龍頭獨霸整個產業。亞馬遜為了爭取銷售條件，還捲入了其他不少糾紛，其中最廣為人知的一場惡鬥，即是與阿歇特出版集團的定價權爭奪戰。當亞馬遜開始「打壓」阿歇特旗下作家、延遲其出版品的到貨時間，並將上網瀏覽阿歇特出版品的買家導向其他頁面時，超過九百位作家聯合簽署公開信以表抗議。美國作家聯盟聲請美國司法部調查這家零售商：「我們認為亞馬遜濫用霸權的方式，已經損及美國讀者的權益、榨乾整體圖書產業、毀掉許多作家的職涯（甚至製造恐懼），並妨礙思想的自由流動。」[5]

　　另一方面，不少作家與小型出版社卻將亞馬遜視為救星。自從有了 Kindle 自助出版（KDP）平臺後，許多曾被傳統出版社回絕或拋棄的作家可以自行出版電子書，甚至抽取售價70%的

④ 譯按：Darth Vader，即星際大戰電影中的黑武士。

版稅。相比之下，企鵝藍燈書屋（Penguin Random House）或阿歇特這類傳統出版社，絕不可能提供這麼優渥的待遇。英國《展望》（Prospect）雜誌主編喬納森‧德比夏（Jonathan Derbyshire）認為，這一類作家把亞馬遜視為「將文學產銷工具大規模民主化的接生婆」。英國作家協會對其成員展開一項調查，在他們收到的回覆中，「讚許亞馬遜書店的人，比想要抹煞它的人還要多」。[6]

美國驚悚小說家巴里‧艾斯勒（Barry Eisler）認為：「比起從前，現在有更多人購買更多書，也有更多人開始靠寫作維生。那些身家百萬的大作家為什麼要摧毀唯一能實現這一切的亞馬遜？」[7]

小型出版社同樣可以用 KDP 平臺來推出電子書，並對全球讀者銷售實體印刷版本，而且在三十天內就能收到帳款，這是絕大部分書店與經銷商無法提供的好處。銷售落在「長尾」[5] 階段的書，通常很難出現在書店架上，這些書的作家或出版商自然對亞馬遜滿懷感激。同樣地，雖然有些讀者感嘆在地書店消失，有些讀者卻樂見亞馬遜帶來低價且豐富的選擇。有了大受歡迎的 Kindle 電子書閱讀器，亞馬遜對於推廣電子書的貢獻更超越其他公司，而且顯然也鼓舞了無數人開始閱讀。

當然，我簡化了整個事態的複雜性。關於亞馬遜公司對圖

---

⑤ 譯按：「長尾」（long tail）一詞源自「長尾理論」。在統計圖上，曲線陡峭的前端多半是紅極一時的暢銷商品，拖長的尾端往往是相對冷門、銷售較緩慢的商品。

書產業的影響，還有很多值得探討的面向。比方說，現在亞馬遜也經營一間「線上圖書館」，供讀者借閱電子書。而且他們現在也變成了一家出版公司，你知道嗎？這就是這樁事件的複雜性。因此一談到亞馬遜，作家、出版社、書店和讀者站在各自的立場，有可能提出截然不同的意見，傳達截然不同的訊息。這取決於在諸多矛盾真相中，他們平常聽說的是哪一些，選擇傳播的又是哪一些。

　　況且我們談的還只是書而已。

　　亞馬遜公司販售的其他一切東西呢？

　　亞馬遜公司做的其他一切的事情呢？

　　亞馬遜市集（Amazon Marketplace）允許數百萬個商店與個人賣家，直接對亞馬遜的會員銷售商品，為新手企業家打開一條進入市場的寶貴途徑。亞馬遜甚至可以代為存貨，並以那些賣家的名義履行訂單。

　　亞馬遜還推出串流影片、串流音樂，以及自製電視節目與電影。

　　亞馬遜也併購了美國最大有機食品連鎖超市「全食超市」（Whole Foods）。

　　亞馬遜經營全球最大的公用雲端平臺，其二〇一七年市占率高達 34%，相較之下，位居第二的微軟公司僅有 11%。[8] 亞馬遜的雲端運算（AWS）及雲端儲存服務廉價又可靠，就連奇異（GE）、蘋果（Apple）這樣的大企業也改用 AWS，來取代企業內部伺服器。數不清的新興網路企業靠 AWS 來運作，各種改變

固有產業遊戲規則的新創公司，例如 Airbnb 和 Netflix，都會透過亞馬遜雲端伺服器來改造世界。就連美國中央情報局（CIA）也使用亞馬遜雲端服務。

　　我們沒時間詳述亞馬遜的經營方式，要是能再談談勞動條件與稅務糾紛，絕對能帶出更多、更深入的矛盾真相。未來還會出現什麼複雜因素？無人機運輸服務、服務業市集、消費物流業務、新的全球支付系統、3D 列印、人工智慧？即使是熟知亞馬遜種種相關知識的 Alexa⑥，也可能被這些複雜的面向給難倒。

　　那麼，亞馬遜到底是什麼？這取決於你覺得哪一個真相比較重要。究竟是書店的煞星、作家的救星、壟斷市場的惡霸、小型企業推手、雜貨店、逃稅者、閱讀倡導者、電影製片公司、科技創新者、專橫的雇主、虛擬市場、世界級經銷商，還是消費者專家？自己挑一個吧。下一回你再聽見亞馬遜的名字，或看見印有亞馬遜標誌的包裹放在門外踏墊上，八成不會有興致去思考關於這家公司的一切複雜面向。只有一兩個關鍵真相能主導你的想法。亞馬遜到底是什麼？由你自己決定。

利用複雜性

　　看到這裡討厭亞馬遜的讀者可能已經快氣炸了。他們大概

---

⑥ 譯按：亞馬遜智慧喇叭 Echo 內建的語音助理，功能類似蘋果智慧型裝置內建的 Siri。

認為，我企圖藉著談論亞馬遜的這些面向來避重就輕，或模糊他們對亞馬遜的某些顧慮。就算亞馬遜為新興企業提供廉價的雲端服務又怎樣？還是不能彌補他們對我家附近書店造成的傷害！

這就是溝通者用來形塑現實的另一個關鍵戰術，他們沒有省略惹人反感的真相，而是用一大堆其他真相來掩蓋。「雖然我們的稅改政策的確不利殘障人士，不過讓我來談談其他能夠獲益的族群吧。」

倡導者也許會運用這種戰術，藉由一些同樣重要但比較討喜的矛盾真相，來沖淡某個令人反感的真相。即使是公正無私的人聽了，也會做出這樣的結論：整體而言，種種好處加起來，比令人反感的真相重要多了。

誤導者也許會藉由一些無關緊要的真相，來達到同樣的結果。「沒錯，我們的稅改政策的確不利殘障人士，可是目前殘障人士已經享有史上最高的就業率，藉由科技協助他們克服殘障問題的效果也越來越好了。」這三句話說的都是真相，看起來也彼此關聯；換句話說，因為就業情形與科技發展前景看好，所以殘障人士已經沒那麼需要政府援助了。事實上，就算加上第二、第三個真相，也無法為第一個真相開脫，殘障人士還是會因這個政策而蒙受損失。

戰術二：混淆

關於混淆戰術，近年來有個極具戲劇性與破壞性的案例，

發生在南非。當時媒體注意到，富可敵國的古普塔（Gupta）家族對南非國內政治顯然擁有不尋常的影響力，於是展開深入調查。古普塔家族與南非總統雅各布‧祖瑪（Jacob Zuma）過從甚密，因而有人指控他們「俘虜國家」（state capture），利用私人利益大幅控制政府活動。調查發現，古普塔家族獲准私用南非空軍基地。[7] 這則消息震驚全國。二〇一六年，祖瑪總統迫於外界壓力，在國會上否認自己曾讓古普塔家族選取部長官職。

　　二〇一六年年初，古普塔家族旗下的橡木灣投資公司（Oakbay Investments），僱用了英國公關公司貝爾波廷格（Bell Pottinger）。這間公關公司常和一些特別缺德的客戶合作，早已臭名遠播，而且其操弄矛盾真相的手段早在幾年前就被揭穿。當時英國新聞調查局[8] 研究發現，有人持續透過貝爾波廷格公司的電腦，在維基百科上替貝爾波廷格客戶的頁面刪除不利內容。[9] 橡木灣委託貝爾波廷格在南非國內鼓吹「『經濟隔離』（economic apartheid）[9] 確實存在以及『經濟解放』的必要性」。[10] 由種種跡象看來，這項每個月高達十萬英鎊的商業合作有個自私自利的動機，就是轉移社會大眾的注意力，以淡化古普塔家族俘虜國家的醜聞。貝爾波廷格公司企圖讓整個國家的思緒轉向其他事務，重新聚焦在另一個敵人身上，也就是「白人壟斷資本」。

[7] 譯按：2013 年，古普塔家族在南非辦婚禮，以私人包機從印度載送大批賓客，未經通關手續就直接降落在南非空軍基地上。
[8] 譯按：Bureau of Investigative Journalism，英國民間非營利調查組織。
[9] 種族隔離（apartheid）一詞指南非政府截至 1991 年為止實施的種族分離制度，至今在南非仍是極具煽動力的字眼。

貝爾波廷格公司是不是故意散播這個惡毒的古老字眼，目前我們還不清楚，不過從貝爾波廷格與橡木灣之間外流的電子郵件，可以看出這家公關公司企圖「從廣播、社群媒體或廣告口號（例如 #Endeconomicapartheid），策劃一套戰術來號召群眾」。[11]打從一開始，這個在歷史上曾被撻伐的字眼，就是這場宣傳戰的核心。

雖然貝爾波廷格被控捏造假新聞，事實上，這家公司宣傳的大部分煽動性內容倒還有憑有據。南非的政治隔離結束後，至今已經超過四分之一個世紀，整個國家的大部分財富卻仍掌握在小部分白人手上。經濟學家托瑪・皮凱提（Thomas Piketty）研究二〇一五年南非國人所得分配後發現，如今仍存在和種族隔離時期「一樣的種族不平等結構」。[12]主導這場宣傳活動的負責人薇多莉亞・戈根（Victoria Geoghegan）則宣稱，貝爾波廷格公司會「善用具有公信力的學術研究、個案調查與數據資料，來說明種族隔離仍然存在的事實」。[13]

貝爾波廷格公司產出的演講內容、社群媒體貼文與宣傳口號，基本上都是真相。他們靠著傳播那些訊息，轉移大眾對古普塔醜聞的注意力，並獲得優厚報酬。那些經過精心布局的真相，目的就是想模糊敏感的政治焦點，把大家攪和得糊里糊塗。

可悲的是，這個國家的社會、政治問題存在已久，才讓這種經濟隔離的論述有機可趁，甚至大獲成功。南非舉國掀起一股對「白人壟斷資本」的激憤。二〇一七年，貝爾波廷格公司被控製造種族分裂活動，使南非官民多年來煞費苦心調解的成果化為

烏有。隨著其他大客戶紛紛終止合作，活動負責人戈根遭到開除，以及執行長請辭，貝爾波廷格也面臨破產。這家公司以擅長形塑現實而出名，到頭來卻無力挽救自己的名譽。給誤導者的這一課教訓很清楚：如果你一定要採取混淆戰術，對於手中調度的其餘真相必須格外謹慎，因為那些真相也可能反過來成為揮之不去的災難。

戰術三：關聯

如果說誤導者只要啟動混淆戰術，就能用大量矛盾真相來淹沒對他們不利的資訊，那麼採取「關聯」戰術，就能營造出一種足以誤導他人的印象，彷彿幾個不同真相之間真有某種意味深長的連結，而實際上這種連結根本不存在。

二〇一七年，《時代》（*Times*）雜誌刊登一篇批評英國某項綠能政策的文章，引用了某位英國前內閣大臣的照片來搭配下列這段文字：

「克里斯・休恩（Chris Huhne）擔任英國能源暨氣候變遷大臣時，曾鼓吹為木質顆粒[10] 提供綠色津貼。休恩先生現年六十二歲，二〇一三年曾因妨礙司法公正而入獄服刑。」[14]

休恩因為違規駕駛遭逮後對警方撒謊，所以被定罪判刑。儘管如此，這件事和綠能津貼一點關係也沒有。《時代》雜誌結

---

⑩ 譯按：wood pellet，一種固態生質燃料。

合了兩個彼此無關的真相，營造出一種休恩這個人居心不良的印象，甚至就好像他在推動這項政策時，也企圖幹下什麼違法的勾當。等文章來到第三段末，才補上另一個比較有關聯的真相：「休恩目前擔任美國木質顆粒製造商 Zilkha Biomass 歐洲主席。」要是《時代》雜誌在文章開頭的照片下方，呈現的是這個真相，那麼他們攻擊這位前內閣大臣的動機時，就能表現得更加光明正大。也許編輯群認為，光是舉出休恩在業界的職務來說明他們的觀點，還不足以達到一針見血的效果，因此加上那段毫不相干的入獄描述。

九一一攻擊事件發生一年後，美國前總統小布希（George W. Bush）在電視演說中企圖向伊拉克宣戰，他決定像這樣把蓋達組織與伊拉克連結起來：

「我們都知道，伊拉克持續資助恐怖活動，並支援那些奉行恐怖主義、危害中東和平的組織。我們都知道，伊拉克和蓋達恐怖分子有個共同的敵人 —— 美國。我們都知道，十年前伊拉克官員和蓋達組織高層仍有來往，某些逃離阿富汗的蓋達領袖甚至投奔伊拉克。其中包括某個特別資深的蓋達領袖，今年在巴格達接受治療，外界推測他可能涉入生化攻擊計畫。我們都曉得，伊拉克訓練蓋達組織成員製造炸彈、毒藥、還有致命毒氣。」[15]

就我所知，以上每一段話都是真的。把這些真相統統擺在一起，就可以營造出一種印象，讓我們以為伊拉克持續金援蓋達組織、蓋達組織只在伊拉克以外的地方作亂，以及蓋達組織正與伊拉克密謀攻打美國。但上述這三句話就沒一句是真的了。小布

希其實也沒說這三句話。他根本不必說，只要從極端複雜的情勢
中精挑細選出一些真相，並列在一起，就可以誘導全國人民自行
做出結論。

　　誤導者也可以利用簡單的關聯戰術，來毀掉一整套的
計畫和宣傳活動。曾任紐約市長的魯迪・朱利安尼（Rudy
Giuliani），原有意角逐二〇〇八年總統大選的共和黨黨內初選，
卻因幾個重要盟友私行不檢，導致他形象受到重創，黯然退出初
選。在二〇〇七年初，朱利安尼在黨內的聲勢還算占了上風。
然而在該年六月，他手下擔任南卡羅來納州共和黨委員會主席
的托馬斯・芮佛尼爾（Thomas Ravenel），被控提供古柯鹼給他
人使用，遭到大陪審團起訴。隔月，其南區競選主席大衛・維
特（David Vitter）又被爆料召妓。同年稍晚，另一個老戰友伯納
德・柯雷克（Bernard Kerik）也因稅務詐欺被大陪審團起訴。雖
然這些「好事」都不是朱利安尼幹的，也不能指望他樣樣知情，
卻還是被對手當成強而有力的反擊武器。二〇〇七年七月，《紐
約時報》刊登了一篇談論朱利安尼的報導，開頭第一句就這樣寫
道：「古柯鹼、貪腐、召妓。」[16] 朱利安尼原本是前途光明的潛在
總統候選人，但對手在這些矛盾真相與他的宣傳活動之間製造關
聯，無疑是導致他失勢棄選的一大原因。

　　隔年，同樣惡劣的關聯戰術操作手法，差點就毀掉歐巴馬
（Barack Obama）的總統候選資格。當時，歐巴馬的本堂牧師
是傑瑞米亞・賴特（Jeremiah Wright），他曾發表一段嚴厲批判

美國政府的布道講詞，裡頭甚至包含這樣的句子：「不、不，絕不，上帝絕不保佑美國，上帝詛咒美國。」[17]ABC 新聞（ABC News）在報導中特地選用了這句話，以吸引社會大眾的目光。雖然歐巴馬本人從沒表示過這種觀點，也沒用過這麼惡毒的措辭，但他為了挽救自己的選情，最後被迫和賴特牧師撇清關係，並且再也不上那間教會。

在這些醜聞中，歐巴馬和朱利安尼從任何角度看來都是清白的。然而政敵只要大肆宣揚關於他們身邊親信的部分真相，就可以重挫他們的聲望。不肖人士常在社會大眾的注視下，用這種關聯戰術來破壞品牌的形象、科學研究的公信力，還有許多人的名譽。如今要取得這類資訊變得越來越容易，因此，當別人利用那些部分真相製造不公正的關聯，企圖貶損其他人的價值時，我們也越來越難以分辨其背後的目的。

一切都很複雜

你也許想反駁，認為在這一章故意挑些特別複雜的案例來討論。不論無人自駕車或亞馬遜，畢竟都是現代科技經濟的產物，具有多重面向而且發展快速。至於貝爾波廷格公司的醜聞，以及美國對伊拉克的侵略行動，也絕非三言兩語就能說清楚的事情。但生活中的事又不是樣樣都這麼複雜。

別忘了本章開頭的那顆蛋。

我們認識的人、走過的地方和使用的東西，都擁有比我們

想像中更多元的面向，只不過大部分的人都不願意想得透澈。可惜，我們也沒時間在此一一分析。下回當你聽到別人一開口就說「女人就是比較喜歡……」、「銀行家全是……」、「穆斯林都想要……」，或「同性戀團體令人覺得……」，只要想想這段發言所描述的主角有多麼龐大、多樣且充滿矛盾，便不難想像其中的複雜性。也許對方的話中包含了某些事實，不過我們可以肯定那絕對不是全部，一定還有許多他沒說出的矛盾真相。

雖然本章的主題是複雜性，不過論點很簡單：我們每天要應付的問題與事件多半都極為複雜，難以全面且完整地被描述；正因為多數人都沒辦法提供全方位的見解，才不得不用部分真相來溝通。如此一來，倡導者與誤導者都會選擇特定真相來形塑現實，以達到自己的目的。我們要慎防某些政治人物、評論人士和倡議人士，他們呈現給我們看的必然不是事物的全貌，而是畫面中令他們最滿意的那一部分。也因為這樣，我們才有機會從複雜的主題中揀選淺顯易懂的真相，更有效地表達自我立場。只要我們選擇強調的那些關於真相的面向，能夠確切傳達出事實的真義，一如我們自己對事實的理解，那麼，簡化與選擇對溝通者與閱聽者雙方來說，也可以是有益無害。

因事物的複雜性而產生的部分真相，具有各式各樣的表現方式。在後續章節中，我們將繼續探討其中四種：歷史、脈絡、數字及故事。

實踐指南

你可以這麼做……

◆ 面對任何重要議題，都要多方考量不同面向，並廣泛尋求
各種平衡觀點。

◆ 即使揀選部分真相來支持自己的主張，也不能歪曲你所傳
達的現實印象。

◆ 省略真相有時可以把議題描述得更清楚，但要小心別誤導
了他人。

但要小心……

◆ 誤導者用大量瑣碎資訊來掩蓋重要真相。

◆ 誤導者光憑毫無意義的關聯來攻擊他人。

> 第二章
> # 歷史

「誰控制了過去，就控制了未來。誰控制了現在，就控制了過去。」

—— 喬治·歐威爾，《一九八四》

芬達的誕生

　　二〇一一年，為了慶祝這個特別的週年紀念日，可口可樂公司印製了一份共計二十七頁的簡史，標題寫著「分享快樂一百二十五年」。[1] 這份簡史將數十年來的鮮麗廣告設計成精美的插圖解說，並為一八八六年以來的幾乎每一年安插一小段關於可口可樂的歷史故事。在這份刊物中，可口可樂旗下第二大品牌芬達出現了一次，就在一九五五年的小標題底下：「芬達橘子汽水在義大利那不勒斯上市，這是可口可樂公司首次推出新產品。直到一九六〇年，芬達系列飲料才傳入美國。」

　　奇怪的是，這份簡史竟沒記載芬達誕生、上市的經過，而這兩件事明明早在十五年前就發生了。一九四〇年的小標題底下

只寫著:「將蘿拉・李・包洛斯（Laura Lee Burroughs）談插花的小冊子配送給消費者,至少有五百萬本小冊子順利送達美國家庭。」為什麼要省略這麼重要的歷史里程碑呢?

也許是因為芬達在納粹德國誕生的緣故。

第二次世界大戰前,德國是可口可樂經營最成功的海外市場。戰爭開打後,因實施貿易禁運,德國分公司無法進口必需原料來製造可樂。於是他們開始用乳清、蘋果纖維之類的殘餘食材,來開發替代的含糖飲料。芬達（Fanta）源自德文「幻想」（fantasie）一詞。當時德國分公司的老闆辦了一場命名大賽,要求員工盡情發揮想像力,幫這款飲料取個名字。

這項新產品一炮而紅,光是一九四三年就已賣出近三百萬瓶。後來政府限制糖的配給量,德國人甚至把芬達汽水加入湯或燉菜中,好讓食物有甜味。這段艱困時期的創新故事真的很有趣,但在可口可樂的紀念刊物中,你肯定讀不到這段歷史。[1]

戰術一:遺忘過去

有些事情只有國王可以做,就連可口可樂公司也不敢冒險嘗試。一五九八年,法國國王亨利四世頒布《南特詔書》（*Edict of Nantes*）,開宗明義寫著:

---

[1] 可口可樂公司聲明:「芬達是在二戰期間於德國開發出來的商品,擁有七十五年歷史,然而這個品牌與希特勒或納粹黨一點關係也沒有。」

「根據這項永久不可撤銷的詔書，我們已經建立並頒布以下規定：首先，自一五八五年三月起至吾王登基為止，以及此前發生種種紛擾的期間，凡一方或另一方所作所為的相關記憶，都應該一筆勾銷，當作未曾發生般徹底遺忘。」

當時法國的天主教與新教（胡格諾派）僵持不下，掀起長達三十多年的宗教戰爭。亨利四世實施這項遺忘政策，目的就是要預防破壞力強大的宗教戰爭重演。亨利四世企圖命令人民遺忘過去的一切，希望為這滿目瘡痍的國家帶來和平。[2] 國王一聲令下，關於這場衝突的所有官方文件與歷史紀錄全數被銷毀。因這場宗教紛爭而殺人或犯罪者，都不必受到審判，囚犯也都獲釋出獄；而提及這場戰爭的戲劇與詩歌一概遭禁。此外，關於宗教戰爭的官司通通一筆勾銷，相關書面紀錄與證物也全數毀棄。對於胡格諾派一夥犯下的種種罪行，皇家起訴單位被迫保持「永久緘默」。「原諒並遺忘」不僅僅是句民間諺語，在十七世紀的法國，那可是每一個字都算數的皇家命令。

雖然遺忘政策意在重修舊好，卻只獲得了暫時且部分的成功。一六一〇年，身為胡格諾派的亨利四世遭到暗殺，兇手是一名狂熱的天主教徒。幾年後，法國再次爆發宗教衝突。到了一六八五年，國王路易十四撤銷《南特詔書》，結果大量胡格諾派教

---

[2] 相比之下，南非真相暨和解委員會（Truth and Reconciliation Commission）面對種族隔離期間犯下的諸多罪行與弊害，則採取了截然相反的策略。南非聖公會前大主教兼諾貝爾和平獎得主戴斯蒙德·屠圖（Desmond Tutu）說：「遺忘解決不了事情。沒有記憶，就沒有療癒。」

徒移民出走，離開法國。結果看來，關於上個世紀戰爭的記憶，終究沒那麼容易被抹滅。

省略罪過

　　下令要人們遺忘也許不太實際，但溝通者還是可以設法誘導民眾，忽略那些違背他們利益的歷史真相。就像可口可樂的那份簡史，如果想藉由塑造過去的歷史來滿足現在的意圖，最簡單的辦法就是淘汰容易惹來麻煩的內容。學校教科書就經常採用省略手段，決定全國課程內容的官員與政客，對於歷史中令人蒙羞或立場尷尬的面向，往往選擇忽略不提。

　　比方說，美國早年的奴隸制度，以及後來黑人在南方各州受到的不平等待遇，對許多美國人來說都是極為重要的一段歷史。得過普立茲獎的美國歷史學家詹姆斯・麥佛森（James M. McPherson）表示：「當時美國某些領地尚未正式設立州政府，導致自由州與蓄奴州互不相讓，都想奪得中央政府對這些地區的奴隸制廢除權，最後雙方始終無法取得共識，才會爆發南北戰爭。」[2] 奴隸制度廢除之後，南方各州頒布了惡名昭彰的「吉姆克勞法」（Jim Crow laws），在所有公共場所實施種族隔離制度，包括學校、公車、飲水機等，以區隔黑人與白人，直到一九六五年才正式廢止。那段期間，白人至上主義團體三K黨橫行美國，不斷恐嚇非裔美國人、猶太人和民權運動人士。

　　二〇一五年，德州當局推出新的美國史課綱，其中隻字未

提吉姆克勞法與三 K 黨。[3]總共有五百萬名公立學校學生即將使用這套新版教科書，他們到時就會讀到這場讓六十萬名美國人送命的內戰，起因是雙方都想奪得「州權」的緣故。在德州教育委員會的派翠夏‧哈蒂（Patricia Hardy）看來，奴隸制度只是「南北戰爭的次要議題」。當年南方各州處心積慮捍衛的權利，當然就是買賣人口的權利。其中一本教科書甚至委婉表示，大西洋奴隸貿易（黑奴貿易）為南方各州農場帶來了「無數的勞動人口」。[4]

　　在美國某些學校的課堂上，像這樣省略、淡化奴隸制度與種族壓迫的歷史，將會造成深遠的影響。即使沒有德州教育委員會來加深歧見，美國人對於歷史的了解也夠糟了。美國皮尤研究中心（Pew Research Center）二〇一一年的調查指出，只有38%的受訪民眾認為南北戰爭的主要起因「與奴隸制有關」。[5]德州自由網（Texas Freedom Network）的丹‧奎恩（Dan Quinn）說：「在美國，許多南方白人都是這樣長大的，他們相信邦聯（美國內戰中的南方陣營）拼命抗爭的表現，來自於一種難以理解的高貴情操，而不是為了捍衛那奴役無數人的可怕風俗。」[6]對於美國歷史的扭曲概念，只會壯大白人至上主義者的聲勢。二〇一七年，在維吉尼亞州夏洛特維爾市的集會上，這種仇恨與偏執的心態以極為低劣的方式表露無遺。③

---

③ 譯按：2017 年 8 月 12 日，白人至上主義團體在維州夏洛特維爾市聯合發起集會，要求當局停止拆除南方邦聯名將雕像，引來大批反種族歧視者現身抗議，最後雙方衝突越演越烈，甚至釀成傷亡。

　　以色列同樣面臨類似的歷史爭議，指的是巴勒斯坦人流亡潮（Palestinian exodus）。阿拉伯世界把這起事件稱為「災難日」（Nakba）或「浩劫日」。一九四八年，以色列建國以後，有超過七十萬名巴勒斯坦裔阿拉伯人被迫離開家園，其中有許多人至今仍在約旦河西岸地區、加薩走廊、約旦、黎巴嫩和敘利亞一帶流離失所。這一大群難民和他們的後代，目前共計高達四百萬人以上。根據以色列法律，這些難民不得返回家鄉，也無法要求取回自己的財產，而且大部分財產都已落入猶太裔以色列人手中。

　　多年來，以色列小學歷史課本對災難日隻字不提，直到二〇〇七年，以色列教育部才宣布，針對八、九歲兒童設計的一套新歷史課本，將首度納入這場影響深遠的巴勒斯坦悲劇。[7]全世界都認為這積極正向的一步，將有助於雙方人馬互相理解、諒解，甚至有機會化解長年以來的仇恨。然而事實上，這套經過修訂的教科書只發行了阿拉伯語版本，給以色列國內為數眾多的阿拉伯人使用。至於希伯來語版本的教科書內容則毫無更動，猶太兒童將繼續學習他們那套不同版本的歷史。[④]兩年後，新政府上任，又把阿拉伯語歷史課本中的這段課文刪掉了。新教育部長茗達翁・薩阿（Gideon Sa'ar）主張，沒有哪一個國家能接受自己的建國歷程被描述成一場大災難。他說：「就算是阿拉伯區的官方課程，使用災難一詞都是不對的。」[8]

[④] 譯按：猶太裔以色列人多使用希伯來語，在社會上享有較好的待遇；阿拉伯裔以色列人多使用阿拉伯語，多為巴勒斯坦後裔。

乍看之下，避免把關於國家起源的恐怖故事，直接攤在八歲學童眼前，似乎也不是完全沒道理。而且省略某些事情不提並不算說謊。然而把災難日從課本中刪除，對於以色列的阿拉伯族群，以及年輕的猶太裔以色列人的歷史價值觀，都會造成深遠的影響。如果猶太裔兒童沒有接受完整的歷史教育，不知道曾祖輩曾強迫成千上萬人離開家園，才能讓自己的家族取而代之，世世代代占領這塊土地，那麼，面對如今生活依然困頓的四百萬名巴勒斯坦難民，恐怕就沒有那麼容易發揮同理心了。

誤導者可以對過去的罪愆省略不提，迴避外界指責，也可以藉由忽視、淡化對手的成果，來削弱他們的力量。

許多有意詆毀小布希的人，都能滔滔不絕說起他對伊拉克的侵略行動，以及對卡崔娜颶風的慢半拍反應，卻從不會提起「總統防治愛滋病緊急救助計畫」（PEPFAR）。這項計畫於二〇〇三年推出，就防治單一疾病方面，堪稱是史上規模最大的全球健康倡議計畫。在接下來五年內，小布希設法籌措了一百五十億美元政府經費，準備用來支援開發中國家的愛滋病防治計畫。實施 PEPFAR 前，非洲撒哈拉以南地區只有五萬人可以得到抗反轉錄病毒藥物（降低愛滋病毒傳染率的藥物）；直到小布希卸任後，這個數字成長到一百三十萬人以上。[9] 不僅如此，他還推行了另一項十二億美元的倡議計畫來打擊瘧疾。小布希在位期間，在非洲投入的援助資金比任何美國總統都還要多。他這麼做不是為了贏得選票，就連來自民主黨的前總統吉米·卡特

（Jimmy Carter）看了也深受感動。即使他和小布希在意識形態上相對立，還是忍不住鬆口稱讚：「總統先生，讓我告訴您，您對地球上最需要幫助的人貢獻良多，我對您深深感到佩服，充滿感謝。」[10]

　　更久以前，還有一個美國共和黨總統，他的環保政績同樣沒有受到充分肯定。在一九六〇年代末期，美國有越來越多人擔憂漏油、化學廢棄物、毒性殺蟲劑、放射性落塵、荒野耗竭等問題。當時的總統判斷有必要採取激進的保護措施，於是他頒布了《國家環境政策法》（*National Environmental Policy Act*），要求聯邦機構針對相關舉措評估環境效應，包括興建高速公路與發電廠、核發土地開發許可證等。他增修了《淨化空氣法》（*Clean Air Act*），把二氧化硫、二氧化氮、懸浮微粒等空浮汙染物也列入評比指標。他簽署通過《瀕臨滅絕物種法》（*Endangered Species Act*）、《海洋哺乳動物保護法》（*Marine Mammal Protection Act*）以及《海拋法》（*Ocean Dumping Act*），並且率先建議擬訂《安全飲用水法》（*Safe Drinking Water Act*）。最有意義的是，他創立了美國國家環境保護局，成為全世界數一數二成效卓著的政府組織。

　　這位總統，就是美國政治史上飽受非議、聲名狼藉的理察·尼克森（Richard Nixon）。⑤

---

⑤ 譯按：1973 年，尼克森派人到水門大廈民主黨總部裝竊聽器一事曝光，最後不得不於 1974 年辭職下臺，成為舉世聞名的政治醜聞，也就是「水門事件」。

積恨難消

　　如果說省略戰術是操弄歷史真相最簡單的方式，那麼偏見選擇也許就是最常見的方式。這就像是與生俱來的能力，你不需要指導手冊，也知道要精心設計履歷，好讓人資主管注意到自己的豐功偉業。如果你去問一個十二歲的孩子，放學回家到現在都做了些什麼事，他很可能更強調自己做完哪些功課，而不是玩了哪些電腦遊戲。

　　經過選擇的歷史敘述也可能嚴重誤導他人。比方說，我可以全憑真相，這樣來描述某一段歷史事件：

　　「重要科技大幅進步，尤其是在運輸、刀具和個人衛生方面。民主體制蓬勃發展，許多人加入工會，取得投票權，社會變得越來越平等。許多窮人的飲食條件獲得改善，變得更加健康強壯。此外，嬰兒死亡率降低、大眾平均壽命提升，酗酒人數減少，社會也提供了更多就業機會。尤其女性就業率提升，為促進性別平等展開了契機。」

　　我描述的是哪一個歷史事件？

　　第一次世界大戰。

　　在一戰期間，飛行科技大幅進步，人們還發明了不鏽鋼與衛生棉。在英國，男性終於取得普遍選舉權，女性則有40%首度取得投票權。在德國、奧地利、俄羅斯與土耳其，帝國體制接連瓦解，為日後民主政府的發展鋪好道路。應徵入伍的士兵獲得比過去更營養的食物，英國部隊甚至「天天有肉吃」。大批男性

被送上前線，生產軍需品與農作物的工作就落到女性頭上。充分就業讓許多家庭的生活水準比從前更好。新法規限制了酒精的消費量，間接減少了國內的暴力事件數量。後來當上首相的英國工黨政治人物拉姆齊·麥唐納（Ramsay MacDonald）雖然反戰，但也表示這場戰爭為英國的社會改革貢獻良多，遠超過工會與人道主義運動家半個世紀來的努力。

儘管如此，在描述這場奪去一千五百萬人生命的戰爭時，若只是突顯上述這些真相，只會讓人覺得卑劣極了。

戰術二：選擇性的歷史

英國第一次申請加入歐洲經濟共同體（EEC，即歐盟前身）時，當時就任法國總統的夏爾·戴高樂（Charles de Gaulle）行使了否決權，反對英國加入。四年後，英國又提出申請，戴高樂再度否決。在所有會員國中，唯獨法國投下了反對票。

距離二戰期間，英、美兩國部隊犧牲無數人命與金錢，將法國從納粹的統治中解放，也不過短短二十年。從這個角度看來，法國的行為實在有夠忘恩負義。當年英國甚至在倫敦準備了居所，給戴高樂和自由法蘭西軍團使用，並提供各種政治、軍事與財務上的援助。要不是英國，恐怕還沒有自由法國[6]可以讓戴高樂領導，更不用說後來有什麼 EEC 可以參加了。

---

⑥ 譯按：Free France，專指二戰期間法國流亡政府。

　　戴高樂對曾經鼎力相助的英國根本不知感激，這樣的態度惹毛了不少人，包括在工作上和他關係密切的前法國總理保羅‧雷諾（Paul Reynaud）。當時雷諾寫信給戴高樂表示抗議，但戴高樂只寄回一個空信封做為答覆，信封背面寫著：「如果查無此人，就轉寄到阿金庫爾或滑鐵盧⑦。」戴高樂此舉算是表明了他的歷史參考架構，他甚至公開表示：「我們最大的宿敵不是德國，而是英國。」戴高樂選擇特定的歷史真相，他的行為也就隨之改變，並且對當時（也許至今仍是）英法與歐洲諸國的關係間接產生莫大影響。

回顧歷史，才能打造未來

　　愛立信（Ericsson）是一間跨國電信公司，擁有一段精采非凡的歷史。早在一九九〇年代，這家瑞典公司已是規模龐大的行動電話製造商，堪稱全球數一數二。後來經營失利，愛立信才退出手機開發市場，轉而致力於建造通訊網路。如今他們正著手進行一項令人興奮的任務，就是接通物聯網。他們已經和丹麥船運公司馬士基（Maersk）聯手打造出「世界最大的浮動網路」，並且與瑞典卡車製造商斯堪尼亞（Scania）與富豪汽車（Volvo）合作，試圖接通陸上車輛。為了在雲端服務、電視、IP 網路、物

---

⑦ 譯按：1415 年的阿金庫爾戰役，英格蘭王國大敗法蘭西王國；1815 年的滑鐵盧戰役，以大英帝國為首的反法聯盟擊敗拿破崙率領的法國軍隊。兩者都是法國在歷史上慘敗給英國的著名戰役。

聯網等領域拓展新事業，愛立信必須經歷企業轉型，然而對公司內部十多萬名員工來說，這段過程並不容易。

　　我和愛立信的某大型部門合作，協助員工為艱辛的轉型期做好準備。我們判斷的最佳策略，就是把愛立信定位成科技先驅。雖然要描述這個龐大組織還有很多方法，不過我們想藉由強調公司勇於冒險創新的作為，來激勵員工接納新挑戰，並對任何角色切換、轉換跑道保持開放的態度。我們決定回顧歷史，來幫助這家劃時代的高科技公司證明自己做為先驅的實力。

　　一八七八年，該公司創辦人拉斯・麥努斯・愛立信（Lars Magnus Ericsson）早已開始設計電話，那時大多數人甚至不知道有這項科技。到了一九二三年，愛立信首度架設 500 switch，把全球電話用戶連接起來。一九八一年，愛立信推出第一個現代化行動電話系統；一九八六年，愛立信開發出程式語言 Erlang，至今仍廣泛應用在智慧型手機上，連 WhatsApp、Facebook 和亞馬遜公司也在使用。此外，愛立信也發布（或者說創造出）GSM 2G、3G，以及 LTE 4G 的技術標準，到了一九九八年，旗下工程師更進一步發明藍芽。

　　像這樣選擇性強調某些重要的歷史成就，就能向員工證明愛立信是貨真價實的科技先驅，而且準備好跨入未知領域，展開新的冒險。

　　然而此時公司正面臨另一項更棘手的難題：雖然俄國擁有極大的市場，卻因入侵克里米亞半島、在烏克蘭東部煽動戰爭，以及供應擊落馬來西亞航空十七號班機的凶器[8]，引起歐盟強烈不

滿。歐盟已經對俄國的銀行業、能源業及國防業展開制裁，不過目前仍然准許電信貿易。俄國行動通訊業者因此變得謹慎，對長期投資歐洲電信供應商感到猶豫。反觀愛立信的中國競爭對手華為，突然抽手撤離俄國市場的可能性就相對低許多。愛立信必須向俄國的客戶和員工掛保證，表明自己能信守對市場的承諾。

於是，再一次，我們決定藉由歷史來強調這一點。早在一百三十多年前，愛立信為俄羅斯郵政暨電報行政部門供應設備，並在聖彼得堡興建一座工廠，公司從那時就已經開始經營俄國市場了。二十世紀初，創辦人認為俄國市場的發展潛力比瑞典更大，甚至考慮把公司總部遷到聖彼得堡。即使過去曾面臨俄國革命、日俄戰爭、第一次世界大戰及海上封鎖，愛立信依然持續在俄國進行貿易活動。這家瑞典公司在俄國扎的根可深了。對於這個擁有一億四千萬公民的大國，愛立信許下的承諾向來持久，絕對不會因為短期的政治爭端而受到威脅。

結果證明，對這家即將引領人們邁入未來的卓越企業而言，歷史是一項珍貴的資產。這是一段精選出來的歷史，我們沒提起某些事實，包括一九一七年十月革命（Bolshevik revolution）後，愛立信和大部分的外來企業一樣被逐出俄國；以及愛立信的聖彼得堡工廠沒拿到半點補償金，就被俄國收歸國有。儘管如此，愛立信與俄國之間悠久的歷史連結，對於確立他們和這個重

---

⑧ 譯按：2014 年 7 月 17 日，馬航 MH-17 客機飛過靠近俄國邊境的烏克蘭領空時，遭俄製山毛櫸飛彈擊落，機上二百九十八人盡數罹難。

要市場的當代貿易關係，還是很有幫助。

一大碗矛盾真相

　　我的某位老師曾把歷史比喻成一大碗義大利麵。他說，碗裡有一大堆麵條[9]，全部混在一塊兒。歷史學家必須選擇其中一段麵條，把它從碗中抽離出來，並與其他麵條分開，才能描繪出一幅關於過去的連貫圖畫。直到現在，我還是認為這個比喻妙極了。一段義大利麵條就是一個矛盾真相，你選擇抽取的矛盾真相，左右著你對過去歷史的見解，而你的見解又會反過來驅使你現在的行動。

　　重要的不只是地緣政治或公司歷史，誰不曾試著重新詮釋一段關係或一場爭論的歷史？了解從前發生過什麼事，對我們的現在與未來至關重要。歷史會塑造我們的身分認同，也會塑造我們的思考方式。

　　不僅如此，歷史也可能是好幾碗複雜得要命的義大利麵，有上千段不同的麵條任君挑選。各種人物、行動、細節和外部因素，都可能影響我們對過去的詮釋，但是任何描述都不可能囊括一切，即使我們目前沒有什麼特殊意圖，也必須從一系列關於歷史事件的說法中做個選擇。當誤傳者只談論自己發現的那一個矛

---

[9] 譯按：原文 strand 不僅有「一條」的意思，可用作麵條的量詞，也有「一部分」的意思，可指構成整體事物的某個面向。作者在此暗指「歷史（碗）包含許多不同的矛盾真相（麵條）」。

盾真相時，就有可能傳遞一種非常扭曲的歷史印象。

關於過去幾千年來的歷史，我們可以很肯定一件事，那就是世界上的女人和男人一樣多，只是你從史書上根本看不出這一點。撇開聖女貞德、安‧波林 ⑩、伊莉莎白一世、南丁格爾、居禮夫人和其他名留青史的少數女性不談，傳統歷史描述的一向就是男人的作為而已。歷史學家撰寫史冊時，並不是故意要排除女性（雖然有些很可能是），他們只是覺得女人不如男人那麼重要，畢竟她們不曾統治國家、統率軍隊或帶頭造反。同理，絕大多數老百姓的遭遇也是如此。即使平民的信件、日誌、文件被保存下來了，卻幾乎沒有哪一本史書會為他們的故事費心著墨。你大概已經注意到，本章以戰爭為參考案例的占比特別高，畢竟和平時代發生的事件全部加起來，也很難像戰爭本身那樣受到人們的關注。

試著講述你熟知的某一段歷史，你就會發現自己不得不省略大部分可能存在的元素。總之，你就是沒有時間一一描述每一次會議、交易、報告、成就、失敗、困境與提案，即使你通通記得也講不完。所以你在溝通時自然要有所選擇，並藉由選擇來塑造歷史。

如果再加上特殊意圖，那麼這段經過重塑的歷史，就幾乎能採用任何形式來呈現了。

⑩ 譯按：Anne Boleyn，英國女王伊莉莎白一世的生母。

光榮的恥辱

面對歷史上三個著名的國家失敗經驗：西貢淪陷、敦克爾克大撤退和所謂的百年國恥，想一想，美國、英國和中國的態度有什麼不同？

一九七五年四月三十日，隨著北越軍隊大舉攻進南越首都西貢（今胡志明市），美國駐南越大使也搭上了美軍直升機，從大使館撤退。早在西貢淪陷前，越南就已成為美國的奇恥大辱。前所未有的大量報導從戰地湧回國內，還有不少形象鮮明的新聞照片，包括一名僧侶自焚犧牲、執行死刑的場面、美萊村屠殺事件，以及被燒夷彈灼傷奔跑的小女孩。許多美國人開始質疑這場戰爭的道德基礎，有人把美國士兵斥為「嬰兒殺手」，有人因美軍打不贏明顯比他們還弱的越共而感到絕望。因為在越南戰爭之前，美國一直是所向披靡。

一九七一年，「五角大廈文件」（Pentagon Papers）曝光，揭發美軍在柬埔寨與寮國的祕密轟炸行動。根據《紐約時報》的報導，在那場造成近六萬名美國人喪生的戰爭中，詹森政府[⑪]「對社會大眾、對美國國會都是有計畫地撒謊」。[11] 脫口秀主持人迪克·卡維（Dick Cavett）則認為，這場戰爭是「一樁震驚全世界的醜惡事件，體現了罪大惡極的政治無能與政治失算」。[12]

---

⑪ 譯按：林登·詹森（Lyndon Johnson）擔任美國總統期間，主導美軍積極介入越戰。

對於美軍最終還是撤離西貢這件事，許多美國人寧可忘得一乾二淨，而這種反應也許是人之常情。然而從軍事行動的角度來看，卻可說是一項非凡的成就，直升機與空勤人員夜以繼日工作，搶在北越軍隊抵達之前，順利將一千三百七十三名美國公民、五千五百九十五名南越公民，以及其他國籍的公民撤離西貢。像這樣不計個人得失的英勇事蹟還有很多，本來應該能讓士氣低落的美軍引以為傲，沒想到絕大部分的人都把這次撤退視為恥辱。

參與使館撤軍的少校詹姆斯‧基恩（James Kean）說：「當時我在哭，我想每個人都在哭吧。我們會哭有很多原因，但最主要是我們都覺得羞愧極了。美國怎麼會讓自己淪落到這種地步，逼得我們非夾著尾巴逃跑不可？」[13]

其實沒有什麼好驚訝的，尼克森總統和國安顧問亨利‧季辛吉（Henry Kissinger）早在兩年多前就知道會發生這樣的結果，當時他們決定撤回美軍，拋下南越孤軍奮戰 —— 越南軍隊鐵定撐不下去。據說季辛吉在和中國談判時，試圖在美軍撤退直到南越瓦解的這段期間，找出一段「體面的空檔」。[14] 隨著大眾反戰聲浪變得勢不可擋，國會對進一步軍援南越投下反對票，美國政府也別無選擇了。時至今日，許多人談起越戰撤軍行動，不但把這件事描述成一個大失敗，也認為這是一種殘酷的背叛。

這樣的歷史塑造，對美國乃至全世界都帶來一種淒涼的後果。有些人更主張美軍撤離越南這件事，從此對美國外交政策產生深遠的影響。《衛報》前國際版主編馬丁‧伍樂考特（Martin

Woollacott）寫道：

「從那時起到現在，美國一直企圖在軍事上重新證明自己的能耐，卻又害怕這種行動帶來的後果。他們在這個世界上做的每一件事情，都深受恐懼以及非採取這種行動不可的衝動所影響。美國恐懼的是另一個越南、另一次進退兩難、另一場潰不成軍。但另一方面，這股衝動也讓他們不斷想找出其他像越南一樣的地方，只不過他們這回一定要贏，而且要贏得乾淨漂亮。於是，一而再，再而三，美國不斷追尋這種補償性的勝利，而這種行動最近就發生在阿富汗與伊拉克。就像糾纏哈姆雷特的幽靈，越南也是美國揮之不去的慘痛記憶。」[15]

那麼，英國對敦克爾克大撤退的記憶，又有何不同？

第二次世界大戰爆發後，英國遠征軍被遣往法國，協助法軍與比利時軍隊抵擋步步進逼的德軍。就這個目標而言，他們完全失敗了。一九四〇年五月二十七日至六月四日，英法兩國三十多萬兵力被德軍擊潰後，盟軍必須盡快從法國北部的敦克爾克港營救他們離開。但最後還是有數千人遭德軍俘虜或殺害，堆積如山的物資、武器、車輛和彈藥都留給了納粹。接下來的四年裡，希特勒幾乎完全控制了法國。

在敦克爾克大撤退之前的幾個星期，戰況激烈無比。比利時軍隊的投降導致盟軍東部側翼露出要命的破綻，許多英國部隊還是憑著驚人的勇氣負隅頑抗。然而謀略與武力差距太大，努力仍舊無法改變結果。德國《雄鷹》（Der Adler）雜誌如此寫道：

　　「對我們德國人來說，『敦克爾克』這個詞，將永遠代表贏得史上最大殲滅戰的勝利。不過對於當時也在場的英國人與法國人來說，這個詞終其一生將不斷提醒他們，這是一場輸得比史上任何軍隊都還要狼狽的慘敗。」[16]

　　然而實際上卻不是這麼一回事。去問英國人「敦克爾克」代表什麼，大多數人會告訴你，當年開向法國海岸線的漁船、遊船和私人快艇，以及被救出來的無數英勇士兵。雖然在撤退時，皇家海軍的大型船艦載運量最大，但大家記憶最深刻的卻是那一艘艘小船。這些小船上只有寥寥數名船員，有些甚至只有一名船長，船身長約十至十五公尺而已。有些小船負責前往敦克爾克各個海灘，冒險穿越德軍砲兵不停轟炸的水域，把士兵運送到離岸的大型軍艦上。其他小船則盡可能載滿士兵，在納粹空軍的襲擊下將他們直接送回英國，然後再返航營救更多人。多虧這些人勇敢犯難，英軍才不致全軍覆沒。當時的英國首相溫斯頓・邱吉爾（Winston Churchill）稱這次撤退行動為「救援奇蹟」。這支軍隊雖然身受重創，但大致上還算完整，而邱吉爾就是靠著他們保衛英國、抵禦外侮，才能一概不理任何提議投降的聲音。

　　由此可見，敦克爾克大撤退的確是一項偉大的成就。英國人民本可認為這項成就正是一次災難性軍事冒險的美好尾聲，但是桑德赫斯特皇家軍事學院（Royal Military Academy Sandhurst）戰爭研究系系主任鄧肯・安德森（Duncan Anderson）認為：「這種『粉飾』英軍撤退行動的說法，講得實在太成功了，導致一股飄飄然的高昂情緒席捲了全英國。」他寫道：

　　「眼看著英國上下沉浸在不切實際的美夢中，邱吉爾越來越擔心，六月四日終於在下議院發表演講，從另一個角度闡明英國岌岌可危的處境。他提醒國人，戰爭無法靠撤退來打贏，而且『在法國與比利時發生的事情，從軍事角度來看是徹頭徹尾的大失敗』。只是英國民眾不怎麼相信他的話，比起現實，他們更喜歡自己虛構的假象。他們根本聽不進任何試圖戳破這種信念的言論，就連邱吉爾本人恐怕也是如此。」[17]

　　「敦克爾克精神」（Dunkirk spirit）一詞開始融入英語，用來表示「即使身處逆境，仍然保持大無畏的勇敢、團結與決心」。雖然英軍在這場戰役中徹徹底底地輸了，英國人卻仍認為敦克爾克算是某種勝利。換作其他國家或許寧可遺忘，但英國選擇慶祝這個事件。這樣的態度可說成功塑造了英國文化，後來也真的幫英國打贏了戰爭。

　　如果說，美國人是帶著羞愧回顧西貢淪陷，英國人是帶著自豪回顧敦克爾克撤退行動，那麼中國人就是帶著刻意且別有用心的憤怒，看待他們的百年國恥。

　　百年國恥始於第一次鴉片戰爭。一八四〇年，中國沒收大量鴉片、拒絕英國商船後，英國便派遣一支遠征軍前往中國保護鴉片貿易。雖然中國皇帝的軍隊在人數上占了優勢，但是英國擁有先進武器與海軍科技，因此輕而易舉就擊敗了中國。一八四二年，中國被迫簽署《南京條約》。眾所周知，條約中規定由中國承擔一切責任，是中國近代史上第一個「不平等條約」。中國必

須支付賠款、開放幾個「通商口岸」來進行國際貿易，並且把香港島割讓給英國。

第二次鴉片戰爭更糟，這回英法聯軍合力入侵中國，出兵的理由更加牽強。當聯軍懷著報復心態燒毀了北京附近的圓明園，這場戰事也在高潮中畫下句點。圓明園是皇帝的夏季行宮，當時這座宏偉的宮殿收藏了滿滿的奇珍異寶，如今僅存斷垣殘壁，許多文物也落入英法的博物館或收藏家手中。

俄羅斯看準了中國身陷第二次鴉片戰爭，於是趁人之危，威脅要進犯中國。後來在《璦琿條約》中，中國被迫割讓大片領土給俄羅斯。差不多同樣時間，中國國內正經歷太平天國之亂而分崩離析，估計約有二千萬人在這場戰亂中喪生。

此後，戰爭與侵略接踵而來，最終導致日本侵略中國的災難。在第一次中日戰爭（甲午戰爭）中，雙方爭奪前中國藩屬國朝鮮，最後日本大獲全勝，獲得對朝鮮與福爾摩沙（臺灣）的控制權。

接下來幾年，日本逐漸加深對滿州（中國東北）的控制，終於在一九三一年再度入侵。一九三七年，抗日戰爭爆發，日軍拿下北京、上海與南京。經過長達數月的浴血巷戰，中國國民革命軍仍舊被迫撤離上海。這場漫長而煎熬的戰役奪走了二十萬中國人的性命。幾個星期後，據估有五至三十萬平民在南京大屠殺中喪生。

對中國來說，這的確是水深火熱的一個世紀。一般人大概會認為，像這樣一個正在崛起的驕傲大國，大概會盡量淡化本國

歷史最糟的一頁。沒想到中國政府反而力圖確保這段歷史的每一個細節，都清晰烙印在國民的意識之中。中國政府實施「愛國主義教育」計畫，大批中國人乘著巴士前往圓明園遺址，親眼見識英法殘暴行為的證據，南京大屠殺紀念館則是最多人造訪的觀光景點之一。

有人指出，一九八九年發生天安門抗議事件後，中國共產黨才選擇再次揭開這些令人難受的歷史傷口，目的在於說服人民相信，他們必須建立不容質疑的強大政府，才能避免外國侵略的歷史重演。其實打從一九二〇年代開始，中國領導人就把「百年國恥」掛在嘴上。倫敦大學歷史學家藍詩玲（Julia Lovell）博士認為，中國政府用兩場鴉片戰爭塑造出基礎神話（foundation myths），將中國這個史上數一數二的大國描繪成一個受害者。

中國政府煽動這股熊熊怒火背後的理由，與他們的動機脫不了關係。之所以會發生這一長串的國恥事件，就是因為帝制中國跟不上西方國家科技發展的腳步，而政府選擇塑造這樣的歷史印象，正是暗示人民，中國絕對不能重蹈覆轍。如此一來，就能激勵中國人去建設、進步、發明和成功。

我們就是我們的歷史

是什麼讓一個人、一個組織或一個國家，產生對自我的身分認同？也許是文化，或者是人格、價值和能力，而這一切都取決於歷史。我們根據對自己的個人歷史與集體歷史的理解，把自

己視為善良、能幹或堅定的。例如以色列、義大利與德國，都是從世人早已不復記憶的歷史中，選擇性回顧某些事件，再根據那些事件打造出整個國家的基礎神話。歷史小說家希拉蕊・曼特爾（Hilary Mantel）說：「人們很少會把國家建立在冰冷的事實上，而是向往昔探求本族、本國的基礎神話，然後把國家建立在榮耀或委屈上。」[18]

歷史塑造我們的身分認同，而人民、組織和國家則根據他們採納的身分認同來行動。美國民權運動領袖馬丁・路德・金恩（Martin Luther King, Jr.）說：「歷史造就了我們。」正因如此，歐威爾才會在小說《一九八四》中，安排大洋國官僚大費周章改寫歷史。我們做的每一件事情，至少都有一部分可以歸因於對自身某段過去的理解。

某段可以無限次改寫的過去。

實踐指南

你可以這麼做⋯⋯

◆ 運用關於某些組織的歷史事件與成就，塑造他們當前的身分認同。

◆ 藉由講述昔日成功的行動與事件，來鼓舞其他當代人士採取行動。

但要小心⋯⋯

◆ 誤導者為了削弱對手力量或避免讓自己難堪，而忽視相關重要歷史。

◆ 誤導者企圖煽動暴力、歧視與族群衝突，而蓄意揀選特定歷史敘述。

第三章

脈絡

「黃疸病人會覺得蜂蜜很苦，被狂犬病狗咬過的人會覺得水很可怕。」

—— 馬可·奧里略，《沉思錄》

（Marcus Aurelius, *Meditations*）

事情能有多糟？

想像你全身只剩下內衣褲，然後被丟進湖裡。你完全搞不清楚自己究竟身在何處，等到你費盡力氣爬上岸，又看不到半點人類居住或耕作的跡象。你似乎處在一個鳥不生蛋的地方。

可怕嗎？

如果你是電影《地心引力》（*Gravity*）裡英勇的太空人，已經受困在太空中許久，經歷過碰撞、焚毀或窒息帶來的瀕死體驗，好不容易才克服重重困難，回到地球，那麼你就不會覺得可怕了。這個場景可以證明導演擁有高竿的敘事技巧：當女主角珊卓·布拉克靠著自己的力量匍匐爬上異域的湖岸，趴伏在那，手

裡緊緊抓著潮濕的沙子，我們都相信她終於擺脫困境而為她感到高興。她在呼吸新鮮空氣，她在堅實的地面上！

　　然而一模一樣的場景，也可以是另一部生存冒險電影的駭人開頭。一個孤伶伶的女人，既沒有食物、地圖、鞋子、火柴、手機，也沒有關於荒野求生的知識，她必須自己設法找路回到文明世界。這樣的前景實在令人畏怯。但因為我們知道女主角不久之前的處境有多糟，也預期美國太空總署將出動救援任務，所以這個場景在我們看來就是一個美滿結局。

　　脈絡能影響我們對現實的印象，並發揮重要作用。我曾經合作過的一些公司，他們損失了幾百萬美元還能打從心底歡欣慶祝，因為前幾年的損失比現在更糟。同樣一個不值錢的小禮物，小孩子送的可能就比大富翁送的更寶貴。在大熱天來一場體力勞動後，這時喝的冰啤酒特別有一番風味。二〇一七年英國大選後，雖然工黨比執政的保守黨少了五十六個議會席次，黨魁傑瑞米·柯賓（Jeremy Corbyn）卻宣稱工黨「贏了」，這是因為每個人都預期英國現任首相德蕾莎·梅伊（Theresa May）會贏得更漂亮。脈絡可以改變意義。

　　我們努力要理解的這個世界很複雜，像這樣的脈絡就是複雜性的一部分。要先掌握脈絡再做出評斷，光用說的很容易，實際上要判斷或選擇哪一套脈絡才恰當、切題，就比較困難了。從甲脈絡聽到某個故事，和從乙脈絡聽到同一個故事，將會產生截然不同的印象。決定要強調哪一套脈絡、淡化哪一套脈絡，在塑

造現實的過程中是很重要的一部分。

一件事不只是一件事

　　心理學家保羅・羅津（Paul Rozin）設計出一項新奇的實驗，來測試人類的噁心反應，讓他在學術圈「聲名大噪」。在那項實驗中，羅津先對受試者展示一個剛拆封的全新便盆，並重申這個便盆從來沒被任何人使用過，而受試者也大致同意他說的話。然後，他把蘋果汁倒進便盆裡，裝得滿滿的，並邀請受試者喝下果汁。

　　大多數的受試者都不願意喝。

　　這可不是什麼深植在我們基因編碼中的排斥反應，換作我們的祖先，八成很樂意從造型輕巧的潔淨容器中飲用果汁。然而我們早已習慣把這項物品和尿液強烈聯想在一起，因此再也受不了用便盆來喝飲料。羅津的受試者覺得這個想法很噁心，「即使他們知道那是全新便盆，既沒有尿液，也沒有汙染」。[1]

　　這項物品不只是一項物品，因為這項物品有一套既定的脈絡，而這套脈絡塑造了我們看待它的方式。

　　反過來說，如果其中一個受試者被困在沙漠裡根本沒水喝，碰巧撞見一個裝滿蘋果汁的便盆，那麼他很可能想也不想就喝下果汁。因為脈絡改變了，所以行為也改變了。

　　我們對於許多東西的反應，往往受到脈絡影響的程度比較

大，受到東西本身影響的程度反而比較小。想像你擁有一支設計師款手錶，要是有五個同事都買了同樣的手錶，你對這支手錶的感覺如何？要是你發現手錶的製造商是聲名狼藉的逃稅企業呢？要是你在新聞短片上，看到你討厭的名人在炫耀同一支手錶呢？雖然這樣東西沒變，但你對它的觀感卻被脈絡給破壞了。同樣的道理，一支古董銀製餐叉，如果是希特勒用過的，對收藏家的吸引力也可能變大或變小。

　　倫敦唐寧街十號過去住著一隻黑白花紋的貓，名叫韓福瑞。韓福瑞曾分別與三位首相共用這個地址，包括保守黨首相柴契爾夫人（Margaret Thatcher）與工黨首相東尼・布萊爾。在一場民調實驗中，調查人員先給英國選民看韓福瑞的照片，再問他們喜不喜歡韓福瑞。當調查人員用「柴契爾的貓」來描述，保守黨選民對韓福瑞的滿意度有44%，工黨選民的滿意度則只有21%；換用「布萊爾的貓」來描述，保守黨選民的滿意度降至27%，工黨選民的滿意度則升至37%。[2]相同的貓，不同的脈絡。

　　如果對某個對象或某隻貓的實際描述是一種真相，那麼關於這個對象的各種可能脈絡，就是激起我們產生各種不同反應的矛盾真相。把這一點說明清楚的最佳方法，就是觀察一個極為仰賴物品脈絡來定價的產業 —— 藝術事業。

比馬諦斯更好

　　第二次世界大戰之後，歐洲變得亂七八糟。城市處處是斷

垣殘壁，無數人在戰亂中流離失所，國界也改變了，東歐有不少地方遭到蘇聯控制。那是一個特別艱困悲慘的時代，同時也是一個充滿機會的時代。

一九四七年二月，有個聲稱自己是匈牙利沒落貴族的男人，住進一家位於丹麥哥本哈根的旅館。他有個不幸的故事：他高貴的親人被納粹殺害，他們的土地與財產都被俄國人強行徵收。身為同性戀猶太人，他在戰時幾乎都待在德國集中營裡，遭蓋世太保審問時還被打斷了一條腿，最後是用事先縫在外套裡的幾粒鑽石賄賂邊境守衛，才成功逃離被蘇聯政府控制的東方集團。而他高尚的家人最後的遺物，也是他僅存的財產，只有五幅畢卡索的畫。

如今他被逼到走投無路，不得不變賣這些畫。

這番話立刻引起一名在地經銷商的興趣。看樣子，那些畫是畢卡索古典時期的作品，現在肯定值一大筆錢。那段淒涼的流亡故事聽起來也很有道理，當時迫於納粹劫掠、轟炸的威脅，許多珍貴的藝術品都被倉促打包，流落在歐洲各地。一旦那些藝術品從瓦礫堆中冒出來，經驗老到的收藏家就可以乘機撿便宜。這是個值得把握的好機會。

於是這個經銷商安排那些畫接受專家鑑定，沒多久，專家就宣布那些畫是真品。後來一家位於瑞典斯德哥爾摩的畫廊，以六千美元買下全部畫作。那位流亡貴族收到一張支票，收款人欄位寫著一個名字：艾米爾・德霍伊（Elmyr de Hory）。

接下來數十年間，這家瑞典畫廊，以及其他為數眾多的藝

術品買家，個個都倒了大楣。這個自稱德霍伊的男人其實是偽造大師，那些畫並非出自畢卡索之手，而是他花了幾個小時創做出來的。德霍伊在製造贗品這一行還是新手，前一年是出於意外才賣出了自己的第一幅「畢卡索」；當時他的朋友誤把他的畫當成畢卡索的作品，並要求買下來。此外，德霍伊的傳記作者克利夫・爾文（Clifford Irving）也是一個偽造高手，他最出名的事蹟就是曾為性情乖僻的億萬富翁霍華・休斯（Howard Hughes）杜撰傳記。雖然關於德霍伊和爾文的一切還是值得懷疑，不過至少傳聞是這麼說的。

一般認為德霍伊出生於匈牙利布達佩斯，原名艾勒密・阿貝特・霍夫曼（Elemér Albert Hoffmann），雖然是來自中產階級家庭的普通孩子，卻培養出非凡的藝術才能。後來德霍伊不斷偽造出上百幅畫作，上面甚至有冒充馬諦斯、畢卡索、莫迪利亞尼、莫內、竇加等畫家的簽名。他和同夥詐騙了不少美術館與私人收藏家，撈了上百萬美元，將近三十年來都在從事這門非法職業。德霍伊在美國住了十多年後，自封為德霍伊男爵，企圖為他的流亡貴族故事添點光彩。他聲稱：「我從來沒有把畫作交給不買的博物館，他們也從來沒有拒絕過我交出的任何一幅作品，從來沒有。」[3] 後來，起了疑心的美國經銷商揭發德霍伊的犯行，於是美國聯邦調查局（FBI）開始追緝他。多年後，德霍伊在西班牙伊維薩島上繼續製造贗品。他的魅力、才華和壞名聲，讓他有辦法買下一幢海島別墅，甚至常有瑪琳・黛德麗（Marlene Dietrich）、烏蘇拉・安德絲（Ursula Andress）等名人作客。

　　德霍伊不曾仿冒任何既存藝術作品，他的做法是設想知名藝術家可能畫過的主題，然後創造出全新作品。他一向謹慎使用陳舊的畫布、畫框和畫紙，有時還會購買並重新利用舊畫的畫布，或從古董書上撕下空白頁來素描。德霍伊實在太會模仿現代派大師的風格，幾乎沒有專家能辨別箇中差異。就連當時還在世的藝術家凱斯・凡東根（Kees van Dongen）也上了當，以為德霍伊製造的某幅贗品是自己畫的。一位紐約藝廊負責人甚至公開表示：「如果說要畫幅馬諦斯，德霍伊會畫得比馬諦斯本人更好。」的確，許多人都說，德霍伊有不少畫作仍在世界各地的畫廊展出，只是上頭安著其他更有名氣的畫家名字。

　　德霍伊也曾這麼說過：「只要我的作品在博物館裡掛得夠久，總有一天就會變成真品。」[4]

　　這番話雖有爭議，但有一點毋庸置疑，就是畢卡索真跡與德霍伊贗品之間的實際差異微乎其微。然而一幅畫價值上百萬美元，另一幅卻值不了這麼多錢。明明大多數專家都看不出差在哪，為什麼世人就是認為德霍伊的畫作比不上他模仿的那些藝術家呢？在發現那些畫作是贗品之前，藝術鑑賞家賞識德霍伊的馬諦斯，一如賞識馬諦斯本人的真跡。話說回來，名家真跡的真正價值又是什麼？

　　想像有人要給你一幅完全一模一樣的畢卡索複製畫 ── 《阿爾及爾的女人（O版）》〔*Les femmes d'Alger*（*Version O*）〕，這幅畫的原作在二〇一五年的拍賣會上以一億七千九百三十萬美元高

價售出。雖然你永遠無法把複製畫偽裝成真跡賣掉，不過在外觀上，這幅複製畫和原作完全相同。那麼，你願意為這幅複製畫出多少錢？

　　大概沒多少錢吧。如果你的銀行存款還算充裕，又真的很喜歡畫中的景象，也許還願意出個幾千美元，但肯定不會超過三十萬美元。這意味著畫作真跡蘊含的巨大價值，不在於物品的實際外觀，而在於物品背後的脈絡，包括它的起源、故事、品牌、稀缺性等。畫布與顏料的價值最多不過幾千美元，脈絡的價值卻可高達一億七千九百萬美元。

　　這其實沒有聽起來那麼瘋狂。比起模仿名家技巧的仿製品，我們認定某位名家創造的藝術品，往往能帶給我們更大的樂趣與滿足。最新研究顯示，神經科學家已經可以監測「享樂價值」對大腦活動帶來的影響。研究團隊要求受試者躺在功能性核磁共振造影掃描器（fMRI）上，一邊評價一系列抽象畫。他們觀看的畫作有一半標明來自知名美術館，另一半則是來自研究人員的電腦繪畫作品。

　　結果並沒有太令人意外，雖然是隨機分配，但受試者對「美術館」圖畫的主觀評價，平均高於對「電腦」圖畫的主觀評價。進行審美判斷時，任何人都很難不受到「標籤」的影響。不僅如此，真正的好戲在 fMRI 數據中。當受試者觀看「美術館」圖畫時，關於享樂價值的大腦區域明顯變得更加活躍 —— 比起觀看他們認定是來自研究人員的作品，觀看他們認定是來自正牌藝術家的作品確實得到更多樂趣。

雖然《阿爾及爾的女人》能夠以誇張的高價售出，其背後還有許多因素，包括買家相信自己能以更高的價錢轉售這幅畫。不過人們在觀賞繪畫時，相信那就是畢卡索的作品所帶來的附加樂趣，想必也是造就天價的部分原因。因此美術館願意為知名藝術家的作品付出高價，來滿足能夠辨識那些藝術家的參觀民眾，也算是合情理了。隱藏在藝術家大名之後的脈絡，為畫布與顏料增添了可以計量的享樂價值。

像德霍伊這樣的偽造者已經開始質問藝術品的價值何在，隨著積層製造技術（也就是我們熟知的 3D 列印）不斷改良，一定會有更多人討論這個問題。當我們可以列印出《米洛的維納斯》雕像，或是梵谷《星夜》的完美複製品，我們對於藝術價值的理解又會發生什麼變化？隨著脈絡發生改變，人們去博物館排隊觀賞的名畫和雕像，難道也會變得和貼在學校走廊上的海報一樣毫無價值嗎？

德霍伊尖銳地質疑高品質偽作受到次等評價的現象，而後來發生的事也在某種程度上證明了他所言不虛。他仿造的畢卡索、莫迪利亞尼和莫內畫作，在揭下假面具後，如今每幅大概只能賣個幾千美元。諷刺的是，一些模仿德霍伊偽作的贗品，竟然也在藝術市場的各個角落冒出來了。德霍伊的名氣夠大，已經成了一種廣為人知的脈絡，值得其他人偽造他的作品。藝術收藏家現在會問：「這是德霍伊真品嗎？」

遺憾的是，德霍伊沒能活得夠久，沒能等到市場給他的答覆。一九七六年，德霍伊被控詐欺，就在法院宣判將他引渡到法

國後，他服下過量巴比妥酸鹽（一種鴉片類止痛藥），死在伊維薩島上。

至少從公諸世間的消息看來，我們只能這麼相信了。

從莫內到肉類

雖然藝術具有享樂價值，不過許多人關心的還是如何運用這項利基。對大部分人來說，如何餵飽自己才是更迫切的議題，而脈絡仍然扮演著關鍵的作用。

人們目前消耗肉品的方式並不符合永續發展的條件，雖然畜牧肉品多半營養可口，但對於環境和動物本身都會造成很大的負擔。畜牧動物大約消耗全球三分之一的穀物收成和 8% 的淡水供給，畜牧業產生的溫室氣體排放量則占了 15%。[5] 為了有空間飼養牲畜，人們砍伐大片雨林，並建造「集中飼養場」，將動物關在沒有窗戶的擁擠空間中。牠們生長的環境連根草都沒有。有些人認為這種圈養方式形同動物版的集中營。從美國開始的這種飼養模式正迅速蔓延到全世界，導致無數家禽家畜陷入悽慘生活，終其一生無處可逃。這種大型飼養場排放出的大量排泄物，不僅會汙染地下水，也會導致水體優養化（藻類、細菌或浮游生物過度繁殖）。隨著亞洲中產階級人口數增加，肉品的需求將會大幅上升，對環境與動物福利也將帶來更嚴重的衝擊。

這就是可口的牛排與漢堡的脈絡。

大部分的人每天買東西、煮菜、吃飯時，不太關心脈絡的

問題。我們會關心一些比較直接的真相，像是肉的品質、營養價值和價格；對於動物所受的苦、環境惡化的矛盾真相，我們不是過於無知，就是刻意忽略。我和其他肉食愛好者一樣為此感到愧疚。我們每天接收外來訊息影響，對購買行為中不愉快的矛盾真相視而不見。那些訊息的內容大多是某一種肉品有多鮮嫩多汁，或某一種肉類造成動脈硬化的風險有多高。雖然偶爾會出現食品安全問題，但隨著大量新訊息不斷湧入，像是令人垂涎欲滴的食譜，或是難以抗拒的特價，世人很快就會淡忘了這一類警訊。我們幾乎看不到與環境和動物福利相關的脈絡。

對任何關心地球與動物的人來說，當務之急就是讓更多人了解這些脈絡，進一步認識我們吃下肚子裡的肉。

也許有一天，脈絡會變得很不一樣。科學家和企業家已經開始「種植」肉類了。

二〇一三年，荷蘭馬斯垂克大學（University of Maastricht）的研究團隊在馬可‧波斯特（Mark Post）教授領導下，用他們「種」出來的牛肉製做出一個漢堡。他們拿牛的幹細胞樣本來種牛肉，利用幹細胞培養出肌纖維與脂肪。世界上第一個不必割動物的肉就做出來的漢堡，還是得用甜菜汁稍微改良一下顏色，生產成本大約是三十萬美元。儘管如此，這依然是一項了不起的成就，代表一種全新食品產業的誕生。

比起一般牛肉，這種「人工試管牛肉」只需消耗一半的能源，還有一點點水與土地，溫室氣體與廢棄物質的排放量更少，所以有些倡導者也把這種肉稱為「乾淨肉」（clean meat）。此

外，科學家在無菌環境中培植試管肉，沒有抗生素、細菌或排泄物汙染的風險，吃起來比一般肉品安全。

有新創公司開始想辦法提升人工肉的經濟競爭力。加州孟菲斯肉品公司（Memphis Meats）嘗試用人工肉開發肉丸子，在第一次產品發表會上，執行長烏瑪・芭萊契（Uma Valeti）宣布：「這是有史以來頭一遭，我們不必宰殺任何牛隻，就可以烹煮出牛肉丸。」[6] 以色列的新創公司超級肉品（SuperMeat）正在研發可以培植雞肉的機器，並提議把這種機器應用在餐廳或超市，甚至讓民眾在自家使用。

長則數十年，短則幾年內，人工肉就可以壓低生產成本，有能力和一般畜牧產品競爭，只是我們還不知道滋味嚐起來如何。想像一下，如果有一天，你看到一個人工肉漢堡，不論售價或滋味都和普通漢堡完全相同，只有背後的脈絡截然不同，那麼，你願意吃這個漢堡嗎？

你或許會大聲回答：願意！如果你本來就愛吃肉，只是出於道德考量戒絕肉品，那麼這可能就是你的祈禱應驗了。或者，你也可能被工廠種植肉類的想法嚇壞了，完全不想靠近那東西。又或者，你的反應取決於別人怎麼對你解釋這套新脈絡，以及媒體如何塑造人工肉的形象。關鍵在於人工肉的倡導者（關心動物福利與環境的人）如何採用正確的方式，介紹並溝通這個新脈絡。這顆星球的未來或許全看他們的說法成不成功了。

剛才，我討論人工試管肉時，先從飼養場的規模對環境的

威脅談起。換成另一個作者，可能會先談一談神學。他也許會問：人類算老幾？憑什麼用生物學扮演上帝？他也許會指出插手上帝事務所帶來的道德風險和精神風險。要是再換成另一個作者，可能會先討論關於有機與自然飲食的理想。想必我們都同意，天然的食物比人工食品更好，對吧？他也許會提到食品添加物問題，像是蔗糖聚酯、硝酸鹽和氫化脂肪等。

由此可見，我們三個人就分別樹立了三種不同的脈絡或「框架」，接著才跟你討論人工試管肉。我們只要突顯其中一套脈絡，貶低其他脈絡，就能搶在閱聽者開始思考議題之前，有效改變他們的心態。比方說，如果要求隨機選出的群體評估人工肉的價值，那麼依據接收到的脈絡不同，他們得出的結論可能也不同。當他們接收到的訊息，並非來自強調人工肉有益環境和動物福利的作者，而是來自另外兩個作者，恐怕就沒那麼願意站在人工肉那一邊了。

戰術一：框架

「框架效應」[①] 有很多種形式，而樹立一套脈絡來支持你的意圖，則是特別強效的溝通戰術。有時候，有天分的發言者甚至早在攤出論點之前，就已經贏得一場辯論；他們只要先樹立出一

---

① 編按：Framing effect，面對同一個問題，以兩種不同的陳述說明同一個答案，會讓人們做出不同的決定，是心理學上的一種認知偏誤。

套脈絡，就能提前影響他人對某項議題的反應。比方說，父母為了鼓勵孩子慷慨一點，偶爾會趁著發零用錢之際，提起其他沒那麼幸運的孩子，強調他們沒有任何玩具，還常常吃不飽。政治人物為了爭取更多福利津貼，也許會先描述一段關於某個選民的悲慘處境。企業領袖宣布裁員或薪水凍漲前，也會先來段開場白，談一談公司面臨的激烈競爭與市場價格壓力。

　　只要設定一套正確的脈絡，就能創造出一種框架，把論點變得充滿說服力。除此之外，框架也會影響閱聽者如何處理框架內的資訊。

　　框架也有可能打從一開始就妨礙彼此達成共識。如果雙方在思考同一項複雜議題時，採用完全不同的框架，就不太可能找到共同點。這有個悲慘的例子，就是以巴衝突。在許多猶太裔以色列人看來，這項議題談的是奪回上帝應許給他們的聖地，或是在敵人環伺下努力保家衛國；然而在巴勒斯坦人看來，這項議題談的卻是他們被迫離開家園，遭受不公不義的對待。雙方各有一套自己的脈絡、自己的矛盾真相，而且各自參照的框架無法彼此協調，不太可能各退一步、達成和解。有時候就連要傾聽自己框架之外的聲音，也得費好大一番功夫。

　　我們通常都不會意識到那些形塑思想與行為的框架，因為它們已成為我們心態的一部分，長年隨著生活經驗累積與接收資訊而發展得非常穩固。有些人把這種框架稱為世界觀。舉例來說，我來自西方國家的雜食環境，自然而然就在前文中寫到關於牛肉的事；要是我是個印度人，或從小到大恪守素食主義，那麼

我就會選用完全不同的例子。如果本書提出的想法或故事，讓你看了覺得不順眼，可能就是因為我們擁有不一樣的世界觀。

我們甚至會隨著脈絡改變，下意識地將不同框架套用在自己身上。當你在足球場邊向一個男人自我介紹，就算對方是個頂尖的外科醫師或知名電視節目主持人，他可能會這樣回應你：「嗨，我是丹尼的爸爸。」因為脈絡改變了，這個男人的自我形象也改變了。

框架可以在我們詮釋各種事件時發揮關鍵作用，也可以被用來操弄、說服我們。如果你不喜歡別人介紹議題或展開互動的方式，可以試著調整，為自己和在場的其他人重新框架，進而改變議題發展的方向。我們可以調度不同的脈絡（也就是運用不同的真相），為一場協商或爭論重新定位。重新框架意味著改變脈絡，在衝突解決、創新和變革管理等方面，都是不可或缺的溝通技巧。

在場的男士們

二〇一四年夏天，在社群媒體上流傳的某張照片引起大眾猛烈的嘲弄與抗議聲浪。這張照片乍看之下平淡無奇，在某個會議上，幾位準備發言的講者在臺上一字排開。仔細一看，講臺上的布告卻寫著：「二〇一四全球婦女高峰會……」但這些發言人通通都是男性。這樣的組合讓這張照片頓時在網路上轟動瘋傳。

最初在 Twitter 上張貼照片的與會人士寫道：「一張照片勝過

千言萬語。」[7] 話是這麼說，不少義憤填膺的男女轉發照片時，樂得加上一大堆自己的想法。「這是笑話嗎？肯定是笑話。」這還算是比較客氣的回應。「男人比較懂嘛。簡直可笑。」[8] 這是另一種回應。另一個越描越黑的巧合，這群人全是身穿深色西裝的中老年白種男人。女性主義小說家凱西‧雷特（Kathy Lette）回應道：「我不知道該哭還是該笑。」[9]

當時我也看到了那張照片，我記得自己和大家一樣，一時間心中湧起一股輕蔑與氣餒交雜的感受。然而當我認出照片裡的其中一個男人，剛才腦中浮現的第一印象隨即煙消雲散。他是米歇爾‧藍道（Michel Landel），是法國承包服務暨設施管理公司索迪斯（Sodexo）的執行長。就在看到照片的幾個星期前，我才剛和他合作一個重大計畫。合作過程中，他不假辭色，堅持溝通必須強調多樣性的重要價值。就我所知，他這個人絕對是真心支持性別平等，他領導的執行委員會，十三名成員中有六人是女性。哪怕只是短短一秒，我也不相信藍道有可能參加任何擁護父權的活動，企圖開一場「男人說教」② 的研討會。

於是我試圖確認其中的脈絡。

全球婦女高峰會（The Global Summit of Women）是由「全球婦女」（GlobeWomen）主辦，這個非營利組織的理念是「不論公家單位、私人機構或非營利組織，各行各業都能齊聚一堂，同

---

② 譯按：英文的「男人」（man）與「解釋」（explain）合起來，就成了「男人說教」（mansplain），泛指男性自以為比較懂而高高在上對女性說教的行為。

心協力擴展全球女性的經濟機會」。[10] 可以想見，經營全球婦女的是一群女性，組織高峰會的策劃委員也清一色是女性，會議上的發言人、出席人，同樣是女性居多。硬要說這個組織有什麼性別問題，也只能說是男性人數太少了。另外，在那張看似罪證確鑿的照片被拍下的六個月前，二〇一三年十二月十八日，由全球婦女發出的通訊刊物中，第一項內容就寫著：

「二〇一四全球婦女高峰會：聽見男性執行長的聲音。

泰姬法國（Taj France）法律顧問公司執行長吉安馬科‧孟色拉托（Gianmarco Monsellato）建議，希望在以女性為主的重大活動中納入更多男性，做為他們在性別關係方面『繼續教育』的一部分，因此二〇一四年的全球婦女高峰會邀請了幾位男性執行長（多為法國人）至巴黎參與六月五日至七日的大會，屆時現場還會有來自七十多個國家的一千名女性共襄盛舉。」[11]

由此可見，找這組人馬來參加高峰會只有一個用意，就是想聽聽來自商界的男性分享經驗，了解他們如何支持女性謀求職涯發展。像這樣邀請有志一同的男性來參與性別平等議題的交流會議，其實是一種通情達理又具有包容精神的策略，應該是能被接受的作法。

戰術二：忽略相關脈絡

對婦女高峰會的男性小組嬉笑怒罵的，大多是對脈絡一無所知的誤傳者。雖然他們應該先查證事實再傳，不過他們並非故

意曲解真相。偏偏還是有許多專業溝通者會故意藉著操作、忽略脈絡，來誤導他人。

比方說，政治人物就常對政敵的言論斷章取義，故意曲解對方的立場，好讓自己更容易證明對方是錯的。這種戰術就叫作「稻草人論證」（straw man）：政治人物自己紮起一個稻草人（蓄意把他人的論點歪曲成失真的模樣），再打倒這個稻草人。舉例來說，在保守黨衛生大臣談論外包醫院設施管理後，英國工黨政治人物可能會選擇性引述他的話，暗示他支持英國國民保健署（NHS）私有化，這在英國是可以處以絞刑的死罪。換作德國另類選擇黨（AfD）的政治人物，也可能對德國總理說過的話斷章取義，暗示她不只考慮對走投無路的難民放行，還想放任所有外國移民進入德國。

另一個相關伎倆，就是在省略脈絡的情況下，引用其他權威人士的意見來支持某個論點。小朋友很早就學會這種「訴諸權威」的修辭手段，譬如小男孩會對一臉困惑的保母說：「但媽咪說我洗完澡可以看電視啊。」雖然他說得認真又誠懇，卻省略了相關的脈絡，沒有說出這項特許只能用在星期六。有時候，企業顧問也會施展同樣的伎倆，向潛在客戶介紹最新的神經科學研究，暗示研究支持他們設計的領袖成長課程，卻不提那項研究只成功應用在囚犯、幼兒或老鼠身上。

泰德‧克魯茲（Ted Cruz）角逐美國共和黨提名總統候選人的時候，允許幕僚在他的一支電視競選廣告中插入一小段唐納‧

川普（Donald Trump）說「計畫生育協會對社會很有貢獻」的影片。[12] 計畫生育協會（PPFA）是美國非營利組織，專門提供婦產科服務，包括檢驗性感染疾病（STI）與避孕。然而這個組織最為人熟知的，其實是執行全美大約半數的墮胎業務。許多保守派選民都對墮胎恨之入骨，所以克魯茲的廣告一出來，川普恐怕就要流失不少票源了。克魯茲競選團隊蓄意誤導觀眾的戰術，可以分為幾個不同層次。首先，這的確是二〇一五年川普接受福斯新聞（Fox News）專訪時說過的話：

「很多共和黨保守派女性來找我，我告訴她們，『計畫生育協會對社會很有貢獻，唯獨那方面（墮胎）除外』。」

克魯茲團隊排除了其他內容，只留下川普說過的十三個字，就徹底扭轉了他的原意。這幾個字誤導他人的程度，就好比把川普的發言斷章取義成「很多共和黨保守派女性來找我」，起碼這還能逗我們開心一下。

另外，這支廣告不但刪除了川普發言內容的脈絡，還省略了整場專訪的更大脈絡，代表克魯茲團隊其實瞞騙了觀眾兩次。在福斯新聞專訪上，川普吐出那些遭他們利用的話之前，才剛大費周章強調他的反墮胎立場：

「你可以從兩種意義來看計畫生育協會。你可以當它是墮胎診所，雖然這只是他們承辦的一小塊業務，卻是很殘忍的一部分，所以我徹底反對這一點〔……〕我徹底反對計畫生育協會的墮胎服務，不過很多女性來找過我……很多共和黨保守派女性……」

　　不管我們對川普這個人、對他自己操弄真相的惡劣手法觀感如何，至少在這個例子中，毫無疑問是克魯茲團隊蓄意曲解了他的言論。

脈絡理解能力

　　現代人偏好輕薄短小的訊息，過去長篇大論的新聞報導，早已讓位給即時動態和 Twitter 推文。以前政治人物的演講可以獲得完整報導，現在要是能在晚間新聞上播個十秒鐘就算走運了。大家都忙到沒時間消化長篇文章，沒時間好好坐下來聽完某個人講解政策或世界大事。即使是工作上的備忘錄，如果需要耗費大量的注意力去閱讀，也是沒人認真讀過就被刪掉了。我們甚至沒有時間去吸收已知資訊的一小部分。

　　因此，忽略脈絡只是必然的結果。我們會不分青紅皂白就對事件、意見、公告和傳聞做出反應。這個世界在高速運轉，我們的注意力卻越來越短暫，導致我們在不明就裡的情況下，貿然採取可能招來禍害的行動。在做出反應前，我們必須確保自己沒有略過重要的相關脈絡，才能避免抱持偏見奚落他人、被蓄意誤導大眾的政治人物或評論人士愚弄，或聽信誤傳的訊息而做出傷害自己的選擇。

實踐指南

你可以這麼做……

◆ 隨時記得再三確認脈絡！

◆ 利用最有幫助的脈絡來創造框架，就能鞏固自己的論點。

◆ 藉由改變脈絡，來改變他人對某件人、事、物的態度。

但要小心……

◆ 誤傳者在一知半解的情況下，就轉發聳動消息。

◆ 誤導者會故意省略關鍵脈絡（尤其是在引述他人言論時）。

> 第四章
> # 數字

「折磨數字吧，它們會把一切從實招來。」
—— 葛瑞・伊斯特布魯克（Gregg Easterbrook）

邪惡的數字

左撇子的生活多少會碰到一些困難，比方說，馬鈴薯削皮器和剪刀的設計都比較適合右撇子。拳擊課有人採取「左架」[①]時，就會引起爭議。左撇子在支票簿或活頁夾上寫字都比較吃力，在擁擠的餐桌上用左手喝湯，也很可能引起一片騷亂。就連微不足道的褲襠拉鍊，也設計得比較適合右撇子。

但左撇子似乎還得應付更大的難題。一九九一年，兩位信譽卓著的心理學家發表一項研究，指出左撇子平均死亡年齡比右撇子年輕九歲。

---

① 譯按：southpaw，指右手右腳在前，以左手出重拳的拳擊預備姿勢，又稱為「反架」。

　　美國加州州立大學聖博納迪諾分校（CSUSB）的賀戴安（Diane F. Halpern）博士，以及加拿大英屬哥倫比亞大學（UBC）的史丹利・柯倫（Stanley Coren）博士，他們回溯一千名已故加州居民的檔案，發現右撇子平均死亡年齡是七十五歲，左撇子則是六十六歲。在一篇題為〈慣用左手：適合生存度下降的標誌〉的文章中，他們宣稱：「顯然，某些死亡風險之所以會提高，就是因為環境因素導致左撇子更容易出意外。」[1] 依照他們的邏輯，因為工具和車輛都是以右撇子為對象而設計，所以左撇子更有可能出車禍，或是在使用電鋸時出意外。《紐約時報》的報導中寫道：「在二十世代中，左撇子的人口比例占 13%；在八〇世代中，卻只剩下 1%。」[2] 看樣子，身為左撇子這件事，就和抽菸一樣有害健康。

　　於是左撇子注定要英年早逝的印象迅速蔓延開來，直到二〇一三年，英國廣播公司才覺得有必要回顧這個問題：「左撇子真的容易早逝嗎？」[3]

　　答案是否定的。那根本是一派胡言。柯倫和賀戴安誤解了他們在數據中發現的真相，而成了誤傳者。

　　我在一九七〇年代隨和自在的社會風氣下成長，大家都鼓勵我接納自己是左撇子的事實。然而前幾個世代就沒那麼開明了。以前人認為左撇子是被惡魔碰過的人，所以「邪惡的」②、

---

② 譯按：英文 sinister 源自拉丁文，除了表示「左」，也有「邪惡、不祥、不幸」的意思。

「笨拙的」③左撇子總是處處受到歧視，人人避之唯恐不及。因此父母往往用盡辦法，想把孩子教育成右撇子。小孩子拿餐具或拿筆時，如果用錯了手，就會馬上遭到糾正。雖然天生左撇子人口比例約為 10-12%，但是在十九至二十世紀，相對來說只有極少數人認為自己是左撇子。直到近代，天生慣用左手的人才比較有機會順其自然地當個左撇子。

由此可見，一九九一年的左撇子一族，平均而言肯定比右撇子年輕。在那份亡者名單上的左撇子，死亡年齡很可能比其墓碑隔壁的右撇子鄰居更小。用另一個例子來解釋或許更容易了解，以現在來看，數位原住民的平均死亡年齡，一定比非數位原住民來得小 —— 因為從小就接觸網路世界及數位產品的人，目前年齡都低於二十五歲。雖然如此，這並不代表身為數位原住民有害健康。

在一九九一年的加州，左撇子亡者明顯比右撇子亡者還要年輕，這是真的。然而這個真相卻遭到許多人誤解，平白害得全世界的左撇子窮緊張。擔心自己活不長的左撇子，聽到另一個矛盾真相應該會安慰許多，那就是相同年齡的左撇子與右撇子，享有幾乎一樣高的平均餘命。

數字很奇妙，可以用文字無法辦到的、更清晰的方式，幫助我們了解周遭的世界。有了數字，我們光憑一張圖表，就能比

---

③譯按：法文 gauche 除了表示「左」，也有「笨手笨腳、不善交際」的意思。

較事物、評價事物、測量變化,甚至用寥寥數語來描述一整個宇宙。數字可以和任何文化背景的任何人交流,是一種舉世共通的語言。問題在於有太多人經常誤解數字的含義。如果連兩個受過統計學訓練的科學家,也不見得明白自己得到的數字代表什麼意思,那麼一般大眾搞不清楚數字的含義又有什麼好奇怪的呢?

這個問題無關乎數學能力。時至今日,大家不再需要靠自己的頭腦來算乘法或除法,就算不懂什麼是二次方程式也無所謂。但是如果你想管理好家庭預算,或是把票投給有擔當的政府,就必須理解特定數字的含義。

偏偏許多人在面對統計數值、新學校興建成本或人口規模時,不僅望之生怯,不懂也不想理解那些數字的真正意義,才讓誤導者有機可乘,用他們自己提出的意義來塑造現實。照理說,數字應該是最客觀透明的溝通形式,最不可能遭有心人士利用,我們卻在各行各業中都能看到矛盾真相強行利用數字的現象。

蘋果、橘子和芝加哥謀殺案

在我們正式談論數字之前,必須先查明它們實際上代表的意義。當一家公司誇耀自己擁有優良的僱傭紀錄,指的是全職員工、約聘員工、無支薪實習生,還是「全職人力工時」的員工?當政治人物發表煽動人心的言論,引用的數字指的是移民、非法移民、經濟移民,還是難民?那些人全都是「領有津貼」的失業者,還是只有資格接受子女撫育費或低收入補助?真的是每十人

就有七人喜歡甲產品，還是在某一個近來處處可見甲產品廣告的小鎮上，有 70% 受訪民眾喜歡甲產品？那些政府統計數字，指的是種植或賣出的穀物？家庭或個人？納稅人或居民？這些數字含義不僅存在著巨大的差異，也就是這些差異讓矛盾真相有了可乘之機。

加拿大與澳洲是全世界綁架率最高的國家。的確，這是真的。但這並不表示這兩個國家比墨西哥或哥倫比亞更危險，而是兩國政府在統計綁架數據時，把父母爭奪子女監護權的情況也計算在內。同樣的道理，據說瑞典的性侵案發生率在全球排名第二，每年每十萬名居民中，就有超過六十起通報案件（相較之下，印度則是每十萬名居民中就有兩起通報案件）。[4] 這個數字不僅顯示瑞典的性犯罪通報率比較高，也意味著瑞典對性侵的定義比較廣。

二〇〇一年，美國前副總統迪克・錢尼（Dick Cheney）為了爭取在北極國家野生動物保護區（ANWR）鑽探石油，辯稱只有二千英畝的土地，或者說是「杜勒斯機場五分之一大」的土地將會受到影響。事後證明，當時他只有把用來建造「生產暨支援設施」的土地算在內，至於用來興建道路與基礎設施的必需土地，還有可能干擾、毒害野生動植物的鑽井周圍土地，通通忽略不計。不僅如此，如果輸油管線是蓋在地面上，就只是計算支撐管線的支架所占的土地，管線下方的土地面積則一概忽略不計。錢尼引用的數字極度混淆視聽，幸好這項提案隨後就被參議院擋了下來。

戰術一：選擇有用的數字

二〇一七年，當美國總統川普告訴國會，「目前有九千四百萬名美國人不在勞動市場上」[5]，他帶給聽者的印象是，這些人全部都是非自願失業者。事實上，這項由美國勞工部勞動統計局公布的數字，不僅包含退休人士與自願失業者，也把所有十六歲以上的學生算了進去。至於美國真正的失業人數，也就是那些想工作卻找不到工作的人，在二〇一七年初大約只有七百六十萬人，甚至不到川普所引用數字的十分之一。[6]

同樣地，當川普聲稱「像阿富汗那樣的地方，比一些美國內城區④還要安全」[7]，他要不是記錯了，就是在對照芝加哥殺人案件與阿富汗境內的「美國人」死亡數時，故意歪曲解釋。二〇〇一至二〇一六年間，芝加哥共有七千九百一十六樁謀殺事件登記在案；同一時期，阿富汗則有二千三百八十四名美國人遭到殺害。[8] 在阿富汗發生的暴力死亡事件總數遠多於芝加哥（根據一項學術數據，二〇〇一年以來，有超過十萬人在阿富汗戰爭中喪命）[9]，相較之下，阿富汗境內的美國人暴力死亡率，遠低於芝加哥的美國人暴力死亡率。川普只有一點說得沒錯，那就是在芝加哥喪命的美國人比在阿富汗多（但芝加哥活著的美國人也更多）。照那種邏輯走，他甚至可以說住在太陽上比較安全。

---

④ 譯按：inner cities，相對於中產階級居住的郊區而言，多為窮人居住的地區。

那是個大數字嗎？

　　某牌沐浴凝膠的行銷文宣聲稱：「薄荷茶樹沐浴凝膠添加了七千九百二十七片真正的薄荷葉。」這個數字以放大的字體印在瓶身上。七千九百二十七片薄荷葉算很多嗎？我不曉得。不過我知道，製造幾毫升玫瑰精油就要耗用上千朵玫瑰，所以大概不算多吧？然而這段文字清楚暗示，這是一個很大的數字。

　　從品牌設計概念著重意趣的脈絡看來，倒也無關緊要。要是換作下列敘述呢？

　　我們僱用了一千名新來的護理師。

　　我們的新型運輸車消耗的燃料每年減少一百萬加侖。

　　這些數字大嗎？顯然一定很大。然而除非我們知道背後的脈絡，否則也說不準。如果是在愛沙尼亞，護理專業人員大約只有八千人，因此聘用一千名新護理師是極有意義的進展；如果是在德國，護理人力大約有九十萬人，這項招募啟事可能無法引起多大注意。至於第二段敘述，如果是像 UPS 那樣大的國際包裹運送公司，擁有起碼十萬輛運輸交通工具，每年一百萬加侖的燃料只是捨入誤差（近似值和精確值的差異）而已。

　　現在年輕人要在英國買房子很困難，主要原因之一在於一般人「負擔得起的」住宅供應短缺。二〇一七年十月，英國首相梅伊在一場重要演講上宣稱：「我會盡力運用首相職權來解決這個問題。」[10] 她接著說：「今天，我宣布，我們將額外投入二十億英鎊來興建平價住宅。」聽起來是個很大的數字，但媒體很快就

戳破了梅伊的泡泡 —— 國會候補名單上總共有一百二十萬戶，然而二十億英鎊大概只夠增建二萬五千戶，對整體需求來說不過是杯水車薪。[11]

戰術二：讓數字看起來大一點或小一點

當別人試圖說服你相信某個數字特別有意義，你要做的第一件事情，就是把他的話重新解讀，結合相關脈絡，轉換成更發人深省的真相。百分比能提供的有用資訊，通常比字面上的數字更多。聽說道達爾企業（Total）準備了十四億美元，要投資美國太陽能板製造商太陽電力公司（SunPower Corp），是不是覺得很驚訝？別太急著預言道達爾即將掀起再生能源革命，這家法國石油巨頭押下的賭注，甚至不及公司資產的百分之一。二〇一五年，美國懷俄明州只有一百四十五人死於交通事故，德州則有三千五百一十六人死於車禍。然而懷俄明州的人口數為五十八萬六千人，表示每十萬人就有二十四點七人死於交通事故，這樣的年度死亡率高得令人擔心。反觀人口擁擠的德州，對應的數值只有十二點八人。[12]

二〇一〇年，電子產品製造商富士康有十八名中國員工企圖自殺，其中有十四人自殺身亡。這則新聞成了歐美國家媒體的頭條，因為富士康是 iPhone 的製造商，並且幫多間全球知名品牌代工，像是三星（Samsung）、戴爾（Dell）和索尼（Sony）。一時間，世人紛紛指責富士康與蘋果虐待勞工、工作條件惡劣。

那些自殺事件的確是悲劇，但這就表示富士康真的有問題嗎？二○一○年，富士康僱用了將近一百萬名員工，表示該年度每十萬人就有一點五人自殺。相較之下，中國年平均自殺率為每十萬人就有二十二人。[13] 就數字上來看，富士康的自殺率甚至不及全國平均自殺率的 7%。然而十四名死者太過引人注目，掩蓋了另一個相對正面的矛盾真相。

雖然歐巴馬說了「被浴缸害死的美國人比恐怖主義還要多」之後，遭到許多人批評，不過他說的一點也沒錯。根據美國國家安全委員會指出，二○一三年，美國有四百六十四人在浴缸中溺斃，還有一千八百一十人在天然水域中溺斃，九百零三人因意外窒息而死或在床上遭勒斃，超過三萬人從高處墜落致死。[14] 同年，在美國只有三人被伊斯蘭恐怖分子殺害，而且都是波士頓馬拉松的受害者[15]，甚至不及浴缸溺斃人數的百分之一。

我們也有可能被相對數字誤導。如果誤導者想要把大數字偽裝得小一點，也許就會把它說成其他更龐大事物的一小部分。當某樣東西只是其他事物微不足道的一部分，即使絕對數字極為龐大，仍然很容易就會被輕忽。

「在計畫生育協會提供的一切健康服務中，墮胎僅占 3%。」美國這間非營利組織在官方網站上如此宣稱。[5] 根據二○一四至二○一五年度報告，該協會絕大部分服務與性病檢驗暨治療

---

⑤ 這段文字已經從官網上移除，不過在 2014 至 2015 的年度報告中還保留著。

（45%）及避孕（31%）有關。[16]「3%」這個數值聽起來，就好像墮胎對該協會來說只是其中一項不太賺錢的服務。他們是怎麼算出這個數字的？該協會年度報告顯示，二〇一四至二〇一五年間，總共執行了九百四十五萬五千五百八十二件「服務」。其中約有一百萬件與提供緊急避孕方案有關，超過一百萬件為妊娠試驗，超過三百五十萬件為性病檢驗。就個案數量、費用、勞力或衝擊而言，墮胎與這幾項服務相比可差得遠了。正因這些例行活動數量太過龐大，同年執行的三十二萬三千九百九十九件墮胎手術，相形之下反而沒那麼起眼。然而這個數字[6]仍代表了全美50%記錄在案的墮胎手術。[17]

英國政府把國民所得毛額（GNI）的0.7%花在協助海外發展計畫或對外援助上。自一九七〇年來，這一直是聯合國要求已開發國家配合的目標，但只有包含英國在內的六個國家做到了。身為英國納稅人，我們該為這種慷慨解囊而自豪，還是該為付出太多而自我警惕？毛額的0.7%，聽起來不過是一丁點，這一點奉獻沒什麼壞處。事實上換算起來，這在二〇一六年相當於一百三十六億英鎊[18]，真的是一筆很大的數字。這比英國政府一年花在大學教育上的錢更多，也比花在社會治安上的錢更多。

如果是比較富裕的國家，不論在健康、教育或基礎建設上，都能滿足國民的龐大需求，那麼每年在海外花個一百三十六億英鎊，或許還算合情合理。問題在於，相對於百分比，似乎沒

---

⑥ 在此假定每一次「墮胎手術」都確實造成流產。

有幾個時事評論人深入思考過這筆絕對現金價值。二〇一七年英國大選期間，保守黨計畫刪除經費，不再為四至七歲學童免費供應營養午餐（預計省下六億五千萬英鎊），並改為免費供應營養早餐（預計支出六千萬英鎊），導致大家爭論不休。至於那筆多得要命的對外援助經費，反而誰也不談。

　　好像基本的數字問題還不夠令人頭大似的，政治人物、行銷人員和新聞記者早已熟能生巧，三不五時就讓數字看起來比實際大一點或小一點。當他們企圖把民眾眼中的政府支出金額最小化，最喜歡耍的花招就是不報每年開銷，只報每日開銷，甚至是花在單一納稅人或公民身上的開銷。對皇室忠心耿耿的《每日快報》（Daily Express）在頭條寫著：「多划算啊！皇室一年只花了你五十六便士。」[19] 全年總支出換算起來為三千五百七十萬英鎊（一英鎊等於一百便士）。根據一份支持某種癌症藥物的報紙報導，「每個病人每天只要花四十三便士」就能使用那種藥物，顯然他們對於國家在這方面的總支出完全不感興趣。[20] 某位數字能力還不錯的倡議人士說：「納稅人每天只要花七十分美元，就能讓每一個美國人免費上四年大學。」[21] 如果想讓數字看起來大一點，只要把時間跨幅拉長一點就行了。「近來政府重申承諾，將在本屆國會任期內挹注至少三億英鎊資金，來改善行人與自行車騎士的用路環境。」[22] 這個數字聽起來比每年六千萬英鎊 ⑦ 更懍

⑦ 譯按：在不考慮特殊情況下，英國首相與國會議員任期最長都是五年。

慨。比起「未來十一年內，加拿大將每年額外挹注七十三億六千萬美元資金」，另一個標題「聯邦政府宣布將額外斥資八百一十億發展基礎建設」[23] 看起來更令人興奮。

溝通者為了讓某樣東西看起來便宜一點或昂貴一點，也有可能把那樣東西變成某種毫無關聯的計量單位，例如護理師與熱飲。近期一項健康照護服務廣告承諾，「每週只要付出不到一杯咖啡和一片蛋糕的費用，你就能享有本院的醫療保險。」何不拿醫院本身來當作你的計量單位？歐盟懷疑主義者兼歐洲議會議員丹尼爾・漢南（Daniel Hannan）宣稱，二〇一三年歐盟亂花的錢「足以蓋十間擁有最先進技術的公立醫院」。[24]

姑且不論蛋糕和醫院各自的價格有多千變萬化，用這種天馬行空的方式來談論財政多少有點危險，反而會把事情變得更複雜。要說一樣東西花費多少錢，就是指花費多少美元、歐元或英鎊，凡是改用其他事物來描述費用，多半都是別有用意。

英國脫歐靠數字

有一個數字主導了整個英國脫歐的公投結果，就是「英國每週奉送三億五千萬英鎊給歐盟」。脫歐派先鋒鮑里斯・強森（Boris Johnson）甚至搭上車身印有這句話的「脫歐巴士」，巡迴全國宣傳脫歐主張。這是一目了然的謊言，在這本討論真相的書中沒什麼好談的。

除此之外，倒是有人巧妙利用更真確的數字來誤導大眾。

英國財政大臣喬治‧歐斯本（George Osborne）只用了一個引人注目的數字，成功說服一些人選擇留歐。當時英國財政部公布一項預測報告，暗示一旦脫離歐盟，到了二〇三〇年，國內生產毛額（GDP）會比續留歐盟減少 6%。歐斯本發出的新聞稿寫著：「英國選擇脫歐後，每年每戶將損失四千三百英鎊。」[25]

　　這段話哪裡不對勁？首先，歐斯本的新聞稿營造出一種英國脫歐後將會變得比現在更糟的印象。事實上，財政部預測報告卻顯示，到了二〇三〇年，不論英國留歐或脫歐，GDP 都將顯著增加。更完整、誠實的標題應該要這麼寫：「英國選擇脫歐不如留歐來得好，不過都會變得比現在更富裕。」

　　再者，每戶 GDP 也是值得討論的問題。雖然實際上沒講明，不過這份新聞稿仍然暗示，英國每戶可支配所得將減少四千三百英鎊（那些詮釋這份新聞稿的報紙就是這麼說的）。然而財政部這項分析並非指家戶所得，GDP 是一種大不相同的東西，諸如企業投資、政府支出等也包含在 GDP 內。二〇一五年，英國一共有二千七百萬戶，GDP 為一兆八千六百九十億英鎊，所以每戶 GDP 為六萬九千多英鎊。然而，如果從二〇一四至二〇一五年家戶可支配所得取中位數，卻只能得到六萬九千多英鎊的三分之一，也就是二萬五千七百英鎊。如此一來便一清二楚，所謂每戶 GDP 的概念並沒有多大意義。歐斯本和他的財政部團隊心裡也有數，他們公布的標題不僅僅是一個真相，還是一個蓄意誤導大眾的真相。

有什麼新鮮事？

　　二〇一六年，英國癌症兒童基金會發布了一篇令人痛心的新聞稿：「過去十六年來，兒童與青年罹癌比例增加了 40%。」[26]此言一出，向來作風嚴謹的《每日電訊報》(*Telegraph*) 也熱血沸騰，為報導下了一個荒謬至極的標題：〈現代生活正在殘害我們的孩子〉。[27]雖然過去十年來，英國兒童癌症死亡率已經減少了 24% [28]，成就驚人，但是《每日電訊報》顯然沒注意到這一點，反而引述該基金會「科學顧問」的偏激之詞，把癌症歸咎於各種稀奇古怪的原因。

　　英國罹癌兒童數量的確增加了，不過背後有兩個很好的理由。首先，同一時期，英國兒童數量也增加了；既然有更多兒童，自然預期會出現更多癌童案例。再者，醫療診斷技術大幅進步，因此有更多癌症案例可以及早診斷出來，並及早治療 [29]；從前，癌症兒童往往要到成年後，才能在健康統計數據中受到確認或記錄。這家基金會肯定知道前述兩項事實。即使新聞稿標題一字不假，我們還是不能忽視它誤導讀者的作用。相較之下，另一家慈善機構提出的數字就合理多了。據英國癌症研究協會估計，自一九九〇年代初以來，兒童癌症發生率增加了 11%。[30]

　　有時候，只要觀察重要數字如何隨著時間變化，就能發現一些值得關注的真相。例如某項社會議題變得更好或更糟？某項政府支出增加或減少？某家公司正在成長或衰退？照理來說，這些數字應該能給我們一個直白的答案，然而誤導者卻可以選用另

一個相關的數字，告訴我們另一個不同的故事。舉例來說，現在遭到逮捕的青少年比以前多嗎？如果青少年總人口增加了，那麼，青少年遭到逮捕的比例實際上或許減少了。如果只算十六歲以下的青少年呢？黑人青少年遭到逮捕的比例？因暴力犯罪而遭到逮捕的青少年人數？在特定城市中遭到逮捕的青少年比例？青少年慣犯呢？也許上述的其中一個指標才是對的方向。

　　不論觀察什麼變化，選擇不同的起始年分，就有可能改變真相的面貌。二〇一一年一月，美國上市企業可以為這兩年來的股市成長歡欣慶祝，因為自二〇〇九年一月以來，標準普爾 500 指數成長了 36%；或者他們也可以為三年來的股市衰退哀悼，因為自二〇〇八年一月以來，標準普爾 500 指數下降了 10%。

　　英國工黨政治化妝師藍斯・普萊斯（Lance Price），在二〇〇〇年一月二十日的私人日記上寫道：「這個星期的犯罪數字還是高居不下。」當時普萊斯是前英國首相布萊爾內閣團隊的核心成員。「我們事先召開了一場瘋狂會議，席上有人提出很有用的建議。他指出，只要忽略犯罪率上升的地區不計，那麼犯罪率自然就下降了。這讓我想到，我們也可以用同樣的原則，來處理醫院候診超時的問題。」[31]

　　兩年後，有一群學者鎖定工黨公布的統計資料（題為〈工黨在您的選區有何建樹〉），著手調查當中列舉的一系列統計「指標」。這些指標計算了工黨推動各領域發展的情形，包括教育、健保、治安、經濟等。該群學者表示：「起初我們之所以感興趣，就是因為工黨提供的數字營造出一種印象，好像任何地方

的任何事情看起來都變得更好了。」[32] 實際上很難有哪個政府這麼厲害吧？於是這群學者仔細調查每一項指標，好搞清楚工黨是怎麼辦到的，竟能讓每一項指標看起來都改善了。

「如果在某一段時間跨幅內，某項指標未能改善，就把該選區的那一段時間跨幅，換成另一段情況好轉的時間跨幅。此外也要以不同的空間跨幅來呈現每一項指標……以犯罪數字為例，要是某些選區位於警局所在地，或犯罪率上升的區域，就改用整個英格蘭暨威爾斯地區的平均值，來代入那些選區的指標。如此一來，在工黨官方網站上，各地犯罪率在工黨執政期間就通通降低了。」

看樣子，那場在唐寧街召開的「瘋狂會議」，已經變成一場嚴肅的溝通政策會議了。

戰術三：隱瞞趨勢或誇大趨勢

從圖表方面來看，誤導者可以藉由調整圖表的刻度，或調整座標軸的起始刻度來轉化真相的面貌。只要把數據繪製在合意的座標軸上，呈現下降趨勢的曲線就能變得扁平，原本微不足道的成長也能變得饒富意義。比方說，你家附近的醫院空床數從一萬五千一百三十四床增加至一萬五千三百二十六床，即使只是微乎其微地增加了 1%，仍然可以一萬五千為 y 軸的起始刻度，讓這項成長在圖表上看起來像是了不起的成就。

在投資人說明會上，為了掩飾主力產品銷售欠佳的事實，

你可以把銷售量繪製成累計圖表（呈現出至今為止的總銷售量，而不僅僅是該年度銷售量），以免尷尬。在誤導者看來，累計圖表有個絕妙好處，就是圖中的曲線永遠不會走下坡。除非你開出超級慷慨的退貨條款，總不可能今年的累積銷售量還比去年來得少吧。二〇一三年，蘋果公司執行長提姆‧庫克（Tim Cook）展示了一幅「iPhone 銷售量累計曲線圖」，試圖隱瞞其中兩季 iPhone 銷售量下滑的事實。一個月後，他故技重施，同樣粉飾了 iPad 連續兩季銷售量下滑的事實。有鑑於此，商務新聞網站 Quartz 斷言：「蘋果公司要不是超不會設計圖表，要不就是以為你看不出差別在哪。」[33]

　　網路上流傳著一張可愛的圖表，上面畫著自一八二〇年以來，海盜數量隨全球平均溫度上升而下降的曲線。這兩件事似乎有神祕難解的相關性，隨著海盜人數逐漸減少，地球變得越來越溫暖。顯然，隨著公海犯罪數量減少，洲際貿易往來也變得更頻繁，終於造成全球暖化！

　　這個結論當然荒謬至極。隨便哪一個笨蛋都看得出來，事實正好相反，隨著全球溫度升高，海盜船上的蘭姆酒大量蒸發，導致海盜萎靡不振，終於不得不改行做些比較正當的買賣。

　　這段諷刺的分析文字提醒我們，千萬別以為兩組數字具有相關性，就表示它們之間一定有某種因果關係。比方說，有人注意到，在海灘度假區賣出越多冰淇淋，似乎就有越多人溺水；但這並不表示冰淇淋會引發抽筋，害人溺斃。天氣越熱，吃冰淇淋

的人就越多；大家傾向在天氣炎熱時去游泳，游泳的人越多，溺水人數也就隨之增加。冰淇淋消費量上升和溺水人數增加，這兩者間並沒有因果關係，兩者都是由第三因素造成的。

　　誤傳者很容易掉入這樣的陷阱。最近大家注意到，在已開發國家中，貧窮和肥胖有明顯的關係，紛紛擔心起來。二〇一三年，英國公共衛生大臣安娜・蘇柏利（Anna Soubry）說：「現在只要知道對方的體重，你差不多就能推論出他的身家背景。」[34] 英國最貧困兒童體重過重的機率，幾乎是最富裕兒童的兩倍，難道這意味著貧窮會導致肥胖並危害窮人的健康嗎？

　　有些政治人物舉出垃圾食物的低廉成本為證，言下之意正是如此；有些倡議人士則引用貧窮與肥胖的相關性，來支持消除貧窮的政策。然而這種相關性是否具備因果相關，目前還不清楚。廉價食物未必就高糖高熱量。也許窮困地區教育與文化資源不足，才是導致肥胖的更大因素。單單增加對窮困家庭的財務援助，未必就能改善他們的飲食條件，不如把這筆錢投資在其他層面，像是發起公眾意識運動、增建運動設施，或提供更營養的學校午餐，還比較有幫助。我們或許需要扶貧政策，不過拿貧窮和肥胖的相關性來當作論據，很可能只是誤用了矛盾真相。

謊言與該死的謊言

　　有句話大家可能都聽過：「謊言有三種，謊言、該死的謊言和統計數字。」雖然如此，在健康、政治、投資、教育，以及其

他諸多領域中，我們還是要靠統計數字來做出正確選擇。統計數字不是謊言，只不過同樣是真相，統計數據比單純的數字更有可塑性。

平均值（average）是最常用的統計數字之一。為了估算某一族群的平均身高，要先測量可能至少其中七十五人的身高，再取這些樣本的平均值。或許有些人認為，像平均值這麼簡單的東西，不可能用來製造什麼矛盾真相。但你必須要知道，平均值可不只一種。首先，有所謂的平均數（mean）：把所有樣本身高加起來再除以七十五。還有所謂的中位數（median）：請這七十五人按高矮順序排列，那麼站在最中間的人的身高就是中位數。這兩個平均值可能是不一樣的數字。[8]

誤導者在陳述事實時，可能會選擇對自己有利的平均數或中位數，乘機欺瞞不知道箇中差異的閱聽者。二〇一四至二〇一五年間，英國稅前所得中位數是二萬二千四百英鎊，同年稅前所得平均數則是三萬一千八百英鎊（兩個數值的對象都只有包含納稅人）。[35] 就算平均數明顯高得多，也沒什麼好大驚小怪的，畢竟這個社會的大部分財富都進了小部分人的口袋；雖然這些人幾乎無法對中位數造成影響，但他們擁有龐大的薪酬，仍然能夠大幅拉高平均數。

因此，在二〇一五年，下列兩句敘述都是真的：

---

[8] 還有第三種比較少見的平均值，稱為「眾數」（mode），用來表示某個樣本中出現最多次的數值。

教師月領二萬八千英鎊的薪水，比納稅人平均所得還要低。

教師月領二萬八千英鎊的薪水，比納稅人平均所得還要高。

大多數人並不會費心說明自己選用的是哪一種平均值，至於政治人物、工會領袖和倡議人士，則會刻意選用能支持他們意圖的平均值。

戰術四：挑選有利數據

平均數還可以有其他使詐方式。許多家長很在意孩子學校的班級規模，一般都希望班級人數少一點，老師才有更多時間去幫助每一個孩子。因此政治人物往往熱衷於證明班級規模「平均起來」人很少，然而卻不代表一般孩子都能進小班級。

為了說明這個反直覺的現象，請你想像一下，假設鎮上唯一的學校只有兩個班級，一班有十個孩子，另一班有五十個孩子，那麼平均班級規模就是三十人。乍看之下還算合理，但事實上，鎮上大多數的孩子都在五十人的大班級裡。

政治人物談起某州或某國的平均班級規模時，總是一副信誓旦旦的樣子，但他們給出的數字，往往比實際的班級學生人數更低。針對擁擠的監獄、火車、醫院等議題，也可以應用同樣的手法。總之，國家或政府提出的平均數，向來低估了一般人的實際經驗。

　　想想這道謎題：有一個男人的頭髮比平均長度更長，他走進一家酒吧後，酒吧裡的眾人頭髮平均長度就下降了。這是怎麼一回事？

　　這是一道很簡單的謎題，只不過當中包含一種有問題的統計觀點，稱為「辛普森悖論」（Simpson's Paradox）。之所以說有問題，是因為同一個數字可以傳達兩個截然不同的真相。回答這道謎題前，讓我們先看一個真實案例。

　　二○○○至二○一二年間，修正通貨膨脹的影響後，美國薪資中位數上升了 0.9%。[36] 這看起來似乎是好事。然而在同一時期，高中輟學者薪資中位數下降了 7.9%，高中畢業者薪資中位數下降了 4.7%，受過部分大學教育者薪資中位數下降了 7.6%，擁有一個或一個以上大學學位者的薪資中位數則下降了 1.2%。簡單來說，雖然美國整體薪資平均值上升了，但個別經濟族群卻仍然面臨薪資下降的問題。

　　這下你明白這為什麼被稱為「悖論」了嗎？

　　回頭看那個謎題，答案就取決於我說「比平均長度更長」時，指的是什麼意思。我指的並非「全部人口」的平均。雖然新來的男人頭髮長度比「全部男性」的平均頭髮長度更長，但那個酒吧裡也有女性，而且新來的男人頭髮長度比女性的平均頭髮長度更短。當那個男人走進酒吧，男性族群的平均頭髮長度變長了，女性族群的平均頭髮長度則沒有變化。因此酒吧裡所有人的平均頭髮長度自然就變短了。

　　解開辛普森悖論之謎的關鍵，就在於辨別「全體」和「個

別群體」的差異。

再仔細看看美國薪資下降的問題。難道個別群體不會隨時間變化嗎？和以前相比，美國現在有更多工作者具備大學學位。換句話說，在二〇〇〇年，薪資最好的群體比薪資最差的群體多了更多人。因此，即使大學畢業者的薪資中位數下降了，他們大幅增加的人數還是能把整體平均值往上拉。

全體與個別群體是不同的層次，可以產生出不同的結論。美國政治人物就是乘機利用這一點，才能信誓旦旦宣稱薪資上升和薪資下降。大多數人從沒聽過辛普森悖論，又缺乏統計方面的訓練，不知道像這樣互相矛盾的兩個真相可以同時並存，才會聽人家說什麼就信什麼。或者要是他們同時聽到兩種真相，說不定就乾脆不信統計數字了。

薪資上升了，有統計數字為證！

薪資下降了，有統計數字為證！

兩句話都對。

這下你知道人們為什麼會變得如此憤世嫉俗了吧。

用總額誤導世人？

要了解一個國家的經濟發展及健全度，沒有比國內生產毛額（GDP）更密切又直接的計算方法了。一般認為，GDP能夠確切描述一個以交易與投資為主的經濟體規模及表現。修正通貨膨脹的影響後，GDP可以測量經濟體內部創造的價值，而這個

數值將用來決定利率、主權信用評級、年金給付、稅率和政府支出。當 GDP 上升，我們會預期一般人的生活水準將跟著上升；當 GDP 連續兩季下降，我們就會宣布經濟衰退，並刪減重要支出項目。由此可見，GDP 能夠影響我們每一個人。

二〇一五年，愛爾蘭 GDP 成長了 26%。有些人可能認為，以這麼小的歐元區國家來說，這算是極為驚人的成就。反觀印度 GDP 成長率為 7.6%，中國為 6.9%，整個歐元區的 GDP 平均成長率也只有微不足道的 1.7%。愛爾蘭人究竟是怎麼辦到的？

說來遺憾，愛爾蘭人對自己國家的 GDP 飆升幾乎沒什麼貢獻，他們既不是這項經濟奇蹟的創造者，也不太能享受到經濟成長帶來的好處。事實是，有一小群外國公司為了避稅，將一部分籌碼繞著如同大賭桌般的地球搬來搬去，最後，一大批價值連城的資產就這樣登上愛爾蘭國土，並為他們製造龐大的收入。愛爾蘭企業稅率僅 12.5%，這在有能力藉由企業倒轉⑨遷移總部的全球企業眼中，成了超級吸引人的租稅管轄區。目前有超過七百家美國公司把官方總部設在愛爾蘭。二〇一五年，共有價值三千億歐元的生產性資產被轉進愛爾蘭，包括荷蘭租賃公司 AerCap 名下價值三百五十億歐元的飛機，以及蘋果這類的領頭科技公司名下的智慧財產。

那些額外增加的資產與國家收入，對愛爾蘭當地人又有什

---

⑨ 編按：企業倒轉（corporate inversion）又稱稅收倒置（tax inversion），做法是將公司的合法戶籍遷往低稅收國家，實際營運則留在本國貨較高稅收國家。

麼意義？看起來似乎意義不大。根據官方說法，二〇一五年，愛爾蘭的出口額從二千二百億歐元增至二千九百五十億歐元，不過構成這驚人成長數字的貨物與勞務，大部分都不是在愛爾蘭生產的。那些把總部地址遷到愛爾蘭的美國公司，往往繼續留在美國營運。雖然政府的企業所得稅收入增加，多少能為撙節的預算案紓困，但大多數愛爾蘭公民的收入絲毫不受影響。根據愛爾蘭中央統計局的資料指出，就業水準並沒有多大變化，大多數愛爾蘭人的財力與前途也和以前差不多。

那麼，GDP 指標到底有什麼意義？當國家在紙上呈現出這麼重大的進步，多數公民的生活實際上卻一點也沒改善，我們還可以說 GDP 指標發揮了應有的作用嗎？在這個例子中，GDP 的功用不過是混淆視聽。二〇一六年初，有人慶祝愛爾蘭國債與 GDP 的比例，從二〇一三年的 125% 降至 100% 以下。考慮到愛爾蘭 GDP 實乃人為膨風，那漂亮的數字更顯得空洞無比。愛爾蘭至今仍然是全世界人均國債第二高的國家。

雖然愛爾蘭是 GDP 失真的特例，但 GDP 的計量方式用在任何人身上都會出現問題。比方說，如果美國科羅拉多州有個摩托車騎士摔了車、斷了腿，雖然這對他來說是件壞事，對 GDP 來說卻是件好事，因為他的保險公司必須付錢給救護車、醫療服務、醫院病床、物理治療，也許還要付錢請律師，或買一輛新摩托車。他個人的不幸意味著經濟活動增加，並進一步助長了GDP。同樣的道理，如果非洲農村社區遇上旱災，在無法生產

食物的情形下被迫購買食物，那麼他們的困苦生活就會直接造成 GDP 升高。如果有人盜伐雨林拿去做成木材，或地震過後亟需重建家園，GDP 一樣會升高。另一方面，如果汽車製造商發明出成本更低、效率更高的汽車，那麼汽車本身的售價和汽油的用量就會雙雙下降，進一步導致 GDP 降低。在衡量一國經濟健全程度時，GDP 看似是最好的方法，但 GDP 升高未必表示人民幸福安樂的程度就跟著提高。也就是說，GDP 上升是一個真相，然而其中許多人變得沒那麼健康、沒那麼幸福，則是另一個矛盾真相。這兩種真相大有可能同時並存。

隨著科技改變了我們的活動和我們重視的事物，GDP 與人類福祉不一致的地方就變得益發重要。數年來，在多數已開發國家中，GDP 大半時候都處於停滯狀態，評論人士往往認為，這表示我們的生活水準也停滯不前。然而在這樣一個時代，不論機器、溝通或醫藥的品質都大幅改善，而且我們擁有大量管道，可以接觸近乎無窮的知識、音樂、電視、書籍、人際網路、遊戲等資源。過去年輕人渴望擁有的可能是一輛汽車，或一大箱衣服，現在他們更感興趣的是增加 Facebook 好友數或在 Instagram 上張貼自拍照。我們聆聽串流音樂、玩線上遊戲，透過網路搜尋資訊、工作和伴侶，並從中獲得龐大的「價值」。我們不必花多少錢就能從事這些活動，所以大部分價值都沒能如實反映在 GDP 數據上。當你用某個應用程式來分時租車與互助托育，雖然可能大幅提升生活品質，卻也可能因為省下計程車和保母的費用，導致 GDP 降低。

　　中國國家統計局副局長許憲春確認這個問題後，於二〇一六年要求在 GDP 報告中納入那些免費服務。他說：「數位經濟催生了新商業模式，產生了大量非貨幣交易。這些網站主要是通過在線廣告從企業獲得收入，並不是從真正享受這些服務的人身上獲得收入。這些看似免費服務的最終往往被忽略，或被嚴重低估。」[38] 英國國家統計局也獲派任務，要研究出把共享經濟納入 GDP 估計數據的方法。關於如何將 WhatsApp 訊息、Google 地圖或 YouTube 量化的問題，目前還找不到最好的解決之道。

　　即使統計學家找出好方法，能把我們這個時代的免費數位商品、共享經濟服務都納入 GDP，下一回當政客吹噓 GDP 指標上升時，我們還是要認清這個統計數字的局限。就像一九六八年，羅伯特‧甘迺迪（Robert F. Kennedy）對 GDP 的評語：「GDP 測量的不是我們多機靈，也不是我們多勇敢；不是我們的聰明才智多高，也不是我們的學習成果多好；不是我們多有愛心，也不是我們為國家貢獻多少。簡單地說，GDP 可以衡量任何東西，除了那些賦予生命真正價值的事物以外。」[38]

別人算出來的一大堆數字

　　學者批評二〇〇二年英國工黨的績效指標時，做出這樣的結論：「嚴格說來，要說工黨網站沒張貼任何不實資訊，倒還說得過去。只不過他們湊合那些統計數字的方式，也就是把不同年分、不同區域的資料混搭在一起，好讓大家只看見工黨最佳政

績，整體上很不誠實。」

　　世人對這種操作統計數字的方式習以為常，甚至覺得這算是一種公平競爭，要是你天真地相信立場偏頗的組織所發布的數字，有些人還會說你活該被騙。問題在於許多人一看到數字就心生畏怯，沒辦法和平常一樣進行批判思考。要是某個政府官員搬出一套數字當作證據，我們又有什麼資格去質疑他？要是旗鼓相當的兩方智囊團對我們秀出互相矛盾的數據，我們又要如何證實哪一組數字更接近真相？

　　我們測量世界的方式，決定了我們如何理解世界；而我們對世界的見解，又會反過來影響我們的選舉、行動和態度。數字很重要，我們怎麼也不能對數字失去信心。因此我們必須提升自己解讀數字的能力，一旦誤導者濫用數字撒謊，我們就要求他負起責任，把話說清楚。

實踐指南

你可以這麼做……

◆ 深入挖掘真相，了解在爭論過程中被提出來的每個數字及其真正意義。

◆ 確定你用的是最相關的數據，而且比較的對象是同類型的人事物。

◆ 將某些數字與其他相關數字作對照，就能將數字納入脈絡中，呈現出它實際的數值大小。

但要小心……

◆ 誤導者企圖讓數字看起來比實際大或小，或讓曲線趨勢看起來比實際上更有意義。

◆ 誤導者假定兩組數據的相關性即因果關係。

◆ 誤導者精心挑選對自己有利的數據，或刻意不說清楚自己用哪一種平均值。

第五章
故事

「誰管事實怎麼樣！我們需要的是故事！」

—— 肯·凱西（Ken Kesey）

世界上最複雜的故事？

在開始解釋二〇〇八年全球金融危機的來龍去脈前，前英國央行總裁默文·金恩（Mervyn King）為他的文章下了一個標題：〈危機的故事〉。[1]

接著他寫道：「我們應該從關鍵轉捩點說起，也就是柏林圍牆倒塌的那一天。」文章闡述了「社會主義計畫經濟模式的終結」如何刺激中國、印度和其他國家接納國際貿易體系，導致供應這套體系的勞力資源變成原來的三倍以上。接著又解釋這個情形如何導致亞洲龐大的貿易順差，最後造成全球過度儲蓄。因為長期利率取決於全球儲蓄與支出的平衡，所以「儲蓄過剩」才會造成利率暴跌、資產價格上漲。因為借錢變得非常便宜，企業受到這樣的刺激，開始投資更多遊走在邊緣的事業。同時，資產經

理人與銀行也迫不及待,想找出報酬比低利息債券、低利息貸款更高的投資機會。

　　然後金恩又詳述這個形勢如何造成銀行資產負債表快速擴張,充斥著風險一個比一個高的投資項目,投資的多半是幾乎沒人懂的、新發明出來的金融商品。再加上世界經濟失衡的影響,製造出一個極不穩定的經濟炸藥桶。當各家銀行都承辦一大堆高風險的不透明投資,開始不信任彼此有能力償還貸款,這個炸藥桶就會引爆。金融機構再也不敢肯定有誰能在急需現金的時刻拿得出足夠的錢,於是他們不願意再貸款給彼此,導致資金流動性不足的問題惡化。最後,隨之而來的雷曼兄弟公司(Lehman Brothers)破產、股市暴跌,以及政府投入數十億美元資金紓困,這就是大家都耳熟能詳的慘痛回憶。

一個故事的三項要素

　　為什麼金恩在敘述這一系列舉世震驚的嚴肅事件時,要說這是一段「故事」?要回答這個問題,我們就要先了解故事是什麼。許多人一聽到故事這個詞,最先想到的就是童話與小說,或是龍、間諜和羅曼史。只有小朋友才會央求人家「說故事給我聽」。故事不外乎是用來找樂子、拍電影或逃避現實,是說給小孩子和專挖獨家新聞的記者聽的。世人多半覺得故事和真相扯不上太大關係。

　　我替各大企業與政府組織寫故事已十餘年,憑藉這些經

驗，我想為故事提出一種不同的定義：所謂故事，就是從一段轉變過程中整理出連貫的選擇性敘述，強調形勢和事件之間的因果關係。

我知道，這聽起來就像我提出了一個有趣的概念，但又用生澀的術語把它給毀了。總而言之，故事是溝通的重要根本，絕對值得我們多花心思了解它的運作方式。以下是任何故事都不可或缺的三項要素：

1. 一段轉變的過程

如果什麼也沒改變，就沒有故事。如果英雄到最後還是跟一開始一模一樣，就沒有故事。例如《教父》（*The Godfather*）中的麥可・柯里昂，從一個循規蹈矩的軍人，變成冷酷無情的黑手黨老大；《綠野仙蹤》（*The Wizard of Oz*）的桃樂絲雖然離開奧茲國，回到原來的家，但她內心已經發生不可逆的轉變。同樣的道理，隨著金恩拉開二〇〇八年金融危機的序幕，我們也從全球經濟平衡、銀行資產負債表相對保守的時期，一路走到經濟失衡、資產負債表風險加劇的時期。若只描述銀行年復一年的儲蓄和貸款服務，便毫無故事可言。

2. 因果關係

每個故事的核心都是因果關係。例如《丁丁歷險記》（*Les Aventures de Tintin et Milou*）的主角發現藏在模型船中的羊皮紙卷軸，所以展開加勒比海尋寶之旅；因為特洛伊人決定放大木馬

入城，希臘人才有機會攻克特洛伊城。同樣的道理，因為銀行貸款利率極低，所以投資人才會冒更大的風險追求利潤。有了因果關係，敘事者把「事情為什麼會發生」說清楚了，故事就能合乎邏輯，對讀者來說才有說服力。

3. 觸發點

有了轉變過程與因果關係，你就能引發劇作家所謂的「導火線事件」，也就是促使轉變過程展開的原因。按照金恩在他故事中的說法，則是「關鍵轉捩點」—— 柏林圍牆倒塌。每個故事都需要一個觸發點，才能發動一連串事件。例如吸血鬼德古拉僱用了英國的律師事務所，協助他在倫敦置產；在《傲慢與偏見》（ Pride and Prejudice ）裡，達西先生的朋友在女主角家附近租了間大房子；《星際大戰》（ Star Wars ）的莉亞公主得到死星計畫，並藏在 R2-D2 機器人中。當然，故事早在觸發點之前就已開始進行，不過嚴格說來，觸發點仍舊是觸動故事的開端。在一段包含許多因果關係的敘述中，觸發點才是最初的起因。

雖然好故事的元素還有很多，像是英雄、惡棍、智者、騙子、夥伴、挫折、阻礙、轉折和戲劇性的真相大白，不過上述的三項元素，仍是每個故事必備的決定性基礎。下列以莎士比亞的《哈姆雷特》（ Hamlet ）為例，來對照這三項要素的應用情形。

觸發點：哈姆雷特的父親兼前任國王化為鬼魂登場，揭發哈姆雷特的叔叔柯勞狄謀害了自己，並奪走了王位與皇后。

　　因果關係：哈姆雷特很懷疑鬼魂的說法，所以設計試探柯勞勞狄，看他是否良心不安；歐菲莉亞因為父親被自己所愛的男人殺害，導致精神錯亂，最後溺水身亡；因為歐菲莉亞的死，她的哥哥決定報仇。

　　轉變過程：哈姆雷特了解父親死亡真相的過程；歐菲莉亞被哈姆雷特拋棄，加上父親的死另她精神錯亂；到最後主要角色都死了，丹麥王位只好傳給挪威王儲。

　　為什麼金恩說的是一個金融危機的「故事」，因為在他的敘述中，以上三項要素通通包含在內。

為我們的世界賦予意義

　　為什麼一開始要先說個故事呢？這個由來已久的認知結構究竟有什麼特別之處，讓前英國央行總裁選擇用故事來傳達一個這麼複雜的主題？

　　答案就藏在那些因果關係裡。人類對「解釋」懷著強烈的渴望。一旦發生重大事件，我們就想要了解事件的緣由。故事似乎能說明一件事如何導致另一件事，幫助我們從這個紛亂無序的世界找出脈絡。金融危機期間發生了許多事，造成許多巨大傷害，令人感到害怕又疑惑。金恩的故事恰好可以從一團亂的歷史事件中，理出一段前後連貫又便於理解的邏輯。

　　最單純的故事結構，是由一個原因造成一個結果，然後結果又變成原因，導致下一個結果。不過金恩的故事沒這麼簡單，

他針對各式各樣的結果，提出各式各樣的原因，尤其是關於經濟體系與銀行之間複雜的交互關係，持續論述了好幾頁。雖然如此，當讀者全神貫注讀完文章後，仍會認為自己明白了這場危機的來龍去脈。這就是將故事當作溝通手段的真正價值，把複雜的事物變得有條有理、一清二楚。

　　然而我們必須為這樣的連貫一致、清晰易懂付出代價。問題就在於，故事是精挑細選的產物。說得直白一點，故事絕對沒辦法提供全貌，通通是部分真相。我們從電影就能看出這一點，拍攝時必須選定角度，排除鏡頭之外的畫面，剪接電影時則必須省略大量的敘事時間，將場景串連成一部完整的電影。攝影、編劇和導演從各種呈現的方式中做出選擇，決定最後呈現在世人眼前的故事模樣。查爾斯・狄更斯（Charles Dickens）在描寫《塊肉餘生記》（David Copperfield）主角的一生時，只會挑出幾個重大事件來細講；大衛・尼克斯（David Nicholls）在小說《真愛挑日子》（One Day）中，塑造了兩個主角長達二十年的人生，但只從人生每一年中挑出一個事件來敘述。

　　非虛構故事亦然。描述一連串事件時，我們必須選擇一個起點，還有我們要敘述哪些片刻，以及如何描繪人物。簡化因果關係更是一大關鍵，如此一來，故事就會條理分明：因為特洛伊王子從斯巴達國王身邊偷走美女，所以希臘才對特洛伊宣戰；因為《咆哮山莊》（Wuthering Heights）的主人翁希斯克里夫偷聽到凱西說嫁給他是自貶身價，所以他離家出走去大賺一筆錢，好回來當咆哮山莊的主人。然而真實人生複雜得多，一件事的背後

往往藏著各式各樣的原因。甲導致了乙，不過丙、丁同樣是原因之一。政治人物說著符合自身立場與意圖的故事，用簡單的因果關係來解釋歐洲主權債務危機，或伊斯蘭國如何崛起。而他們的政敵則用同樣真實卻不同的因果關係，提供不一樣的故事給世人做選擇。《黑天鵝效應》（ *The Black Swan* ）的作者納西姆・尼可拉斯・塔雷伯（Nassim Nicholas Taleb）甚至提出了「敘事謬誤」的主張，意旨我們「在看一連串事實時，很難不去編織故事，或對這些事實強行加上邏輯連結」。[2]

卡崔娜颶風的故事

　　在立場鮮明的《震撼主義》（ *The Shock Doctrine* ）一書中，作者娜歐蜜・克萊恩（Naomi Klein）說了一個故事，呈現出美國政府對卡崔娜颶風的反應。[3]她寫道，當時在小布希政府眼中，卡崔娜風災是推行新自由主義政策的好機會，可以對紐奧良破敗的公共建設實施私有化、去管制化和自由貿易政策。這個颶風（在這個故事中就是觸發點）破壞威力強大，對紐奧良舊有的人口統計特徵及市政營運方式，都造成莫大的震撼。於是開始有人把這座城市視為嶄新的起點，企圖在這裡實驗他們的自由市場想法。「幾週之內，墨西哥灣沿岸就變成了『包商經營政府』實驗的國內試驗場。」

　　受到經濟學家兼諾貝爾獎得主米爾頓・傅利曼（Milton Friedman）的著作啟發，小布希政府撤銷公部門組織的緊急預備

金，並將三十四億美元轉撥給帶有「災難資本主義」色彩的私人包商，像是哈里伯頓公司（Halliburton）、貝泰公司（Bechtel）和黑水保全（Blackwater）。紐奧良市的稅基已經被這場天災嚴重破壞，現在又不得不解僱三千名就業者；聯邦政府另外僱了私人顧問來規劃重建工作，而且傾向找房地產開發商接手。開發商對國民住宅坐落的黃金地段垂涎已久，當國宅住戶一撤離，他們就往房子貼上拆除標記。公立學校則轉型成遵行「自由市場」法則的特許學校①。小布希總統對當地大型企業推出租稅優惠新措施，並放鬆保障勞工與勞工薪資的法規。

紐奧良的貧困市民（絕大多數是黑人）在精神上已經飽受颶風摧殘，根本無力對抗那些明目張膽的新自由主義政策。他們實在太過「震撼」，才會不戰而降。因此那些「不相信政府的人」，即克萊恩筆下刻劃的自由市場熱烈支持者，就能夠趁著這場自然災害，「幾乎完全都是利用公共資源」，建立「企業影子國家」。她指出，富裕階級與中產階級可以關在封閉式社區裡，享受私人保全、私人學校和私人醫院的服務，繼續邁向成功的人生；然而隨著公部門逐漸讓出權力，越來越無法提供人民充分的保障，貧困人家只得被迫搬遷，或過著悲慘的生活。

---

① 譯按：在美國，「特許學校」（charter school）是一種特殊的公立學校，政府只補助部分經費，學校實際上由教師、家長、教育專業團體或其他非營利機構私人經營。特許學校只須達成政府訂定的績效目標，並接納所有申請入學的學生，至於課程內容、授課時數、授課進度、教師工作準則、教師薪資等包括在教育行政法規內的項目，則一概不受限制。

克萊恩的這本書是經過詳實考證的傑出著作，我並不是為了質疑她，才引述這段關於紐奧良的故事。就我所知，書中所敘述的都是真相，然而別人也可以用關於卡崔娜風災的其他事實，說一個截然不同的故事：

公部門對卡崔娜颶風的反應糟糕透頂。美國聯邦緊急事故管理總署（FEMA）組織鬆散、反應遲鈍，導致來自其他城市的消防志工滯留在亞特蘭大，什麼也不能做。卡崔娜颶風來臨前，紐奧良市長雷‧納金（Ray Nagin）遲遲未下令民眾撤離，直到颶風登陸前二十四小時才發布疏散命令，卻又不肯出動校車接送長者與殘疾人士出城。到處都有人搶劫，警方卻沒有能力遏制。路易斯安那州國民警衛隊人力短缺，光是要保護自己的總部、抵禦洪水、救援不會游泳的士兵，就已經分身乏術了。根據二〇〇六年的國會報告，政府對紐奧良風災的應變反應「軟弱無能、組織癱瘓，有如無頭蒼蠅」。

所幸私人企業具備相關資源，已經準備好介入救災行動，執行那些公部門應付不來的工作。像哈里伯頓、貝泰、黑水保全這樣的公司，擁有豐富的人力、經驗和領導才能，可以在極為艱困的環境中做出迅速有效的反應。私人企業有能力規劃糧食暨用水供給、醫療服務、臨時房屋和災後大掃除，而且速度遠比飽受批評的市政當局或FEMA還要快。因為預期死亡人數太多，公家設施不敷使用，所以荷蘭德波爾公司（De Boer）已經接手，負責供應大型臨時太平間。陸軍工兵署人力有限，也僱了四家公司來進行災後清理工作，費用共計二十億美元。小布希政府願意

善用私人企業資源，來滿足龐大的公共需求，功勞實在不小。此外，他們派出三十名國土安全部調查員與稽核員，監督包商在墨西哥灣沿岸的工作情形，確保這些企業善用聯邦政府經費。在風災初期慘遭公眾猛烈批評下，小布希政府極力運用一切可取得資源，展現出此刻亟需的應變能力與務實能力。

這兩個故事都呈現出還算精確的事實，但筆調和訊息簡直天差地遠。到底是新自由主義的陰謀，還是用意良善的實用主義？除非看穿小布希和他手下顧問的靈魂，不然實在很難論斷。既然缺乏完整可靠的真相，我們別無選擇，只能靠這些故事呈現的部分真相來判斷。

你可能會傾向採信某一個故事，你可能會受到預設的心態或世界觀影響，傾向接納其中一種說法。儘管如此，這兩個故事仍然都是真相，其中呈現的事實同樣千真萬確。至於這些事實如何串連起一系列的因果關係，構成某一項終極訊息……那就是說故事的技巧了。

戰術一：連結不同事實，暗示因果關係

雖然金恩的「金融危機故事」聽起來是真的，也很有道理，其他評論人士卻說了一套不同的故事。相對於金恩從柏林圍牆倒塌說起，其他人選擇用金融服務業去管制化、擔保債權憑證的發明，或美國房市泡沫來當作故事的觸發點。有人強調銀行家

太過貪婪，有人認為消費者太過魯莽，有人怪罪政府太過無能，
也有人指責信用評等機構太過腐敗。這些說故事的人選擇強調的
觸發點和因果關係，往往支持了他們的論點。比方說，有人把矛
頭指向金恩這樣的政策制定者，在他們描述的故事中，就是金恩
和其他央行高層人士沒盡到監督的責任，才會釀成一場大災難。
相對地，在金恩描述的故事中，他卻主張總體經濟趨勢威不可
當，暗示中央銀行與監理機關的力量微薄，擋不住這場臨頭大
難。這場金融危機極為複雜，反而容易遭人利用，編織出各種故
事，以迎合各式各樣的意圖。

　　我並不是要暗示故事一定會扭曲真相，或具有誤導他人的
固有特質。大部分的人都會藉由說故事來解釋事物，不管有意無
意，我們演講經常都是採取故事的形式：一個觸發點、一些因果
關係，以及一段轉變過程。好幾千年來，人類對彼此講述關於神
祇、野獸、敵人和人際關係的故事，這就是我們大腦習慣的溝通
方式。

　　既然如此，如果你打算說故事，就應該說個對的故事。你
也應該保持警覺，留意其他人可能擷取事實來建構出不同的故
事，以誘導你做出不一樣的結論。

具有現代科學價值的花園

　　英國的邱園（Royal Botanic Gardens, Kew）不只是一座皇家
植物園，也致力於植物保育與真菌研究。也許你聽說過邱園，也

許你還參觀過那裡，那麼我要說的下一句話可能會令你傻眼：邱園，不就只是倫敦西南的一座漂亮花園嗎？

許多人就是這麼想的。更要命的是，許多英國政治人物也是這麼想的。政治人物的想法之所以重要，在於邱園需要靠公部門經費來維持，他們每年都可以從英國政府獲得二千萬英鎊補助。就一座花園而言，這個數目聽起來很多，尤其這還是一座遊客絡繹不絕的收費花園。換個角度看，如果邱園的重要工作是保存生物多樣性、紓緩氣候變遷效應、穩定全球糧食供給，以及降低流行病的風險，那麼每年區區二千萬英鎊實在少得可笑。

二〇一五年，邱園面臨資金短缺的危機，每年資金缺口高達五百萬英鎊。看樣子，英國政府為了撙節預算，已經打定主意大砍邱園經費。不少員工遭到解僱，重要的建設投資也暫時被擱置。這時候，邱園的館長李察・狄福芮爾（Richard Deverell）必須澄清他們在國際上扮演的關鍵角色，並設法說服政府繼續挹注資金。

狄福芮爾是前 BBC 部門主管，深知故事的威力，因此邀請我去幫邱園塑造一個嶄新的故事。當我們坐下來討論關於邱園的事，狄福芮爾決定先告訴我這座花園的早期歷史。他對歷史深深著迷，熱情地說著英王喬治三世之母奧古斯都王妃在邱宮興建皇家花園，後來喬治三世又把里奇蒙花園和邱園兩座皇家莊園合而為一，直到一八四一年才交由國家管理。我們倆討論了一小時，光是開頭的這段講古就花掉了十五分鐘，不過我一點也不意外。工作人員事先給我看過一些講稿影本，都是狄福芮爾那陣子四處

演講的內容，全部都是從邱園的歷史說起。

　　我對邱園最重要的貢獻，就是指出這一個盲點：既然要將邱園定位成二十一世紀頂尖的研究中心，就不該用充滿懷舊色彩的歷史做為故事的發展基礎。雖然關於奧古斯都王妃與喬治三世的一切，狄福芮爾說得都對，但呈現出來的故事樣貌不對。一味追憶皇家莊園與慷慨的遺贈，反而加強了邱園亟欲擺脫的「文化遺產花園」形象。狄福芮爾演講時，當然也提到了邱園在保育特有植物的貢獻，以及與一流研究機構的合作關係。問題是，等他說到重點時，底下聽眾恐怕早已心生成見，認定邱園只能吹噓「當年勇」了。

　　我們為邱園設計出一個全新的故事，故事的起點離這座位於倫敦西南部的花園非常遙遠。

　　故事的第一段甚至隻字不提邱園，只描述植物對全球環境現況的重要性，包括氣候變遷、永續能源供應和糧食保障，以及一個悲哀的現實，許多可能發明新材料、醫藥、燃料的關鍵植物，早在我們認識它們之前就已滅絕。簡單地說，植物極為重要，為了讓人類順利存活下去，要趁它們消失之前多加研究。

　　故事進行到這時，才提起邱園。而且故事中的邱園不再是歷史上枯燥乏味的寶藏，而是在全球占有獨特地位的科學資源，擁有全世界最龐大的植物資料庫，包括花園中活生生的植物、乾燥的標本、DNA 存檔，以及赫赫有名的千年種籽銀行。在這個越來越崇尚大數據的世界，這些資源對全世界的科學研究來說，

無疑是寶貴的資產。邱園不只整合這些資料，在植物學方面也發展出優異技術，培養出一群鑑識與栽培植物的專家。最後，邱園和世界各地研究機構建立的關係，就和英國政府引以為傲的外交關係一樣重要。

我們重新賦予邱園精準的定位，強調為了人類的生存，應該運用邱園的資源來克服研究上的挑戰。

故事最後則說明邱園打算如何因應挑戰，除了將館藏數位化，方便全世界的人瀏覽取用，更要引導國際保育活動，發展生物多樣性計畫，促進人類福祉。人們將可透過邱園，深入認識並保護基因多樣性，研發出更多食物、材料、燃料和醫藥。

我們說故事時，選用物種消失來當作觸發點，不僅介紹全球生物多樣性，也描述邱園轉變的歷程，清楚呈現出邱園與人類美好未來之間的因果關係。這是一個前後連貫的故事，更重要的是，這是經過精選的故事，只描述那些能將邱園定位為現代科學資產的部分。

戰術二：用故事來定義身分認同

關於邱園的故事，有幾件事情值得注意。

這故事描述的只是邱園多種樣貌的其中一個版本。邱園擁有世界頂尖的園藝人才，他們聽到這個強調科學價值的故事時，可能會覺得自己不受尊重；畢竟多虧有他們，邱園才能成為一座巧奪天工的花園。另外，邱園也有不少出色的歷史建築，像是維

多利亞棕櫚屋、喬治亞寶塔和邱宮。如果聽眾是園藝家或歷史學家，就得說個不一樣的故事。也許可以從奧古斯都王妃和她手下著名的園藝家威廉・埃頓（William Aiton）說起，或強調邱園的娛樂與教育價值，每年都吸引超過一百萬名遊客來訪。這每一個故事，都是關於邱園的矛盾真相。

這故事藉由突顯某些因果關係，來削弱其他可能存在的因果關係。人類亟需藉由植物研究來化解當前自然環境面臨的挑戰，而邱園正好擁有豐富的資源，包括資料、研究能力和鑑識技術，故事的本質就在於這兩者之間的連結。這個連結暗示現在有一種全球性的需求，而邱園正好適合用來滿足那個需求。然而其他人同樣可以寫個相似的故事，把另一座植物保育機構塑造成這樣的英雄。或者他們也可以主張既有機構無法滿足需求，要求各國政府聯手打造新的植物研究組織。像這樣用其他因果關係結合成不同的故事，就能創造出不同的矛盾真相。

這個故事著眼的是未來。故事從現在說起，先談氣候變遷與糧食危機帶來的挑戰，再延伸到未來，說明邱園將如何為解決挑戰出一份力。世人以為故事只發生在過去，事實上，我為企業撰寫的故事，多半都在描述未來的發展軌道。這個方法可以鼓舞閱聽者，幫助他們理解組織前進的目標，以及如何才能到達那個目標。只不過這也進一步讓矛盾真相有了可趁之機。當我們凝望未來，思考前進方向的同時，還有各種同等可信卻又截然不同的故事可以被訴說。

關於邱園，可以說的故事太多了，問題在於應該說什麼。

如果聽眾是國會議員與文官，他們已經習慣將邱園視為文化遺產，那麼答案當然是別再談歷史，反而要著重科學與資料，面向未來而非過去。在這樣的故事中，我們將邱園刻劃得更像是頂尖大學的科學系所，而不是灌木叢、古雅建築和百年老樹的大集合。所以在故事中，關於花園本身的描述僅占一小部分。隔年，邱園順利達成一項新的財務協議：政府保證在接下來四年內，每年會繼續補助二千萬英鎊，並將額外籌措五千萬英鎊來支付重點研究計畫。

小故事，大影響

如今「故事行銷」已變成一門商業行銷顯學，然而大部分的故事行銷不會像邱園那樣，說一個未來導向的組織故事。人資或行銷主管在說故事時，習慣運用趣聞軼事或公司的起源，來分享最佳實務案例、激發特定行為或建立品牌形象。

許多主管都喜歡講公司創業的故事，來團結員工或號召顧客。比方說，北面（The North Face）和巴塔哥尼亞（Patagonia）這兩個戶外運動品牌，都是因為創辦人為了滿足個人冒險需求，自己設計裝備與服裝，才能變得這麼有吸引力。巴克萊銀行（Barclays）的創辦人則以身為貴格會教友為傲，其教義所主張的誠信、正直與平實交易，至今仍是激勵職員的有用標語。當然，這些都是經過選擇的歷史，只從過去挑選出能為現在的組織增光的事件來說故事。

Nike 則是替共同創辦人兼跑步教練比爾・包爾曼（Bill Bowerman）塑造出一個複雜的神話。根據那個故事，包爾曼為了改良隊上選手的運動鞋，把融化的橡膠倒進家裡的鬆餅機。一九七〇年代，Nike 發起一項說故事計畫，要求公司高階主管扮演「企業說書人」，並且在培訓「說故事大使」時，造訪 Nike 起源故事中提到的關鍵景點，在當年包爾曼訓練選手的海沃德田徑場上跑步。

「小故事」是任何組織都能運用的強大工具。這些小故事都是關於特定人物或事件的部分真相，目的在更普遍地改變他人的心態與行為。以下例子就是典型的企業小故事：

莎莉・佛瑟打掃時，遇見住在四〇六號房的老夫婦，並且注意到布列蕭先生平常需要注射胰島素。星期二早晨，她看見布列蕭夫婦朝碼頭走去，正要展開烏龜島一日遊。後來她去打掃房間時，發現布列蕭先生的胰島素注射器還放在床上。萬一他本來打算帶去呢？要是沒帶必需藥物的布列蕭先生被困在島上就糟了，她可不想冒這個險。

於是莎莉立刻抓起注射器往碼頭跑去。雖然船已經開走了，不過莎莉的朋友有艘汽艇，就停在鄰近海灘上。她跟主管借了車，沿著海岸一路開到海灘，並說服朋友載她出海，一起去烏龜島。他們上岸後，發現布列蕭夫婦急得要命，到處在找胰島素注射器。後來布列蕭先生說：「我對莎莉無比感激，她費了好大一番功夫來幫助我。」布列蕭夫婦已經訂好了房間，明年還要來金沙旅館入住兩個星期。

　　雖然故事純屬虛構，卻是許多企業用來激勵員工、誘導行為的最佳範例。這個故事說明了高尚的品德，包括設身處地為顧客著想、主動效勞、靈活運用資源，以及不計得失的服務精神。在這個故事中，體貼入微的顧客服務直接促成企業成功與員工認同。如果是主管，大概會藉由分享莎莉的故事來鼓勵其他員工仿效。換作文學評論家，或許會認為這個故事太老套，不過在商業脈絡中，這種直白的真實陳述通常最直接而有效。

戰術三：用實例來激發或改變行為

　　你可能在想，就憑這種簡單的刻板故事，大概只能扭轉低階工作者的心態。我也寫過其他故事，像是科學家用蛋白質結晶技術來設計藥用化合物的研究、銀行專家在香港遏止詐騙、專業健康照護人員創造出新的治療方法等。這些故事都曾成功啟發或引導思維敏銳的高階技術工作者。即使是在極為複雜的領域，簡單的小故事仍然能發揮莫大的作用。

　　如果是企圖提出爭議主張的政治人物或新聞記者，小故事就會引起截然不同的回響。

　　「一月二十三日星期一，下午三點半剛過，位於倫敦西北部的首都中學照常湧出一大批下課的學生，沒多久，一陣寂靜霎時消滅了嘈雜的喧譁聲。『本來那群孩子就和平常一樣跑來跑去，』一個鄰居說，『但突然大家都安靜下來。我爬起來拉開窗

簾，看見孩子一邊逃跑，一邊尖叫。』

　　十五歲男學生夸馬里・邦斯被人捅了幾刀，倒在離學校大門不遠的地方。急救人員趕到現場時，有一個女人正把他輕輕抱在懷裡。後來救護車迅速將夸馬里送往醫院。」

　　二〇一七年，《衛報》刊登了一份探討英國青少年持刀犯罪的長篇文章，這就是那篇文章的開頭。[4] 夸馬里最後傷重不治。雖然他的死是樁悲劇，但在這篇文章中，他的故事卻發揮了特殊的功能，比起用枯燥乏味的事實為持刀犯罪作平衡報導，談談在自己校門口遭到刺殺的孩子，絕對是更吸引人注意的導言。

　　然而，在面對困難的政治議題時，用這種煽情故事來樹立框架，稱得上是負責任的做法嗎？該文作者蓋瑞・楊吉（Gary Younge）接著便指出，近來青少年持刀犯罪的比例飆增，並責怪政府不該刪減青少年服務、兒童心理諮詢、治安和教育方面的經費。他寫道：「政府的所作所為把情況弄得更糟，害他們積極介入的努力遭到抹煞。」夸馬里・邦斯的故事有哪一個部分支持這些論點嗎？

　　你可以在網路上閱讀這篇文章，然後自己判斷。不過在我看來，開頭的故事和楊吉的主要論點幾乎八竿子打不著關係。夸馬里遇害，和公眾服務不受重視，兩者之間無法建立起任何因果關係。這純粹是一場悲劇，卻被記者強行納入文章，不斷用來煽動我們的情緒，直到說服我們相信他的觀點。

　　以小故事當作導言是一種很常見的新聞寫作技巧，我們已經習以為常，幾乎不會再特別注意。我之所以選這篇文章當例

子，是因為它寫得很好，既深刻又詳實。世界上還有數千篇沒那麼好的文章，也是靠同樣的架構寫出來的。而且用小故事來說服他人的可不只有記者。在 BBC 專為學童設計的寫作指南〈說服、爭論、建議寫作〉中，有一個「說客工具包」單元，其中第一項工具就是「小故事」。[5] 在 TED 演講中，講者往往會從某個故事開始說起，以突顯他們的主題。在資金籌募活動上，募款人會藉著展示某個受益人的故事，來證明自己的工作能夠扭轉他們的不幸生活。

政治人物尤其喜歡講故事，藉著陳述選民的悲慘處境，進一步爭取實施某項新政策。舉例來說，曾任黨魁的東尼‧布萊爾就是以某個選民的小故事，改變了左派工黨的意識形態與特質。

「我遇到一個男人，正在為他的愛車福特新銳打蠟。他說他爸投給工黨，他以前也投給工黨，可是現在他買了自己的房子，生活變得很優渥。『所以我變成保守派了。』這個正在打蠟車子的男人講得很明白，他的本能就是要在人生中求進步，而且他覺得我們的本能就是要阻止他這麼做。」[6]

本書充滿了故事，個個都經過精心布局，用來支持我的各種論點。在我們這個時代，還有一些廣受愛戴的非小說作家，甚至只靠吸引人的小故事就能推砌出一整本書。不論作家、TED 講者、政治人物、慈善機構或新聞記者，凡是想要主張個人意見的，都懂得利用這種人類的基本心理特徵：每個人都喜歡聽故事，更重要的是每個人都覺得故事聽起來很可信。

戰術四：把故事定位成證據

故事並不能證明任何事。故事頂多是一個數據點，然而只要數量夠多，就能形成某種形式的證據，為某一個論點所用。關於人類處境、選舉行為或青少年持刀犯罪，單一小故事能告訴你的只是單一事件。像這樣單憑特例推斷出概括結論，在邏輯上是一種謬誤。

那麼，倡導者何時才能正當運用故事來支持論點呢？最好是用故事來呈現某件事「可能會」如何發展，別企圖證明某件事「就是」現在這樣。真實故事能夠闡明可能性。就像關於左撇子死亡風險的故事，說明了數字的確可以遭人錯誤詮釋，但除此之外，這個故事什麼也無法證明，既不代表科學家都看不懂數據，也不代表專家說的話都不對，這一點是毫無疑問的。

我是一個說故事的人，我的寫作內容不僅充滿故事，而且受到故事影響。儘管如此，我向來只把各種小故事當作數據點或案例說明，而不是形成論點的根據。在本書各章節中，我盡可能提出有意思的想法，並穿插一些故事來加強效果。一旦我想證明某件事情，我用的一定是冷冰冰的數字和事實。

完美結局？

故事的力量無與倫比，能夠輕易說服他人，有時甚至一點

道理也沒有。正因故事能幫我們為複雜的世界賦予意義，正因故事架構巧妙利用古老的人類心理模式，我們才會這麼容易把故事當作唯一真相，儘管它們很可能只是其中一個矛盾真相。

　　我們隨時都在用故事溝通，要是不能用故事的形式來描述事件、說明情況或預言成果，那一天恐怕會很難熬。不論是聽故事或說故事，我們都要好好記住，那些故事勾勒出來的真相絕對不是唯一。

實踐指南

你可以這麼做……

◆ 用故事來澄清事情為什麼發生，或事情可能如何發生。

◆ 謹慎選擇關於組織的故事，才能有效塑造身分認同。

◆ 分享最佳實務小故事，鼓舞他人採取同樣行動。

但要小心……

◆ 誤導者利用真實事件來編織故事，暗示根本不存在的因果關係。

◆ 誤傳者把個人軼事當成證據，來支持一般性主張。

第二部

主觀真相

> 第六章
> # 道德性

「殺人是被禁止的，所有殺人犯都會受到懲罰；除非他們殺了一大堆人，最後吹響了勝利的號角。」

—— 伏爾泰（Voltaire）

從前在雅典……

公元前五世紀至公元前四世紀左右，有一份傑出的文件在希臘問世。這位不知名的作者評論道：「斯巴達人認為，年輕姑娘應該鍛鍊體育競技，不穿罩衫、光著手臂自由行動，這樣才合乎禮儀。但愛奧尼亞人覺得這樣有失體統。色雷斯人認為，刺青對年輕女孩來說是一種裝飾，其他人卻認為刺青圖案是用來懲罰犯錯者的手段。」各民族有不同的文化，沒什麼好詫異的。

不過作者繼續寫道：

「斯基泰人認為，不管是誰，只要殺了一個男人，就應該先把那個男人的頭皮剝掉，再把頭皮套在自己的馬轡上，還要將他的頭蓋骨鍍金或畫上銀線，再用那個頭蓋骨來喝酒，並向諸神獻

祭，這樣才合乎禮儀。換作在希臘，沒人會願意跟做出這種事的人待在同一個房子裡。

馬薩格特人會剖開自己的父母，然後把他們吃了。因為他們認為，孩子的肚腹是最令人嚮往的葬身之地。不過在希臘，如果有人做出這樣的事，就會被驅逐出境，而且將會因為犯下如此不光采的惡行，以可恥又悲慘的方式死去。」

文章還沒完呢。作者又說，在波斯，男人可以自由和母親、姊妹、女兒發生性關係；在呂底亞，社會期待還沒結婚的年輕女孩靠賣淫賺錢。然而在希臘，人們對這種事情深惡痛絕。

《雙邊論證》（*Dissoi Logoi*）並不是古代社會特殊習俗的人類學調查，而是一套修辭習作，專門用來教學生探索一個論點的正反兩面。在作者看來，好壞沒有絕對，一個人視為良善的事物，在另一個人眼中反倒成了邪惡。在不同文化彼此相異的道德價值中，就蘊涵著這種觀念的證據。我們可能覺得子女出於孝心吃掉父母很恐怖，但馬薩格特人並不覺得；許多社會將賣淫汙名化，但在呂底亞要這樣做才體面。

如同作者所述：「如果下令要每個人把自己視為可恥的每一件事物，通通堆成一堆，再從這堆東西中拿走自己視為得體的事物，那麼這堆東西到最後將一件也不剩。」

長久以來，道德真理是哲學家、神學家和政治家不斷討論的命題。教宗若望·保祿二世公開表示：「只要美國繼續支持那些深植於其歷史經驗的道德真理，就依然是世界的自由明燈。」[1]

前英國首相柴契爾夫人說：「基督教信仰展現了猶太文明所擁有的許多偉大精神與道德真理。」[2] 即將成為美國共和黨總統被提名人的瑞克・桑托榮（Rick Santorum）則說：「每個人都能夠理解並接受那些應該用來治理公正社會的道德真理。」[3]

　　一般人平常大概很少用這麼偉大的字眼，不過我們也傾向於認為某些道德觀點是不證自明的真理。例如：

偷竊是不對的。

捐獻給慈善機構是好的。

我們應該幫助不幸的人。

　　然而《雙邊論證》清楚說明了一件事，那就是一個人的道德真理可能是另一個人的文化偏差。在現代社會，我們從不同文化秉持的不同道德價值觀中，最能清楚看見這一點。面對某些議題，例如協助自殺、性與墮胎、女性的穿著、飲食風俗、資源分配、犯罪者的待遇等，世界各地的人們可能會抱持著完全相反的強烈觀點。不僅如此，道德真理也會隨著時間改變，如同近十年來人們看待同性戀與無神論的角度。好壞並非板上釘釘的事情。

　　社會心理學家強納森・海德特（Jonathan Haidt）歸納出六項道德「基本原則」，並且認為不同群體或文化在不同程度上都強調這些原則。依照他的觀察，自由主義者比較在意「公平」、「關懷」和「自由權利」，而保守主義者則著重用「權威」、「忠誠」和「聖潔」來取得平衡。根據海德特的說法，我們天生就擁有相同的道德基石，只是社會鼓勵我們以不同的組合來發展它們。就算我們有共同的道德觀念，顯然也是以明顯不同的方式被

表現出來。

　　我們可以將某個受到演化或文化差異影響的道德觀念，視為一種矛盾真相。就像其他矛盾真相，道德真理也可以受到人為操作。只要用不同的道德標準來詮釋物品、事件，甚至是人物，老練的溝通者（尤其是受到信任的社會道德領袖）就能替我們重新塑造現實。

邪惡的植物萃取物

　　愛達‧勒芙蕾絲（Ada Lovelace）是數學界的英雄，也是女性主義的偶像。她對查爾斯‧巴貝奇（Charles Babbage）的分析機貢獻良多，所以有人說她是史上第一位電腦程式設計師。她同時也是個癮君子。經歷多次氣喘發作與消化問題，醫師開立鴉片與鴉片酒處方給勒芙蕾絲當作止痛藥，從此她就養成服用藥物的習慣，直到結束短暫的一生。勒芙蕾絲不是唯一吸毒的人。鴉片酒在十九世紀被當作一種止痛劑，被醫學界廣泛應用。反對奴隸貿易的廢奴主義者威廉‧威伯福斯（William Wilberforce）喜歡用鴉片來緩解腸胃疼痛。前美國總統夫人瑪麗‧塔德‧林肯（Mary Todd Lincoln）嗜食鴉片酒，英國浪漫派文學家塞繆爾‧泰勒‧柯勒律治（Samuel Taylor Coleridge）也是。其他成癮者還有狄更斯、路易斯‧卡洛爾（Lewis Carroll）、喬治‧艾略特（George Eliot）和布拉姆‧史鐸克（Bram Stoker）。世人甚至用含有鴉片成分的產品來餵養嬰兒，例如貝莉媽媽鎮靜糖漿。據說

維多利亞女王和教宗利奧十三世皆嗜飲馬里亞尼酒成癮，這種酒每盎司含有六毫克古柯鹼。一八八六年，一款含古柯鹼成分的無酒精飲料問世，廠商為這款飲料取了個響亮好記的名字：可口可樂。一八九〇年代，美國西爾斯公司（Sears Roebuck）開始販售每套要價一點五美元的古柯鹼用具，還附有一小瓶古柯鹼與皮下注射器。

　　以前，人們根本不覺得鴉片與古柯鹼在道德上有任何問題。數千年來，在這顆星球上的幾乎每一個文化中，都有人習於使用這些既令人迷醉，又具有致幻效果的植物萃取物。

　　接著畫面快轉進入二十世紀下半葉，在好萊塢電影中，毒販變成人人唾棄的惡棍。就算是黑手黨教父柯里昂，再怎麼喜歡敲詐、勒索、恐嚇、酷刑和謀殺，也斷然拒絕販賣毒品。另一方面，吸毒者的社會觀感也好不到哪裡去。一九九〇年，洛杉磯警察局長達羅・蓋茲（Daryl F. Gates）在參議院聽證會上公開表示，偶爾吸毒的人「應該被抓去槍斃」，接著又說吸毒是「叛國罪」。[4] 本來這些傳統植物萃取物具有優異的藥用和娛樂價值，沒想到才過了幾十年，竟然就從道德中性的物質變成純粹邪惡的化身。

　　為什麼會發生這樣的變化？又是怎麼發生的？

　　英國早期的法律正式承認這些物質確實可能危害健康，於是規定鴉片製劑與古柯鹼均屬毒藥，只不過實際上並未禁止服用。直到十九世紀末，美國藥物成癮者的比例高居不下，世人才逐漸了解濫用毒品的潛在風險。雖然如此，一九〇六年，美國

醫學會（AMA）卻認為，在醫療方面使用晚近發明的藥物海洛因，仍然是可以允許的。社會整體風氣僅認為服用鴉片或古柯鹼是一種不明智的行為，稱不上不道德。

然後一切就變了。

二十世紀初的幾十年間，各國開始採用國際條約與法規，來管制藥物的生產、貿易與使用。中歐大學（Central European University）的比較政治學教授茱莉亞・巴克斯敦（Julia Buxton）寫道：「政府致力於將毒品與毒品使用者妖魔化，這種做法受到平面媒體與廣播媒體大力支持⋯⋯就像在美國那樣，歐洲反毒宣導活動也強調危險物質、威脅社會的『邊緣族群』和犯罪的關聯。」[5]

這種在致幻藥物與「邊緣族群」（包括少數族裔、同性戀者、藝術家，以及後來的反戰抗議人士）之間憑空杜撰的關聯，在禁毒歷史上成了尤其令人不舒服的話題。一九一四年，《紐約時報》一篇文章標題寫著：〈嗜食古柯鹼的黑人「惡魔」成了美國南方新威脅〉。該文內容詳細描述「下層階級黑人」盛行「謀殺與精神失常」的情形。[6] 賓州藥物委員會會長克里斯多福・柯奇（Christopher Koch）宣稱：「大部分美國南方白人女性遭到襲擊的案子，都是嗑古柯鹼嗑壞了腦袋的黑人犯的案。」[7] 美國鴉片管制委員會委員公開表示，古柯鹼「被涉嫌販賣婦女為娼的人用來逼迫少女墮落」。[8] 美國知名家庭生活雜誌《好主婦》（*Good Housekeeping*）更宣稱「有色人種老人會趁著放假期間，向學童兜售名為『玉米片』或『薄餅』的古柯鹼」[9]，把讀者都嚇壞了。

　　一九二〇至三〇年代，蘇珊・思比克（Susan Speaker）在
《社會史期刊》（*Journal of Social History*）上寫道：「作家經常把
毒品、毒品使用者和販毒者描寫成『邪惡的』，並斷言或暗示有
某個龐大的邪惡陰謀，正積極以藥物成癮為手段，企圖暗中搞垮
美國的社會與價值。」[10] 在歐洲，馬克思主義者也被冠上相似的
聯想。

　　在尼克森總統及雷根總統任內，美國以一種引人注意的極
度偏執心態，繼續扮演領導角色，鼓吹世人打擊毒品。在「向
毒品說不」的宣導活動上，前美國總統夫人南茜・雷根（Nancy
Reagan）主張：「毒品罪犯非常狡詐……他們每天工作就是為
了策劃更厲害的新手段，悄悄奪走孩子的生命。」[11] 二〇一
六年，作家丹・鮑姆（Dan Baum）在《哈潑雜誌》（*Harper's
Magazine*）上發表一篇文章，引用了尼克森總統的國策顧問約
翰・埃利希曼（John Ehrlichman）令人意想不到的招供內容：

　　「尼克森政府有兩大敵人：反戰左派和黑人。你懂我在說什
麼嗎？我們知道，身為反戰人士或身為黑人這種事情，沒辦法被
塑造成非法行為，但只要設法引導大眾將嬉皮與大麻、黑人與海
洛因聯想在一起，然後把這兩件事都規定成非法行為，我們就能
分裂他們的社群。我們可以逮捕他們的領袖、突襲搜查他們的
住處、強制解散他們的聚會，並且每天在晚間新聞上不斷誹謗他
們。我們知不知道自己對毒品的事撒了謊？當然知道。」[12]

　　政治人物、執法人士和新聞記者費了好大一番功夫，才把

致幻藥物改造成邪惡物質。二○一七年，鴉片類藥物危機越來越嚴重，引起社會大眾關注，美國司法部長傑夫‧塞申斯（Jeff Sessions）更公開表示，他對吸毒者祭出更嚴厲的新量刑制度是「合乎道德與公義」的。[13] 數十年來，無數的人因此遭到關押，他們的工作前途、心理健康和家庭因此而受到難以復原的傷害。尤其是在美國，許多人之所以蒙受牢獄之災，僅僅是因為持有毒品而已。

戰術一：妖魔化

雖然川普政府對毒品採取強硬態度，不過社會上還是有些人正試圖將這樣的觀念慢慢翻轉過來。毒品合法化倡導者積極宣導，試圖將藥物成癮行為重新框架成有待治療的健康問題，而非活該受罰的不道德行為。目前有超過兩百萬名美國人對鴉片類藥物成癮，他們真正需要的是幫助，不是譴責。歐巴馬政府的緝毒大將吉爾‧克里考斯基（Gil Kerlikowske）倒是把這個訊息聽進去了，他在二○一三年表示：「我大半輩子從事執法工作，在這三十七年間，我就和多數人一樣，認為某個人之所以對藥物成癮，一定是因為他道德有問題，認為這是一種弱點，一種缺乏毅力的表現。但我錯了，藥物成癮並不是一種道德缺陷。」[14]

另一方面，禁毒倡導者試圖用最新的說法和手段來反擊，將吸毒者塑造成道德敗壞的人。他們說，吸毒者購買藥物是一種有害的貿易行為，將持續對供應國和轉運國造成莫大的社會與經

濟損失。這場為了打擊毒品挑起的道德論戰，已經將最新的戰場
轉移到消費者對惡質的全球供應鏈的責任上。

善良，還是邪惡？正當，還是不正當？

我們很難想像，有人會認為人吃人合乎道德，但偏偏就是
有。我們也很難想像，有人只因為身為同性戀就被判死刑（某些
地方至今依然如此），但偏偏就是有。我們的祖先看到毒品引起
我們道德恐慌的樣子，大概會覺得一頭霧水，而我們的後代可能
也會有同感。在不同的時代和社會氛圍下，適用的道德真理也不
一樣。

談到這裡，我的道德相對論或許挑戰了你的觀念，讓你覺
得不太痛快。你可能會說：「我們現在已經知道，同性戀不是道
德上的錯誤，從來都不是。」不過如果你生活在不同的國家，也
許會說出全然相反的話。無論你是哪一方，應該都無法接受與自
己不合的道德觀點，並將之視為「真理」。

這正是道德最大的「問題」所在。

無論我們認為道德是一種心理調適、一種社會建構，或是
一種由神制訂的普世法則，事實都一樣，在我們生活的世界中，
總有人信奉的道德真理與我們的截然不同，而且他們就和我們一
樣，都覺得自己的道德真理有憑有據、絕對正當。

面對由來已久的複雜議題時，要人們從不同的道德面去思考

是很困難的一件事。如果你的心態根深蒂固，就是覺得毒品很邪惡，大概誰也沒辦法說服你改變心意。如果你對某個議題還沒發展出固定看法，就能更容易看見道德真理的彈性和其他可能性。

活體器官捐贈看起來是一種值得讚揚的道德行為，尤其是懷著利他精神捐贈給陌生人。但如果是用社群媒體進行器官捐贈呢？當一個人決定慷慨捐出自己的一個腎臟或一部分肝臟給陌生人，在傳統上並不能自己選擇要捐給誰。如今有了 Facebook，還有器官捐贈的媒合平臺 MatchingDonors.com，捐贈者就能夠上網搜尋，找出和他相容的個案，然後選一個他喜歡的受贈者。捐贈者之所以選擇某個受贈者，可能是因為對方的家庭、背景、專業、種族、信念，或僅僅是因為他們的外表。有何不可呢？如果你打算要奉獻一顆腎臟，為什麼就不能給那個長得漂亮，又剛拿到哈佛獎學金的白人基督徒女孩？

也許是因為，這對那些不夠上相的病人、不擅長發揮創意說故事的人、不懂得在社群媒體上突顯存在感的人，或不喜歡在網路上自我推銷的人來說，都不公平。也許是因為，用這種選美比賽模式來決定生死攸關的事情，實在很不妥當。也許是因為，渲染情緒的 YouTube 影片可能煽動觀眾，做出讓他們後悔不已的事情。也許是因為，幾十年來器官移植體制已經建構完善，能夠有效配對捐贈者與受贈者，現在卻要被這種做法破壞了。

看樣子，專業醫療人員確實認為這種做法有道德問題。即使捐贈者與受贈者的組織相容，只要他們是透過社群媒體媒合的，許多臨床團隊仍然拒絕替他們進行移植手術。然而他們拒絕

開刀的行為，在道德上又站得住腳嗎？萬一堅守這種道德立場的代價，是要犧牲潛在受贈者的生命呢？

　　這是我們要努力設法解決的新道德困境。或許到頭來，每個社會會選定一個關於社群媒體器官捐贈的道德真理，而社會中的大多數人也願意遵守。至於那個真理會是什麼，目前還有待觀察，而媒體或社群媒所體提供的矛盾真相，很有可能左右最後的結果。

我是對的一方，還是錯的一方？

　　我們多少都隸屬於某個群體，像是政黨、企業、學術機構、運動俱樂部、住宅社區或信仰組織，而我們總是傾向接納在群體中較占優勢的道德真理。一旦出現道德爭議，我們會仿效大多數成員的反應。如果我們這個政治派系的其他人在 Twitter 上發文，支持在機場被拒絕入境的穆斯林，我們大概也會跟著發出同樣的推文。如果伴隨我們成長的社群認為墮胎是一種謀殺，我們很有可能會加入反墮胎抗議行動。道德真理能夠把一個群體凝聚起來，的確，演化生物學家傾向將道德視為一系列心理調適的演化結果，目的在於鼓勵群體成員團結合作。一旦在群體中，不同成員開始信奉不同的道德真理，那麼道德的合作功能就會消失殆盡，整個群體也會隨之瓦解。因此，不管是哪一種文化，都帶有強烈的同儕壓力，要求個人遵從群體信奉的道德真理。

　　當群體對特定道德議題採取的立場受到質疑，即使我們同

樣起了疑心，多半還是會選擇捍衛群體的立場。這不僅是為了捍衛群體，也是為了證明我們身為群體成員的地位是正當的。我們甚至會根據互相牴觸的道德真理，把自己的群體和其他群體劃為對立方。這種「我群」與「他群」的道德對立心態，只會迫使群體間漸行漸遠。尤其當我們將其他群體視為「不道德」，認定他們是活該被攻擊，對事情更是一點幫助也沒有。

有時候，某個群體所信奉的道德真理，和他們居住社會中的其他多數人都不一樣。這種「道德錯位」現象可能發生在相對孤立且越走越偏的群體，但更常見的情況，是由某個具有影響力的領導人物刻意策動，基於某種原因將群體帶往特定的道德方向。比方說，耶穌用一系列的故事來說服信徒，要他們捨棄猶太社會的固有觀念，換個角度看事情。基督教義的傳播正是建立在那一系列的故事上。在耶穌說「連左臉也轉過來由他打」[1]，並且開始提倡寬恕比正義更重要之前，在世人眼中，「以牙還牙」才是公平的做法。可見只要溝通者夠強大，就能激勵整個群體採納新的道德真理。

戰術二：塑造群體道德

我們不該殺人，這是放諸四海皆準的道德真理。但大部分

---

[1] 譯按：語出新約聖經《馬太福音》，耶穌說：「如果有人打你的右臉，就連左臉也轉過來由他打。」

的社會之所以能夠存續，靠的就是一群願意奉命殺人的同胞來維持。我們把這群人稱為軍人，並且不斷灌輸他們另一個道德真理：在某些情況下，殺人是正當的。這麼做並不容易。第二次世界大戰期間，美國陸軍准將馬歇爾（S. L. A. Marshall）的研究指出，實際上只有不到四分之一的美國士兵曾在戰鬥中開火。「作戰失敗最常見的原因並非害怕被殺，而是害怕殺人。」[15]

如今士兵都必須接受訓練，習慣用某些方式殺人。在訓練過程中，他們要對貌似敵人的肖象反覆進行刺擊與射擊，或奉命完成入侵行動，練習在面對殘酷情境時做出應有的反應。他們運用各種詞彙，重新框架殺戮的道德意涵，例如在戰場上，殺戮（killing）不等同於殺人（murder），事實上可能連「殺戮」一詞也用不上，而是說「進攻」或「擊落」敵人。殺掉一個有能力殺傷自己的敵方士兵這件事，可以用正當防衛的框架來詮釋。更重要的是，這項行為是一種公共職責。美國西點軍校的哲學講師匹特‧奇納（Pete Kilner）寫道：「道德上不但允許士兵在戰鬥中殺掉敵兵，而且將這種行為視為一種義務，因為士兵必須捍衛同胞的權利，不負所託。」[16]

公衛部門官員信奉的道德真理和多數醫生護士不同，他們必須考量流行疾病與大眾健康問題，從整體國民的利益出發，做出風險決策與資源分配；換作專業臨床醫師和護理人員，可能會強調個人健康與福祉。公家官員傾向限量配給昂貴藥物，限制個人自由或抗生素的使用，並對傳染病的潛在患者或帶原者實施

強制隔離檢疫，即使會讓某些病患受苦也在所不惜。相對地，醫院的醫師傾向盡可能保障病患的權益，避免對他們造成傷害或痛苦。話雖如此，要是醫生在開藥時能更重視團體利益勝過個體，也不會導致現在抗生素的抗藥性演變成棘手問題。

聯合國世界衛生組織（WHO）、美國疾病管制暨預防中心（CDC），以及世界各地具有同等地位的公衛組織，加起來大概有數千名工作者。為了把工作做好，他們必須信奉或建立同一套道德真理，將團體利益看得比個體更重要。在極端情況下，例如伊波拉病毒疫情爆發時，為了保護大部分的人，就可能必須犧牲小部分人的生命。然而要是有哪個家庭醫師支持這種道德真理，我們多半避之唯恐不及。

心理學家約書亞・格林（Joshua Greene）率領一支哈佛研究團隊，以一群公衛部門官員為對象，測試他們面對一系列道德困境時的反應。結果發現，這群官員採取的因應措施，往往比醫師或一般人更傾向功利主義。他們面對假設情境時，更願意藉由傷害或殺害一個人來拯救更多人。

就算是在公衛部門的群體之內，仍然會存在不只一個矛盾道德真理。在公共衛生方面，已開發國家目前正遭遇兩個重大的威脅：抽菸與飲食失調。同為公衛官員，有些人相信實施政策來遏制這些弊病，在道德上是正當的，包括增加賦稅，以及禁止吸菸者或肥胖者使用公共資源；有些人則追隨自由主義哲學家約翰・斯圖亞特・穆勒（John Stuart Mill）的道德指引，主張「違背個人意願、對文明社群中的某人正當行使權力的唯一目的，就

是為了防止該個人對他人造成傷害。為了某人好這種說法，不論在生理上或道德上都不足以做為正當理由」。[17] 後者提倡禁菸令以減少二手菸危害，但不贊成用任何強制手段來改變個人的抽菸或飲食習慣。不同於傾向威權主義的同事，他們可能會支持徵收糖稅或制訂酒精飲料的最低價格。此外，公衛政策應該設法縮小健康不平等，還是該將重點放在提升整體公共衛生？這類社會正義問題也引發了更進一步的道德歧見。

我們可以理解軍人與公衛官員為什麼必須支持不一樣的道德真理，事實上，這還是我們要求的。然而在其他情況下，群體道德真理的發展也有可能被社會大眾所厭惡。

雖然世界上多數警察機構都奉行同樣的群體道德觀，但南約克郡警察局還是因此遭到外界嚴厲抨擊。一九八九年，在英國希爾斯堡慘劇中，有九十六人因觀看足球賽遭推擠和踩踏而身亡。事後警局一再包庇轄區警員的疏失，企圖把「人踩人事故」的責任歸咎給喝得醉醺醺的失控球迷。警方把對於同僚的忠誠，看得比真相與正義更重要。在美國，這種凌駕真相的警察道德準則被稱為「藍色沉默牆」②。

如果說撒謊的警察還有一丁點道德感，也許太過天真，但我還是認為，既然他們願意從事這種出生入死的危險工作，就不太可能立意為惡。比較可能的解釋是，有些警察認為保護同事才

---

② 譯按：Blue Wall of Silence，因為美國警察制服大多是藍色的。

是首要的道德義務，才是對的事情，不論這件事在道德上要做出什麼樣的犧牲。

另外，有些警察似乎認為，如果靠說謊就能扳倒據信有罪的嫌犯，那麼即使要違背宣誓內容，說謊在道德上仍然是可以被接受的。前舊金山警察局局長彼特・奇尼（Peter Keane）說：「警察在法院作偽證，來合理化毒品搜查行動，已經是司空見慣的情形……美國各地的法庭都靠這套方法來辦事。」[18] 這種道德文化可能源自於一種真誠的渴望，希望把壞蛋抓去關起來，並在危險的工作環境中保護同事。沒想到現在卻墮落到這種地步，讓某些警察以為所謂的道德真理，就是真相一點也不重要。

戰術三：讓道德變得無關緊要

在商業界也有這種根深柢固的群體道德，而且同樣令人擔憂。問題甚至不再是哪一種道德德行比較重要，而是有沒有必要奉行道德。有些公司甚至還會鼓勵員工相信，社會上多數人譴責的行為，其實都是道德中立的行為，雖然那些行為從道德上來看一點也不好，但同樣一點也不壞。

西門子公司（Siemens）經理萊恩哈・西卡澤（Reinhard Siekaczek）坦承設置行賄基金，行賄罪名成立。他說：「我們都知道我們做的事情是非法的。我並沒有真的從道德觀點看這件事。我們這麼做都是為了公司。」[19]

美國安隆公司（Enron）的高階主管欺騙股東與稅務當局，

甚至操弄電力價格。福斯汽車（Volkswagen）的工程師在排氣控制器上動手腳，企圖規避政府檢驗。巴西建設公司奧德布雷赫特（Odebrecht）的高階主管賄賂政界人士。勞斯萊斯汽車（Rolls-Royce）員工超過二十年來不斷行賄與受賄。富國銀行集團（Wells Fargo）員工開立超過三百萬個未經客戶授權的帳戶。神戶製鋼所（Kobe Steel）經理假造金屬製品的品管數據，那些材料還被廣泛應用在飛機、火車、汽車，甚至太空火箭上。在這些大企業上班的人，想必不是存心要為非作歹，但不知怎麼搞的，他們漸漸相信自己的這種行為是可以被公司文化所容許的。

　　雖然銀行業者大致上都努力遵守法律，按照一大堆複雜的金融法規和條例來辦事，不過他們當中也有許多人就是不認為自己負有什麼道德義務。如果靠著犧牲客戶的權益，就能非法賺進大把鈔票，一定會有很多人願意這麼做。二〇一二年，在《紐約時報》上一篇題為〈我為什麼離開高盛〉的文章中，資深銀行主管葛雷格‧史密斯（Greg Smith）這麼描寫他的同事：「聽大家用麻木不仁的口吻，談論自己如何從客戶身上扒下一層皮，我不禁覺得作嘔。」[20] 新聞記者兼主持人裘里斯‧盧彥戴克（Joris Luyendijk），訪問了上百名來自倫敦金融城各銀行的員工，有受訪者表示：「銀行業職員的工作遊走在法律邊緣，公司的法務與審計告訴我，問題永遠是我們要怎麼鑽法律漏洞才能撈一筆？〔……〕銀行家只想知道自己的行為合不合法，如果合法，就沒什麼值得在意的問題了。」[21]

　　上述群體各自發展出的一套道德真理，皆和社會上的其他人大相逕庭。由此可見，道德真理不但是主觀的，也是可以改變的。當群體信奉的道德真理改變了，他們行動的方式也會變得截然不同。我們要求士兵心甘情願殺人，要求公衛官員把社會利益擺第一，然而換作其他我們必須仰賴的群體時，一旦雙方之間產生了道德分歧，我們自然就會擔心起來。

　　商業領袖也應該擔心，若是鼓勵員工採納另類道德真理，不論能帶來多少短期利潤，只要大眾認為企業的所作所為偏移了社會的普世道德價值，該企業最後一定會在品牌價值、人才招募或政商關係上付出代價。尤其現在是社群媒體的時代，這種約束力量更明顯。一旦外界認為該企業員工輕忽社會所重視的道德真理，整個組織的名聲馬上就會跌落谷底。

　　當有害的群體道德真理出現時，我們都必須努力改變那些不良的觀念。

塑造道德性

　　洛杉磯同志中心（Los Angeles LGBT Center）發展出一套遊說策略，可以引導一般人參與對話，鼓勵人們從他人截然不同的觀點來思考。在一項實驗中，研究人員讓五十六名遊說者拜訪五百零一戶人家，分別花十分鐘左右談話，討論跨性別者如何遭到不公平待遇，並將這種情形和住戶自己的類似遭遇作對照。訪談結束後，研究人員發現，那些住戶對跨性別者的態度出現持久且

顯著的轉變。

　　這群倡導者藉由激發受訪者的同理心，改變了他們的道德真理。這個技巧的歷史比同志運動更悠久。長久以來，哲學家與神職人員一直試圖站在他人的處境與位置，不斷修正自己的道德真理。二十世紀哲學家約翰・羅爾斯（John Rawls）主張，要想樹立公平、正義的原則，只有一種方法，就是「無知之幕」（veil of ignorance）：假如我們不知道自己會在社會中扮演什麼角色 —— 男人或女人、黑人或白人、囚犯或獄卒、富人或窮人 —— 我們就能站在更適當的位置，來制定管理所有人的規範。這個思想實驗迫使我們想像，如果變成了其他人，自己的處境會是什麼樣子。電影導演理查・艾爾（Richard Eyre）寫道：「改變始於理解，理解始於對他人產生認同。一言以蔽之，就是同理心。」[22]

　　任何想要改變組織內部道德文化的領導者，都少不了同理心。如果警察局長決心重整忠誠與誠實之間的平衡，就該要求警員反思說謊的後果，會對他們本來應該保護的人造成什麼影響。當警員被迫花時間思考、討論，設想無辜百姓可能因警方的謊言被冤枉入獄，或遭到不公正的排擠，也許未來就比較不會選擇說謊，即使這麼做能袒護同僚也不會。但這個方法並非萬靈丹，總有一些警員無法或不願意體會受害者的處境，或者壓根就不在乎，不想為此改變自己的行為。雖然如此，就算只有少數警員改變觀念，也能讓情勢有所不同。好比《驕傲大聯盟》（*Pride*）、《長靴妖姬》（*Kinky Boots*）和《誰來晚餐》（*Guess Who's Coming to Dinner*）這些電影，只要有一兩個人先帶頭行動，就有可能改

變整個團體的成見，甚或道德真理。

另一項策略，則是重新定義一個團體應當肯定的價值。銀行與投資業、資產經理人與商人，往往更肯定外在表現勝於其他一切，例如交易規模、基金價值、報酬風險比率等。「贏」也可以納入外在表現之一，贏過競爭對手，或贏過監管人員，這就叫人傷腦筋了。如果銀行業者讚許那些用計勝過監管人員的人，整個機構恐怕就要開始倒大楣了。當企業文化出現這種趨勢，領導者就必須想辦法重塑整個組織所信奉的價值。該如何重新定義外在表現，取決於該銀行欲提倡的道德特質，例如勸導並讚揚員工以合乎法律與道德的方式贏得大筆交易，而不是隨便拿客戶資金去冒險賺來的利潤。下一章將繼續說明，如何重新塑造那些令人渴望或值得讚賞的真相。

有時候，我們可以拿實際案例當證據，來提倡新的道德真理。如果能證明現在的所作所為將會損害自身利益，就能說服他人改變行為。這項策略通常用在善於分析的人身上會特別有效，相較之下，訴諸同理心的策略反而不太能打動他們。我曾經協助某製造公司重整企業文化，當時，我整理出數十個實際案例的故事，詳細描述已經開始奉行新道德真理的員工，是如何做出更好的成效。對喜好分析的懷疑論者來說，這些故事宛如充滿說服力的數據，能夠引導他們接納新的道德真理。

最後，如果你要說服的對象既無法發揮同理心，又不願採納新定義或理性論據，你還可以使用一項以古典倫理學為基礎的終極手段。「道德德行是習慣的產物，」亞里斯多德這樣寫道，

「我們並非天生就能發展出任何一種道德德行……我們採取正直的行動，才變得正直；採取溫和的行動，才變得溫和；採取勇敢的行動，才變得勇敢。」換句話說，只要不斷身體力行，實際上就有可能弄假成真，把自己變成理想中的樣子。雖然這並非一蹴可幾，但只要我們日復一日督促自己，努力變得更合群、更慷慨，最後自然就能養成好習慣，在不知不覺間，將新的道德真理內化為自己的一部分。

對於陷入道德困境的組織領導人來說，這又意味著什麼？如果亞里斯多德說得沒錯，那麼最初激發員工採取正當行動的獎勵，就能進一步引導員工以正當方式思考。只要員工的行為符合理想的道德真理，就用升遷或獎金做為鼓勵，如此一來，道德真理就能牢牢嵌入整個組織文化中，不管員工再怎麼表示不屑，最後還是會乖乖照做。所以，如果所有策略都行不通，就設法激勵員工演得跟真的一樣，要求他們假裝自己支持你所提倡的道德真理。反正好品格裝得久了，就有可能變成真的。

從古希臘到古希臘

在討論道德真理的過程中，我們從《雙邊論證》說起，繞了一大圈又回到亞里斯多德。其實這也沒什麼好意外的，畢竟希臘人投注大把時間思考何謂美與善。他們認為德行是構成人類幸福不可或缺的一部分，然而正如我們所見，關於什麼是道德高尚、什麼是善，從來就沒辦法得出黑白分明的一致意見。

　　人類組成社會，過著團體生活，定義出道德真理，並達成共識，可以說是我們的責任。隨著觀念與科技不斷進步，棘手的挑戰接二連三出現，少數族群的權益將會引起更多關注，而道德真理一定會跟著轉變、演進。現代幾乎每個人都能自由使用推陳出新的溝通工具，於是我們有了前所未有的好機會，可以盡一己之力，塑造社會的道德真理。我們可以針對古老的道德困境提出新的解決方法，或者支持社會運動，致力於扭轉積久難治的道德問題。萬一領導者企圖走上回頭路，要人們將早已不值得一顧的陳腐偏見奉為圭臬，我們絕對可以斷然拒絕。

　　我們選擇鼓吹的真理，將決定周遭的人如何行動。若不想讓監獄無意義地關滿吸毒者、縱容說謊的警察橫行霸道、任由唯利是圖的銀行家製造財富不均或更多危害社會的爛攤子，我們就要謹慎選擇道德真理，並運用有效的策略來傳達它們。

實踐指南

你可以這麼做……

◆ 認清道德是主觀的，而有害的群體道德是可以改變的。

◆ 藉由同理心、邏輯論據和獎勵，重新定義值得肯定的行為，慢慢培養新的道德真理。

但要小心……

◆ 道德中立的人事物可能會遭到誤導者妖魔化。

◆ 偏好另類道德真理的群體可能會對整體社會造成危害。

第七章
吸引力

「一個人的可口美食是另一個人的苦口毒藥。」

── 盧克萊修，《物性論》

（Lucretius, *De Rerum Natura*）

品味的彩虹

　　雖然我們試圖依照道德善惡來行事，但實際上大部分人的行為動機，依然是出於自身的好惡。我們渴望享有美味食物與最新時尚，為了出國放假而加班，為了躲開某些人而刻意穿越小巷，為了逃避怪味道而離開房間。我們受到那些令人愉悅、興奮或有趣的事物吸引，排斥那些令人厭惡、恐懼或噁心的事物。這些情緒所激發的動機與行動力，遠遠超過其他的心理驅力。厭惡能夠驅使我們去恐嚇、謀殺別人；興奮能夠說服我們展開意想不到的冒險；恐懼能夠癱瘓我們的行動能力；熱情能夠支持我們繼續努力下去，直到超越想像力的限制。

　　每種情緒激發我們行動的方式都不一樣，為了扼要說明，

可以大略分成兩類：引發正面情緒、吸引我們接近的刺激，就是「吸引人的」驅力；反之，引發負面情緒的刺激，就是「惹人厭的」驅力。

◆　◆　◆

從前的男人都穿尖頭鞋，當時人稱「波蘭鞋」（poulaines）。鞋子的前端像鳥喙一樣又尖又長，比鞋身足足多出了一半的長度，其中有些款式還得用綁在膝蓋上的絲線或銀鍊將鞋頭提起來。穿這種鞋子走路很不方便，而且幾乎不能爬樓梯，但在中世紀，歐洲各地的貴族與商人還是願意忍受麻煩，穿著尖頭鞋外出，只因為他們覺得這種鞋子實在很吸引人。

另一方面，同樣在中世紀，也有人討厭尖頭鞋。有的人認為那是奢侈與墮落的證據；有的人認為那是陽具的象徵，在虔誠敬神的社會不該穿著那種東西走來走去。因此他們制訂法律，不但禁止人們穿尖頭鞋，而且規定鞋頭長度不得超過兩英寸。到了現代，要是有廠商推出這種鞋款，我們只會認為他們頭殼壞掉了，誰會想穿這種難走的鞋子啊？話雖如此，我們還不是很多人愛穿高跟鞋。兩百年後，我們的子孫對六英寸的細跟高跟鞋又會做何感想呢？

說到欲望的主觀性與可變性，流行與時尚是最顯而易見的鐵證。巴薩米克醋、大肚豬、少男團體或白圈輪胎，不同的人和

不同的時代，對事物也有不同的喜好與品味。有人喜歡就會有人討厭，你覺得吸引人的東西，也有人覺得厭惡；驅使你去購買、擁護、提倡或建立的事物，反而驅使別人採取截然不同的行動。

話雖如此，當然還是有一些大家一致同意的好惡吧？畢竟誰也不喜歡茲卡病毒，而又有誰能抗拒一隻剛出生的小貓咪呢？

無論如何，到頭來吸引力對人的影響，遠比狂熱的時尚達人所能想像的更反覆無常。

當失敗成為一種選擇

凱絲‧菲利浦（Cass Phillipps）是網路互動故事平臺的創意總監，她宣稱自己籌劃的活動都沒虧過錢。二〇〇九年，她在舊金山舉辦了一場「失敗大會」（FailCon），討論過去數十年來難以想像的內容。這場精心籌備的會議要慶祝的（或者可以說要研究的）就是──失敗。

當時矽谷到處都是網路新創公司，其中有不少都沒能成功，而菲利浦看出那些失敗經驗含有值得學習的教訓，也許可以幫助其他企業家。第一場失敗大會吸引超過四百人參加，於是之後每年固定舉辦，成為北加州另一個成功故事，並開始向外傳遍世界各大城市。從此處處都有人對失敗越來越感興趣。

這種吸引力轉變的現象實在不可思議。幾千年來，人們將失敗視為壞事，就算最後成功東山再起，也寧可不要提起曾經挫敗的經歷。然而現在許多組織與產業反而頌揚失敗，認為失敗能

幫助人培養經驗、磨練性格。

失敗大會的招募人員會挑出有失敗經驗的企業家，將他們定位成能帶來新觀點、新態度的「冒險者」或「創新者」，幫助僵化守成的企業嘗試一點破壞式創新。那些失敗者發現自己忽然成了這個熱門俱樂部的一員，他們的失敗經驗越壯烈、慘痛，在俱樂部裡的地位就越高。他們甚至把「在失敗中力爭上游」掛在嘴上，意思就是，他們的生涯因為失敗而真的有了起色。

過去在書櫃與報紙上，映入眼簾的往往是《驅動力是事業與人生成功的關鍵》（*Driven: How to Succeed in Business and in Life*）這種書名，現在則納入更多五花八門的文章與書籍，開始出現《每一次挫折，都是成功的練習》（*The Gift of Failure*）、〈要是成功的祕密在於失敗呢？〉（What if the Secret to Success is Failure, *The New York Times*）之類的標題。在許多情況下，人們認為失敗能發展出更有效的實踐方法、更清晰的思考模式，以及更有創造力的解決辦法。鼓勵員工坦承失敗，可以預防將來發生更大的問題。曾經失敗過的人比較不擔心再失敗一次，所以更願意嘗試未經證實的新事物。

這不是什麼新概念，自一九九〇年代起，禮來（Lilly）製藥公司就不斷替那些做得雖好卻無疾而終的研究，舉辦一場又一場的「失敗派對」。差不多同一時期，管理大師湯姆‧畢德士（Tom Peters）也開始鼓勵商業領袖「擁抱失敗」。就連邱吉爾也說過：「成功就是從失敗中一再跌倒，卻絲毫不減熱情。」

然而用炫目迷人的色彩來渲染失敗，倒是史上頭一遭。許

多專家與企業家開始把失敗當作成年禮一般的人生大事，以為這樣能夠開啟契機、加速成功。「事後反省」的部落格文章成了一張張名片，「趕快失敗、經常失敗」（fail fast, fail often）的矽谷咒語蔓延至其他產業與地區，甚至以失敗為中心發展出一套新的企業文化。現在大家都這麼說：商業模式失敗的公司需要「轉彎」做其他事情，產品需要「稍微改進」，工作方式則需要「重新設計」。有些人甚至認為破產就是榮譽的徽章。

這個渴望失敗的新真理，在許多方面都超越了更嚴厲的舊真理，即失敗會讓各方都付出極大的代價。在失敗大會上，每一個站上臺掏心掏肺並接受掌聲的企業家，背後往往都有一大票損失了數千甚至數百萬美元的投資人；有些員工失業了，有些消費者永遠拿不到已經付費的商品，還有些合夥人在公司毀約後永遠得不到賠償金。

正如英國石油公司（BP）前執行長約翰・布朗（John Browne）犀利的評論，對某些公司而言，「失敗只是一種略微不同形式的成功」。[1] 布朗辭職後，英國石油公司正好發生墨西哥灣漏油事件，釀成本世紀最糟糕的環境大災難。失敗也可能意味著破壞、痛苦和死亡。對飛航管制或心臟手術來說，「經常失敗」絕對不是什麼好建議。

失敗究竟是否吸引人？和其他事物一樣，得視情況而定。換作我們的老祖宗聽了，八成會大吃一驚，想不通這種問題有啥好問的。

田園生活

　　如果有人想考考你，請你列出造就現代生活的重大創新與發明，你必須承認，農業對人類文明發展具有不可抹滅的重要性，而且遠比電力與網路重要多了。雖然多數城市居民很少思考自己吃的玉米、小麥和稻米是從哪裡來的，如果當初沒有農業來推動專業分工、奠定社會結構，我們不可能達到今天任何一項成就。在我們開始種植農作物之前，人類每天都必須花大半天時間採集或狩獵食物。直到農業生產帶來過剩的食物，人類才有機會大量繁衍，並且讓農耕之外的人致力於建設、貿易、戰鬥、發明、傳道或統治。

　　農業肯定是真的很有吸引力。

　　但哈拉瑞（Yuval Noah Harari）在《人類大歷史》（Sapiens）一書中寫到，大多數的農民可不這麼認為。他語帶挑釁，直指新石器時代的農業革命是「史上最大騙局」，因為這場革命「讓農民過著比採集者更辛苦、更不滿足的生活」。[2] 他認為農民的工時比祖先更長，而且營養不良的情形更嚴重。狩獵採集者可以享用豐富多變的食物，包括莓果、堅果、肉類、魚類、水果、根莖類和蜂蜜，但農民通常只能以單一作物當作主食。農民更容易受到疾病、氣候變化和敵對部落的威脅，只要遇上任何一種，其生存的聚落就有可能遭到摧毀。此外，狩獵採集者的生活方式更適合人類的身體與心智。我們天生就擅長爬樹與追逐，喜歡探索與發現。不管在心理或生理上，我們都不太適合挖掘田地、清除石

頭、拉車施肥，或是任何重複又乏味，還把人累得腰痠背痛的工作。這卻成了近一萬年來許多人不得不做的苦差事。

從他們的角度看，農業徹頭徹尾是件令人厭惡的事。

另一方面，農業讓菁英分子得以繼續精進，把一小部分人從生產食物的苦役中解放出來，允許他們專心組織軍隊、開發特定地區，或是贊助藝術發展。這些菁英分子不必親自耕作，因此農業在他們眼中永遠是美好的發明。

像我們這樣過著中產階級生活的人，其實應該對幾千年來辛苦耕耘的前人心懷感恩。有他們世世代代的努力，才有我們現在視為理所當然的舒適與娛樂。農業機械化後，發展出現代植物遺傳學與農業化學品。我們只要耗費一點點成本，就能獲得一切所需營養。然而世界各地還是有很多人從事手工農業，要是他們可以去狩獵採集，肯定能過得更逍遙自在吧？

按照欲望行動

從失敗與農業的例子看來，就連看似全世界都厭惡或渴望的事，還是可以製造出截然不同的印象。而且失敗與農業可不是唯二案例。維多利亞時代的紳士讚頌騎士精神，幻想虛構的中世紀騎士會恪守榮譽準則進行戰鬥，即使克里米亞戰爭的慘況都攤在眼前了，還是存有這種想法。前衛藝術家皮耶羅・曼佐尼（Piero Manzoni）將自己的糞便分裝進九十個罐頭，再貼上「藝術家之屎」的標籤，宣稱那是藝術作品，成功將人人屏棄的東西

變得極具吸引力。近代有人認為知識可能會變成一樁壞事，因為我們若能深刻洞察未來的疾病與死亡，或清楚看見別人在其他地方過得更快活，那麼這兩種知識都有可能害我們變得悶悶不樂。有科學家指出，太過清潔的居家環境，反而可能導致氣喘之類的自體免疫疾病，或增加過敏的機率。如果農業、衛生和知識可能是惹人厭的，而戰爭、糞便和失敗可以是吸引人的，由此可見欲望的主觀性似乎沒有任何界限。

正如莎翁筆下主角哈姆雷特所言：「凡事沒有好壞之分，但憑人類思想左右。」

或者你也可以這麼說，幾乎任何事物的吸引力都具備了矛盾真相。

風和日麗的假期當然比車禍更有吸引力，然而你的心情或想法左右了這趟假期究竟有多吸引人；同理，車禍想必也有可能變得吸引人吧。也許這個假期迫使你在關鍵時刻拋下自己熱愛的工作；也許這場車禍幫助你認清人生的輕重緩急，讓你更重視生活。吸引力從來就不是斬釘截鐵、永遠不變的。

既然吸引力全憑主觀，選用適當的矛盾真相就可以改變吸引力。多芬（Dove）藉由「最真的美，因妳而生」系列廣告，挑戰世人看待身體吸引力的傳統觀點。廣告中，多芬展示的每個女性影像旁邊，都附上了兩項描述文字。舉例來說，一張白髮蒼蒼的年老女性影像，一旁寫著：「灰白？優雅動人？」另一張滿臉雀斑的女性影像，一旁寫著：「缺陷？完美無瑕？」這個活動提醒人們可以改變自己對「美」的觀念，重新看待他人與自己。

　　什麼是吸引人的？什麼是惹人厭的？這些觀點能驅動我們的行為，而合適的矛盾真相也能影響我們的行動。當我們試圖為人生做點改變，這個方法就有機會幫上大忙。理論上，我們可以「選擇」渴望那些對自己有益的事物，並慢慢推動他人和我們朝同樣方向前進。

誰要來塊餅乾？

　　肥胖正在害死人。

　　世界各地的人已經吃進太多垃圾食物，為全球健康危機奠定了「厚實的」基礎。全世界有超過二十億過重或肥胖人口。在五至十九歲的兒童與青少年中，有超過三億四千萬人過重或肥胖，占全球同年齡層人口的 18%；相較之下，一九七五年的肥胖兒童和過重少年只有 4% 而已。肥胖不再是富裕國家特有的問題，在非洲，有超過一千萬名兒童過重或肥胖。此外，全球的健康照護支出有高達 20% 與肥胖相關，不管是花在預防或治療肥胖的方法，或與肥胖相關的心臟病或第二型糖尿病等疾病。政府逐年增加預算的程度就和肥胖者的腰圍一樣，已經多到了危險的地步。

　　我們明明可以避免這個問題，卻仍然不停吃下高脂肪、高糖分的食物，因而惹禍上身。其中一個原因是，比起那些不易使人發胖的營養食物，垃圾食物通常比較便宜。另一個原因則是個人口味的問題，因為我們覺得高糖高油的食物比扁豆、羽衣甘藍

和芹菜更吸引人。事實上，研究指出，我們不但預期有害健康的食物更好吃，當我們以為自己吃的食物是有害健康的，也會覺得更好吃。[3]

對抗肥胖最常見的策略，就是賄賂或威脅自己，要求自己別吃那些吸引人的食物。某些國家的政府開始考慮制定糖稅或相關法規，好讓食品製造商減少油脂與糖的用量。最近幾十年來，以「自我否定」為基礎所發展出來的減肥計畫越來越多。父母想說服孩子吃下青花菜，設法把它混入義大利麵醬汁，或者許下承諾，用甜食當作乖乖吃青菜的獎勵。然而這些策略的效果似乎都不太好，即使人們每年投注數十億美元在飲食計畫、代餐和瀉藥上，肥胖率依舊不斷攀升。

或許該改變的是我們看待營養食物的方式。我們必須把健康的食物變得吸引人，才是更成功的策略。

戰術一：說服他人欣賞對他們有好處的東西

實驗顯示，只要用正確的方式刺激人類的大腦，就能迅速改變體驗。研究人員給受試者兩杯一模一樣的酒，卻故意說一杯酒比較昂貴，另一杯比較便宜，然後請他們品嚐。比起便宜的酒，受試者在品嚐他們以為較昂貴的酒時，感覺更愉悅。這並不是想像力變出來的把戲，科學家用磁振造影機（fMRI）進行掃描，發現受試者品嚐較昂貴的酒時，與愉悅體驗有關的大腦區域就會出現更頻繁的神經活動——和欣賞「真的」藝術品的案例一

樣，那些人是打從心底更享受那種體驗。將酒換成巧克力來實驗，也得到同樣的結果。

這麼看來，當我們預期某樣事物能夠帶來愉悅，我們就更有可能愉悅地享用它。從電影到啤酒，我們可以從各式各樣消費品觀察到這種現象，稱為「行銷安慰劑效應」。就生物學的觀點而言，原因在於「愉悅」本身並非目的，而是一種機制，用來說服我們追求有利演化的特定目標，像是食物或性，因此它也是一種可以重新校正的機制。

品酒實驗團隊的研究員安東尼奧・蘭赫爾（Antonio Rangel）說：「大腦會將愉悅編碼，這麼做有助於學習哪些活動該重複、哪些該避免。要做出好的決策，需要好的評估方法來測量經驗品質。為了改進評估方法，大腦會把某個經驗的其他所有資訊加總起來。特別是如果你在認知上非常確定某個經驗很好（也許是受到先前經驗的影響），那麼大腦把它整合到你目前的愉悅評估方法，這也是合理的。」[4] 而在這個例子中，高價標籤讓人相信自己會覺得酒很好喝，結果也真是如此。

這意味著只要你能說服自己，相信自己很喜歡吃青花菜，那麼在大腦前額葉皮質的愉悅神經活動作用下，你真的會覺得青花菜很好吃。成人對青花菜的觀念已經根深蒂固，這個策略可能較難發揮作用。然而若我們能接受這項研究的意義，或許就能利用這個方法鼓勵孩子吃得更健康。我們並非天生就知道自己喜歡吃什麼，而是從父母和周遭的人身上學來的。大人們總是習慣賄賂或威脅孩子吃青菜，或是偷偷把菜摻進醬汁和蛋糕裡，但這種

做法讓孩子更堅信健康的食物就是不好吃，最後反而成了「自我應驗預言」[1]。如果父母與健康飲食倡導者能傳達「健康食物很美味」的矛盾真相，那麼根據品酒實驗的結果，孩子肯定會覺得青菜很好吃，並培養出終生的健康飲食習慣。

　　說比做容易，我完全同意。不過已經有研究顯示，讓學童在蔬菜卡通人物的圖像旁邊用餐[5]，或為蔬菜取個酷炫有趣的名字，例如「X 光透視胡蘿蔔」[6]，他們就會自願吃更多蔬菜。父母也可以以身作則，把菠菜和糙米飯形容得很好吃的樣子，或是想辦法讓孩子將白花椰菜和喜愛的娃娃聯想在一起，或是把蘑菇和胡桃當作一種獎品。

　　或許，我們也可以對自己的大腦施展相同的魔法。

　　史丹佛大學心理系進行了一項研究，想知道名稱與標示如何影響我們選擇食物。他們隨機選出學生餐廳供應的蔬菜，換上具有「放縱」含義的標示，例如「柑橘抹醬麻花胡蘿蔔」、「嗆讚紅椒佐香濃青檸風味甜菜根」和「油滋滋香煎甜蜜四季豆」。平常則是將這些相同方式烹調的相同蔬菜，掛上聽起來比較正常或健康的標示，像是「四季豆」或「清淡低卡四季豆」。

　　他們觀察到，當蔬菜被冠上「放縱」的名字時，不僅選擇吃蔬菜的人數增加了 25%，大家吃掉的蔬菜總量也增加了 23%。至於標示強調健康屬性的蔬菜，受歡迎程度則和一般差不多。對

---

[1] 編按：self-fulfilling prophecy，一種社會心理學現象，指人們對自己或他人的期待，會在不自覺間影響自己或他人的實際行為和表現，以致最後真的實現。

傳統的公共健康政策來說，這項發現可說是一項關鍵，也是一項挑戰。如果對象是善於思考的史丹佛大學生，也無法以「健康」為訴求來說服他們吃蔬菜，那麼將同樣的方法應用在群眾身上，應該更不可能發揮作用。照研究結果來看，想辦法替蔬菜取個吸引人的名字，才是更有效的策略。

雖然你可能讀過一些文章，說人類自古以來就渴望糖分和油脂，但始終沒有神經學上的證據，證明我們無法訓練大腦渴望高麗菜更勝過蛋糕。人類是雜食動物，我們本來就應該樂於吃各種食物。美食評論記者碧‧威爾森（Bee Wilson）反思：「我們努力要吃更多蔬菜，卻從沒努力讓自己更享受蔬菜。也許是因為我們懷有一種近乎普世皆然的信念，認定自己絕不可能擺脫舊有味覺，學習新的品味與喜好。但事實並非如此。」[7]

生命的意義

大多數人都需要工作來維持生計。撇開金錢不談，工作吸引人嗎？

火車駕駛艾蜜‧卡本特說：「我喜歡和乘客互動，用我的知識，讓每個人的旅程更輕鬆愜意，或是在火車進站時向興高采烈的孩子揮揮手。不過說到底，我就是真的超級愛開火車，就是這樣而已。」[8]一名來自美國阿斯彭谷醫院的護理師，在職場評價網站上匿名留言：「只要待過這裡就不會想去別的地方工作了！」[9] NBC 環球集團的員工在同一個網站上寫道：「有史以來最讚的工

作！」[10] 科技創業家麥克‧史利文斯基（Michael Sliwinski）說：「每天早上起床，我都歡欣鼓舞，準備去上班。我覺得這是世界上最有意義的工作。」[11]

這些大概是全世界最幸運的人，他們甚至可以說：「我實在太愛這份工作了，要我不求任何回報也行。」這麼看來，還是有一些人覺得工作很有吸引力。

可惜對許多人來說，另一個真相比較值得相信。二○一三年，蓋洛普民調公司（Gallup）發表一項重大研究，範圍涵蓋全球一百四十二個國家。這項調查指出，全球勞動人口只有 13%「投入工作」；「不投入」的人占 63%，也就是說他們「缺乏動機，比較不願意為組織的目標或成效自動自發表現」；剩下的 24% 則是「主動混水摸魚」。[12] 這表示全世界約有四分之一的勞工其實很厭惡自己的工作，他們「在工作上既不快樂又沒效率，容易散播負面能量給同事」。這樣算起來，大約有三億四千萬人在清醒的大部分時間裡，讓自己過著慘兮兮的生活。還有大約十億多人在從事人生主要活動時，除了薪水以外幾乎得不到其他收穫。在這項調查中，就算是對工作的看法最正面的美國與加拿大，依然有超過 70% 的勞工屬於「不投入」或「主動混水摸魚」的類別。

這樣的情形還滿糟糕的。如果把所有混水摸魚的工作者，在心理與經濟上製造的龐大成本也列入考慮，簡直可以算是令人羞恥的社會醜聞了。

要怎麼做，才能把工作變得更有吸引力呢？小則提升工作

自主性，大則營造愉快的工作環境，雖然許多方法都能幫上忙，最重要的應該還是訂立值得努力的明確目標。我們都希望自己做的事情有意義，誠如經濟學家約翰・凱（John Kay）所言：「把獲利當作企業的目的，頂多就像把呼吸當作生命的目的。」[13] 每個人都想要擁有目標，不光只是替老闆賺大錢而已。

如果請高階主管描述他們公司除了賺錢之外的目標，他們多半會一臉茫然，或來上幾句「顧客至上」之類的陳腔濫調。事實上，這個想法甚至會惹惱某些領導者，他們認為商業組織除了提高股東價值，一點也不需要其他目標。也難怪這麼多員工都無法投入工作。

雖然目標很重要，但是在某種程度上，目標依然是我們憑空想像的產物。你可能會說，你的人生首要目標是好好把孩子養大，或是把歡樂帶給你遇見的每一個人。你可能會說，你的人生首要目標是建立一家禁得起時間考驗的公司、贏得一面奧運獎牌、成為頂尖的鼓手，或是找出治療肺癌的解藥。事實上，你可以追求不只一個目標。每天早上激勵你起床的理由是什麼，你自己決定。由此可見，目標的確是構想的產物，但這一點也無損於它的價值。

在我曾經合作的數十家企業之中，有些目標宣言寫得雄心勃勃，因為大部分的人都喜歡贏的優越感。對某些員工來說，光是要努力勝過對手這一點，就是很充分的工作動機。例如對百事可樂來說，光是「打倒可口可樂」這個單純的野心就已經無比激勵人心。有些公司吸引員工積極投入的方法，則是下定決心要比

任何對手更搶先一步，實現某個目標或創造某個嶄新的產品。不過最能夠發揮作用的目標宣言，仍然是為他人提供協助、保護或改善生活。

英國央行曾經找上我，替新成立的英國金融監管署設計目標宣言。我們一一剔除各種複雜的工作目標，包括個體監理政策與前瞻、評斷式監理原則、歐盟的資本要求規範、合規成本與退場評估，以及積極干預與交易對手風險。最後，我們想出一個簡單明瞭的關鍵目標：要保護英國的金融體系。當時才剛經歷全球金融海嘯，兩家主要銀行瀕臨破產，因此我們相信，這個目標足以激勵任何一家金融監管機構。

利他的目標不見得要訂得很偉大，也不見得要改變世界。幾年前，我是某家公司的顧問，他們專賣觀賞植物的種子和幼苗，像是天竺葵、三色菫和仙客來。雖然這些植物對公共衛生或世界和平幫助不大，卻能帶給無數喜愛種花的人快樂，因此我們致力於展示這項真正的貢獻。該公司的研發部門很厲害，曾改良出各種適應力強大的種子，可以耐受養分不均、水分太多或太少的情況。這項優點打中了觀賞植物買家的心理，因為他們受不了看見植物因自己的疏失而枯萎。所以我們給員工的目標，是透過研發討人喜歡又容易照顧的開花植物，豐富顧客的人生。雖然聽起來沒有這麼「偉大」，對人們的幸福也算得上是真正的貢獻，足以激勵全公司的員工。

大部分的員工若能覺得自己是以某種方式在幫助別人，就能更享受工作，而且工作得更賣力。雖然成立公司就是要賺錢，

但人們通常還是會渴望發揮自己的影響力，而且據了解，這種傾向呈現出成長的趨勢。如果我們想把工作變得更有吸引力，就必須理解並回應那種渴望。

嫌惡的影響力

如同其他無數的矛盾真相，吸引力的操作也有其黑暗面。一直以來，我們只關心如何提升健康食物或工作的吸引力，卻忽略了我們也會誘使自己去渴望某些對自己或社會有害的事物。廣告業幾十年來都在做這種事。香菸廣告到現在還是會美化抽菸行為，設法讓年輕人渴望一種可能害死自己的產品；速食的行銷手法讓我們渴望油滋滋的炸薯條，還有含糖量爆表的飲料，也是導致肥胖問題的一大元凶。

反過來說，說服我們相信特定的組織、個人、物品或團體很惹人厭，藉此煽動我們反對某件事或某個人，則是一種陰險的戰術。報紙與政客一向擅長操作這種不道德的大眾影響力，來攻擊各式各樣的對象，包括運動迷、比特犬、觀光客、單親媽媽、社會主義者、基因改造食品、素食主義者、穆斯林和肥胖的人。如今最惡劣的案例，就是鼓吹大眾反對外來移民。

戰術二：鼓舞他人反抗群體

我們已經看見川普如何公開斥責墨西哥移民和敘利亞難

民，同時，英國獨立黨、法國國民陣線、德國另類選擇、荷蘭自由黨和奧地利自由黨等右派政黨，也都靠著將移民妖魔化，進而發展出更龐大的政治勢力。另一方面，布萊巴特新聞網（Breitbart News）、《每日郵報》（*Daily Mail*）和《每日快報》（*Daily Express*）之類的媒體②，以及電臺主持人拉許‧林堡（Rush Limbaugh）、作家安‧庫爾特（Ann Coulter）和電視節目主持人凱蒂‧霍普金斯（Katie Hopkins）等人，也經常支持反移民相關訴求的活動。在《太陽報》（*Sun*）一篇極為挑釁的文章中，霍普金斯甚至偏激地把移民比喻成「蟑螂」。

這一切由言語構成的攻勢，對一般公民看待外來移民的觀點有何影響？從英國脫歐公投與二〇一六年奧地利總統大選看來，這些民意調查影響的層面十分深遠。若想更清楚了解政治與媒體對公眾意見產生的效應，我們可以參考匈牙利的情況。姑且撇開羅姆人③不談，匈牙利幾乎可說是由同種族人口組成的社會，人民鮮少有機會接觸外來文化。

數十年來，匈牙利的 TÁRKI 社會研究院（TÁRKI Social Research Institute）持續蒐集國民對外來移民態度的相關資料。他們將問卷受訪民眾分為「親外人士」、「仇外人士」及「中間族群」。在二〇〇二至二〇一一年間，被歸類為仇外人士的比例約在 24-34% 之間浮動；後來人數比例大幅飆升，在二〇一六年

---

② 譯按：上述幾家皆為立場偏右的保守派媒體。

③ 編按：羅姆人（Roma）過去稱為吉普賽人或吉卜賽人，為散居在全世界的流浪民族。因「吉普賽」帶有歧視意義，因而正名。

達到 53%，創下史上最高紀錄。在同一基線期內，約有 6-12% 的匈牙利人屬於親外人士，但是到了二〇一六年，這個數值已經降低至 1%。[14]

為什麼匈牙利人對外國人會突然變得如此厭惡、如此懷疑？二〇一五年，數十萬名來自敘利亞、阿富汗與伊拉克的難民湧入匈牙利，然而其中絕大多數難民都盡快穿越國界，直奔德國或奧地利。該年匈牙利收到十七萬七千一百三十五個庇護申請，是歐洲申請比例最高的國家，卻只核准了其中五百零二個。九成以上難民在等到政府回覆前，就已經離開匈牙利。多數匈牙利人並沒有親眼見過難民，而且幾乎沒有人因這項深具歷史意義的人道救援行動而遭受到任何威脅或是導致生活水準降低或不便。一名對難民處境表示同情的匈牙利人指出，仇外人士「一輩子看過的外星人八成比外來移民更多」。[15]

匈牙利人缺少與外來移民直接互動的經驗，只能靠政府的煽動言論來補充這方面的資訊。一則由政府贊助的廣告寫道：「你知道巴黎恐怖攻擊的兇手是外來移民嗎？」另一則廣告寫著：「你知道嗎？自從難民危機爆發以後，歐洲婦女遭遇性騷擾的數量增加了。」

二〇一五年初，當匈牙利總理歐爾班·維克多（Viktor Orbán）開始推行反移民運動，TÁRKI 的資料顯示，仇外人士的數量一時間爆增。歐爾班的煽動言論很有效，成功散播了關於移民的新矛盾真相。二〇一五年夏天，隨著匈牙利境內出現大規模難民潮，仇外人士的數量一度看似下降了，有可能是因為每天從

電視上看到關於難民的報導，對其水深火熱的處境有更多認識，使匈牙利人的看法一時間出現了微妙的變化。然而難民潮退去後，反移民論述仍持續延燒，被 TÁRKI 歸類為仇外人士的比例再度上升，直到攀上歷史新高，儘管當時匈牙利境內已經沒剩多少移民或難民了。

煽動人士和反移民媒體在歐美世界成功塑造出一種新矛盾真相，即使以前的人曾將外來移民視為思想、企業、能源和文化的輸入來源，如今在廣大人民的眼中卻變得非常惹人厭。這種觀點對北美洲與歐洲的政治與社會，都產生了長期且深遠的影響。

改變他人的渴望，就能改變世界

雖然要改變一個人的品味喜好不容易，卻不是完全不可能。事實上，很可能已經有人成功改變了你的品味。我們必須提升自己的判別能力，以免行銷人員、政治人物和新聞記者用可能傷害我們或他人的方式，重新定義事物的吸引力。同理，我們也可藉由承認並利用自身欲望的可塑性，來改變自己的人生。如果既有的欲望害你常常搞破壞、惹麻煩，那麼不論為了自己或別人好，你都可以利用矛盾真相來改變事物的吸引力。這麼做不僅有效，而且合乎道德倫理。只要我們努力嘗試，就可能改變自己的喜好和欲望，讓自己被真正有益的事物所吸引。

實踐指南

你可以這麼做……

◆ 學著接納對你有益的事物 —— 這是可以做得到的。

◆ 運用名稱、定義、目標宣言及其他矛盾真相，幫助周遭的人像你一樣進步。

但要小心……

◆ 煽動人士和其他誤導者可能耍手段，誘使你厭惡特定的群體或事物。

第八章

金錢價值

「你付出的是價格，你得到的是價值。」

—— 華倫·巴菲特（Warren Buffett）

真菌財富

你願意為一坨黴菌付多少錢？

也許你想先知道更多資訊再出價。大小？顏色？狀態？

這坨黴菌直徑大約一英寸，呈灰綠色，用透明膠帶固定在兩小塊玻璃片之間，不但年代久遠，而且已經死了。實際上一點用處也沒有。

這坨黴菌在你眼中值多少錢？

你估價的結果大概是零元吧。你甚至可能寧願付錢，要求這坨黴菌別出現在你家。

二〇一六年十二月七日，在紐約的邦瀚斯（Bonhams）拍賣會上，這一小片不可食用的真菌，以四萬六千二百五十美元售出。當時他們的說法是「原始的盤尼西林黴菌培養物」。

　　一九二八年，醫學研究員亞歷山大・佛萊明（Alexander Fleming）正致力於研究葡萄球菌（*Staphylococcus*）。那是一種會造成喉嚨痛、癤子和敗血症的細菌。有一天，佛萊明收假回到研究室，發現其中一個裝有細菌的培養皿竟然發霉了，也就是意外遭到汙染。然而在黴菌覆蓋區域周圍卻出現了一圈無菌地帶，佛萊明隨即明白，一定是這種真菌殺死了細菌，或抑制了細菌生長。而那種真菌就是青黴素（*Penicillium chrysogenum*），這是科學上首度認識抗生素的起源。

　　佛萊明因為這項意外發現而聲名大噪，更於一九四五年共同獲頒諾貝爾生理醫學獎[1]。他似乎很享受成名的滋味，還把奇蹟真菌的樣本寄給當時其他名流，包括教宗和演員瑪琳・黛德麗。在邦瀚斯拍賣會上售出的樣本，則是一九五五年時，佛萊明為了感謝鄰居幫忙嚇跑闖進家裡的竊賊而相贈的樣本。樣本上有佛萊明的簽名，還附有佛萊明和女管家寫給鄰居的兩封信。女管家在信末寫著：「雖然好像多此一舉，不過還是要提醒您（以免您不曉得），這一抹圓形的小東西是盤尼西林的培養菌，可別和古岡佐拉起司[2]搞錯啦！」

　　既然你已經知道樣本背後的來龍去脈，那麼，現在這一小片黴菌在你眼中值多少錢呢？

　　也許會比你一開始的估價高一點吧？為了擁有一小片醫學

---

[1] 譯按：另外兩位共同獲獎人是霍華・弗洛里（Howard Walter Florey）和恩斯特・柴恩（Ernst Boris Chain）。
[2] 譯按：用青黴菌發酵的一種藍黴起司。

史，你可能願意付個幾百美元。如果你是精明的投資客，甚至可能願意付個幾千美元。不過要付出四萬六千二百五十美元就不太可能了。事實上，如果邦瀚斯真的循規蹈矩做生意，那麼世界上應該只有一個人（或組織）會把這片黴菌的價格估得這麼高，就是那位競標成功的買家。

當時這個買家和其他人一樣競標，關於那片黴菌，他們獲悉的脈絡和其他人一模一樣。為什麼這片黴菌在這些人眼中具有不同的金錢價值呢？

價格不等於價值

我們在上一章討論到，只要用對方法，我們就有可能被說服去喜歡或討厭任何人事物。如果你真心喜歡上某樣東西，可以喜歡到什麼程度？換句話說，你會願意為它付出多少錢？

從拍賣就可以看出這個問題的難處：同一項拍賣物在不同的競標者眼中具有不同價值。我們可以把這些主觀估價都視為矛盾真相，就算別人出價更高，也不代表該競標者的估價就是錯誤的或低估了。

一般來說，我們會認為某項產品或服務的價格代表其價值，但價格又是怎麼決定的？以汽車為例，大部分人會直覺地認為，汽車的售價應該取決於造車的材料和人力成本；另外還要支付管理與行銷成本，大概還要再加一點錢；考慮到合理的利潤，又要再加一點錢。

　　然而只要思考一些簡單的例子，這個想法就不攻自破了。

　　比起需要耗費大量時間與人力打造的飛機，畢卡索的畫只要他幾天就畫出來了，為什麼後者的價格反而比較高？

　　同樣一顆綠寶石，如果不是我在尚比亞徒步旅行時偶然發現的，而是兩百名工人和工程師千辛萬苦合力開採出來的，你會願意花更多錢買下它嗎？

　　如果有一千人工作一整年，才打造出一臺可以將冰塊黏起來的機器，他們付出的勞力能夠讓那臺機器更有價值嗎？

　　這幾個例子顯示，價格不能單憑生產過程的難易來決定，而是取決於我們共同認定的價值。就和佛萊明那片黴菌的成交價一樣，它的售價取決於人們的主觀估價。

　　這裡有一個配備不鏽鋼卸釦的五十毫米標準黃銅掛鎖，如果我要鎖的是裝著我所有身家財產的保險櫃，也許我會願意付一大筆錢買個堅固的掛鎖。但要是掛鎖製造商按照我的需求標準來定價，他很可能一個也賣不出去。他必須考慮其他潛在買家，像是想替體育館個人置物櫃上鎖的人、想替後院腳踏車上鎖的人，或是想把掛鎖當作紀念物掛在巴黎某座橋上的人。此外還要考慮到窮人與富人，以及趕時間的顧客與有空慢慢逛商店的顧客。每一個來買掛鎖的人願意付的價錢，可能都略有不同。

　　經濟學家依照這些不同的主觀估價畫出一條「需求曲線」，當價格越低，就越多人願意購買；隨著價格上升，潛在買家人數也會下降。接著，經濟學家將產品售價對應製造商的銷售意願，畫出了另一條「供應曲線」。理論上，供應曲線與需求曲線相交

的那一點，就是能同時滿足供需雙方的完美價格。

因此，我們的主觀估價（也就是對於掛鎖價值各自抱持的矛盾真相）的確有助於制定市場價格。

貿易與金錢價值的矛盾真相息息相關。我們把東西拿去交換或交易，就是因為同樣東西在每個人眼中有不同的價值。如果果農看到的蘋果價值和顧客看到的一樣，那麼果農永遠也賣不出任何一顆蘋果。當一顆蘋果的價值對果農來說，比附近餐館的廚師認為的價值更低，才有可能定出一個雙方都滿意的價格。

想像你是一個搖椅製造商，你估計一張搖椅的價格大約是五十美元，如果低於這個價錢，你寧可留著搖椅不賣。我想要一把搖椅，而且願意付你四百美元高價來購買，所以只要定價落在這兩個數字之間，對我們倆來說都是一樁划算的買賣。假設我們把價格定在二百美元，那你就比預估的多賺進一百五十美元，而我得到一把價值四百美元的搖椅，還省下了二百美元。因為這筆交易，我們之間的收入增加了三百五十美元。

世界上大部分的財富就是靠這種方式創造出來的。比方說，雖然石油對加州的地主沒有直接用處，地主卻可以把地下的石油賣給煉油廠，然後賺進比自己的主觀估價更多的錢。再舉個例子，雖然三億個 iPad 對蘋果股東沒什麼用，他們卻能以低於每個人主觀估價的價格，把 iPad 賣給我們，讓我們的生活變得更便利。關於金錢價值的矛盾真相，讓人類變得越來越富裕。

我們如何評估價值

　　人們如何評估各種不同的價值？

　　我們有很多評估產品或服務價值的方法，每個方法又會因人而異。

1. 對我有什麼好處？

　　我們從某樣東西獲得的好處，取決於我們的經驗與身處的環境。如果你熱愛音樂，就會覺得音樂串流服務很有價值，但如果你忙到連每個月登入一次都很難，就不會覺得這項服務很划算了。也許你正好需要一張梯子，讓你把遮風避雨的屋頂修好……除非你原本就已經有一張梯子了。一輛汽車對你來說可能很有價值……直到汽油漲到貴得買不起，或是新的公車路線讓你出門更方便。同樣地，如果你找到其他更有趣的方式來消磨時間，或許就不會想花這麼多錢去看一場電影了。

　　我們從消費中獲得的好處，不一定僅限於那樣東西的直接功能。如果無法拍照上傳 Instagram，你是否還會覺得這趟度假行程值得花這麼多錢？如果可以炫耀自己擁有一支限量版手機，是否可以增加這支手機在你眼中的價值呢？如果維修與保存帆船都需要額外的成本，對帆船的淨值會有什麼影響嗎？

2. 對別人有什麼好處？

　　雖然某些東西對我們來說一點好處也沒有，但是只要我們

認為這樣東西可以轉賣給其他人，就會把它的價值估得高一點。這正是黃金、陳年紅酒和藝術品這類型「可交易資產」如此昂貴的原因。

股市交易員評估證券價值時，常是根據他們認為別人可能評估的價值。理論上，某公司一張股票的價格，取決於雙方對那張股票預期的未來收益流；實際上，只要該交易員相信其他交易員會對某支股票做出高得愚蠢的估價，那些股票就能以遠遠高得多的價格來買賣。這就是股市泡沫化的原理：雖然「聰明」的交易員知道股票價值被高估了，但他們料想之後還有其他「愚蠢」的交易員，願意出更高價買下這些股票。如此一來，「聰明」的交易員就能大撈一筆。這種情形有個逗趣的說法，就是所謂的「比傻理論」（greater fool theory）。當然，下一個買股票的交易員不見得都那麼蠢，只是認為還有比自己更「愚蠢」的交易員可以再削一筆。

3. 有多稀缺？

如果單憑推測某樣東西對別人有價值，就把它買下來，那你最好確定那樣東西夠獨特或夠稀少。好比每個人都需要水，但只要一開水龍頭就能免費取得，這些人便不會向你購買。可投資資產與奢侈品的「稀缺性」非常重要。有時這種稀缺性是出於實際存在的限制，但更常見的是因為人為操作的力量，迫使價格居高不下。

如果是熱門的劇場演出或運動賽事，稀缺性也會影響我們

對門票的估價。自從美國音樂劇《漢米爾頓》（*Hamilton*）一炮而紅後，二〇一六年的頭等席官方票價已經漲到八百四十九美元，創下百老匯票價新高。雖然如此，官方票價仍然比二手市場上的喊價便宜。這些稀缺資產在劇迷眼中的價值之高，由此可見一斑。

擁有獨一無二或稀有的東西，可以帶給某些人樂趣，他們甚至願意付出高價去換取一些看起來沒什麼價值的事物。美國演員威廉・沙特納（William Shatner）以二萬五千美元，賣出自己的一顆腎結石，並以十萬多美元賣出自己在《星際爭霸戰》（*Star Trek*）中的服裝。這在好萊塢其實算是稀鬆平常的事。瑪麗蓮・夢露（Marilyn Monroe）在電影《七年之癢》（*The Seven Year Itch*）中迷倒眾人的那件白色裙裝，則以四百六十萬美元高價售出。

4. 有什麼風險？

上 eBay 拍賣網站購物，只要用零售價格的一小部分，就能買到很讚的電器商品。雖然那些商品是二手的，但你通常看不出任何磨損痕跡。為什麼那樣完美無瑕的電視機會賣得這麼便宜呢？原因就在於，我們不曉得賣家是否曾經把這臺電視摔落地上、連接錯誤的電壓，或以其他無從得知的方式損害了這臺電視。我們不僅購買電視，也要承擔隨之而來的風險，而正是這種風險減損了電視的價值。同理，當開發商買下一塊土地時，他並不確定自己能否拿到這塊地的建築許可；除非主管機關已經正式

批准，否則這種風險仍然會降低這塊地的價值。

　　風險和不確定性都很難客觀地被量化，所以是製造矛盾真相的好素材。比方說，雖然你估計從 eBay 上買來的電視在一年後故障的機率是十分之一，但我可能認為是十分之二。基於這種悲觀的想法，我對那臺電視的估價就會比你估的更低。

5. 前景看好嗎？

　　我們靠預測未來做出各式各樣的判斷，當然金錢價值也不例外。覺得電動車會開始流行嗎？那些鋰電池股票可能比大家以為的更值錢喔！氣候變遷會導致天氣更劇烈變化嗎？那綜合房屋保險聽起來好像很划算喔！

　　當人們害怕未來發生資源短缺的情況，就會把資源的現值看得更高。二〇一二年，當美國老牌烘焙商 Hostess Brands 宣布即將破產的時候，熱愛該公司知名產品 Twinkie 鮮奶油夾心蛋糕的消費者驚慌失措。消息傳開後，平時一盒只要幾美元的蛋糕，在 eBay 上的賣價瞬間飆高。

　　主觀估價也取決於人們的財力，只要我們越有錢，就越可能願意付錢買東西。由此可見，如果我們認為自己未來將會變得更有錢，消費的意願就會更高。雖然你可能還要再過三個月才能開始新的工作，但比起之前尚未確定錄取時，你現在大概就願意花錢買新的冰箱了。

戰術一：將所有相關因素納入主觀估價

不管是上述哪一種評估方法，我們都有可能受到他人的強烈影響。我們對於待售產品與待售服務的估價，將驅動我們的消費行為，因此要特別注意。唯有當事物在我們眼中的價值高於其價格，我們才會購買。然而不論是什麼產品或服務，關於好處、熱門程度、稀缺性、風險與未來情勢的部分真相，都有可能遭人利用，企圖改變我們心中預估的價值。

廣告代理商、行銷主管和業務員的工作，就是把我們的估價提高到超過他們的價格門檻，所以這項戰術能為這一整個行業帶來商機。藉由改變我們對金錢價值抱持的矛盾真相，企業就能驅動我們在商場與網路的消費行為。

學著愛上石頭

一顆小石頭再怎麼耀眼，我們能利用它來做的事仍然少之又少，也許這就是為什麼鑽石在人類歷史上並沒有受到廣泛重視。如果鑽石切割得好，就會變得耀眼美麗，因而在富貴人家的珠寶盒裡占有一席之地。不過在邁入二十世紀之前，普通老百姓幾乎都不曾看過鑽石。

在過去，鑽石很稀罕，所以就算只有極少數人重視，倒也沒什麼要緊。直到一八六七年，有個少年在南非的橘河發現一顆

亮晶晶的小卵石，帶回家送給姊妹賞玩，沒想到竟是一顆二十二克拉鑽石，這才掀起非同小可的掏鑽熱潮。採礦業者開始在當地淘刷沖積礦床，不到幾年，礦工就從金柏利一帶的土石中挖出大量鑽石。在此之前，世界上大部分鑽石都來自印度，而印度的鑽石資源也差不多消耗殆盡。不過短短十多年內，南非產出的鑽石數量就超越了印度好幾個世紀以來的產量。

隨著大量新鑽石湧入市場，首當其衝的就是鑽石的價格。既然鑽石沒有這麼稀奇了，價格自然跟著被拉低；對於貴族階級的吸引力也降低了，於是他們轉而蒐集「比較不常見」的石頭，像是紅寶石或祖母綠。鑽石企業家大手筆投資南非鑽礦，如今卻因生產過剩，必須背負資產價值毀於一旦的風險。

不過這個供需問題很快就解決了。當時，有個名叫塞西爾・羅德斯（Cecil Rhodes）的鑽石企業家找到資金充裕的靠山，有能力購買或聯合南非所有採鑽事業。最後，羅德斯成立戴比爾斯公司（De Beers），運用壟斷勢力限制鑽石供應量，並營造出鑽石稀缺的假象，數十年來牢牢支配著市場價格。每當世界上其他地方開採出新鑽石，戴比爾斯就迅速介入控制，預防任何供應過剩的情況發生。然而這麼做導致第二個問題：戴比爾斯的待售鑽石這下反而堆積如山了。

要如何在保證獲利的情況下賣出庫存，又不致破壞鑽石在市場上的稀缺價值？最明顯的解決辦法就是吸引更多人購買這種賞心悅目的小石頭。這意味著戴比爾斯公司必須說服我們所有人，相信鑽石擁有更高的價值。第二次世界大戰前，收入不錯的

一般人既不認為鑽石是有用的儲蓄工具，實際上也不需要這一塊閃亮亮的碳物質，因此對鑽石的主觀估價很低。戴比爾斯得想個辦法把主觀估價拉高，直到超過某個能為他們帶來豐厚獲利的價位，同時還要防止買家在二手市場轉售鑽石，以免破壞行情。

一九三八年，戴比爾斯找上紐約廣告代理商艾爾父子公司（N. W. Ayer & Son），想知道「五花八門的宣傳手法」能否刺激美國市場對的鑽石需求。他們合作之後，果真為鑽石製造出龐大的需求市場 —— 主打訂婚戒指的市場。

幾千年來，世人把戒指當作愛情與婚姻承諾的象徵。許多文化都曾使用銅、黃金，甚至髮辮來打造訂婚戒指，也有少部分人用寶石來裝飾。把訂婚鑽戒視為至高無上的證據，用來證明男方是真心愛女方的，這樣的主流觀念其實是現代才發明出來的。

由戴比爾斯公司與艾爾父子公司聯手發明。

二次大戰期間，美國鑽石消費量減半，艾爾父子認為徹底挽救銷量下滑的方法，就是建立起鑽石與浪漫之間的連結，並說服女性相信，鑽石的品質與尺寸代表求婚者對她們的愛。這家廣告商的既定目標是「創造出一種情境，讓每個承諾結婚的人都覺得自己非得弄到一顆訂婚鑽戒不可」。

於是這家廣告商利用雜誌報導、電影置入性行銷和全彩廣告，在大顆鑽石與真愛之間建立起牢不可破的連結。自一九四八年來，廣告不僅大肆宣揚「鑽石恆久遠，一顆永流傳」，更巧妙暗示就算沒有背叛愛情，轉售鑽石仍然是很可惡的行為。他們找來名人的未婚妻配戴這種亮晶晶的石頭戒指，或是將鑽石借給參

加賽馬活動的社交名媛，拍照流傳。當電視問世後，他們甚至能直抵美國家庭的客廳，不停播送「浪漫＝鑽石」的訊息。

艾爾父子公司在一九四七年的行銷計畫中解釋：「我們對付的是大眾心理學。」他們一心要達成的目標，就是把購買鑽戒這件事變成「一種心理必需品」。令人詫異的是，這家廣告商竟然還針對美國高中生規劃思想灌輸計畫，「在頂尖教育機構舉辦講座，在數千名女性面前不斷重複訂婚鑽戒的話題」。另外，他們也要確保沒有替代商品可以分一杯羹。這家廣告商下定決心，要「讓鑽石成為唯一受到舉世公認的訂婚象徵」。後來的廣告還以跋扈的口吻質問：「只要花兩個月薪水就能買到永垂不朽的事物，不是很值得嗎？」他們企圖改變男性對鑽石的主觀估價，野心昭然若揭。

正如我們看到的，這場行銷活動獲得驚人的成功。到了一九五〇年代末，艾爾父子公司能順理成章地說：「在新世代眼中，鑽戒成了訂婚必備的東西。」二〇一五年，戴比爾斯公司預估美國鑽石珠寶市場價值為每年三百九十億美元。如今有四分之三的美國新娘配戴鑽戒，而且幾乎沒有哪一個女人會賣掉自己的訂婚戒指，這間接保住了鑽石居高不下的價格。換句話說，她們對自己手上那顆鑽石的主觀估價，遠遠高過二手市場買家能接受的價格。

在美國達成任務後，戴比爾斯把注意力轉向其他市場，尤其是當時經濟正在崛起的日本。一九六〇年代以前，日本這個極度傳統的國家幾乎從沒聽過訂婚鑽戒。隨著年輕人受到西方文化

影響的程度越來越高，戴比爾斯也委託日本廣告商，四處傳播漂亮的西方女性一邊炫耀手上鑽戒，一邊從事現代娛樂活動（像是乘坐遊艇或露營）的形象。不到二十年，日本新娘配戴鑽戒的人數增加至六成。同樣的手法在中國也大獲成功，從三十年前幾乎乏人問津，到現在中國新娘已有超過三成的人配戴鑽戒。

　　一九六〇年代，戴比爾斯公司再次面臨生產過剩的問題。蘇聯在西伯利亞發現新的鑽石礦床，雖然那裡的石頭比較小巧，礦藏卻很豐富。一旦它們進入世界市場，就會嚴重威脅到整個產業製造出來的稀缺假象。於是戴比爾斯與蘇聯談成協議，決定代表他們推銷這些新鑽石。一開始，大家還搞不清楚那些小石頭有什麼用，接著戴比爾斯提出「永恆戒」（eternity ring）的構想 —— 用小碎鑽滿滿點綴的鑽戒 —— 對於消耗西伯利亞的鑽石供應量頗有幫助。正如記者艾德華·杰·愛普斯汀（Edward Jay Epstein）所言：「情懷是基於需要而誕生的：有家南非公司得配合蘇聯的需要，美國的年長女性因此而收到鑲著小碎鑽的戒指。」[1]在過去，人們對小碎鑽的主觀估價就跟它們的顆粒一樣小，是戴比爾斯的行銷策略幫我們重新評估了鑽石的價值。

　　這個故事談的是橫跨數十年的行銷成果，故事中行銷的並非單一品牌的商品，所以特別有意思。在這場行銷活動中，幾乎沒有特別露出哪間公司的商標。[3]扭轉了我們對鑽石的主觀估價的，其實是艾爾父子公司，不是戴比爾斯公司。雖然很多知名公

③ 直到最近，戴比爾斯公司因觸犯反托拉斯法而遭禁，無法繼續在美國營運。

司都成功改變了我們對其他品牌商品的主觀估價，但成功推銷無品牌商品的宣傳活動，就像戴比爾斯希望你對它的產品所抱持的印象，兩者都十分罕見。

這個定價對嗎？

說了這麼多，該是核對現實的時候了。從剛才到現在，講得好像我們每個人都很清楚每樣東西對自己的價值。丹尼爾・康納曼（Daniel Kahneman）、阿莫斯・特沃斯基（Amos Tversky）、理察・塞勒（Richard Thaler）和丹・艾瑞利（Dan Ariely）等行為經濟學家與心理學家早已做過一系列實驗，證明我們的估價技巧實在很糟糕，而且行銷人員總是能充分利用這個弱點。

如果去找一個精明的漁夫，問他願意為品質優良的釣竿花多少錢，他的答案大概會很接近一般市價。但如果是對釣竿市場一無所知的新手，可能就會回答過高或過低的主觀估價。既然沒有任何參考點，就無從得知一支釣竿應該值多少錢。這時候，某個經濟學家可能會跳出來說，只要把釣竿和他自己負擔得起的其他東西作比較，應該就能推論出一支釣竿對他值多少錢。但實際上幾乎沒有人會像這樣思考。我們形成主觀估價之前，會採納任何找得到的外來資訊和建議，而那些建議往往是來自業務員，以及他們的行銷資訊。

對你來說，在你居住的城市上空搭乘直升機飛一小時，值多少錢？你大概從沒想過這個問題。不如我們假設，你對這項活

動的估價是一百美元。現在，你在上班的途中，正好看到這項活動的廣告標價寫著八百美元。你想了想，認為這項活動對你來說不值那個價，但現在你的主觀估價還會是一百美元嗎？如果你繞過街角，發現還有一家觀光業者，對一模一樣的行程開價二百美元，你會不會受到誘惑？如果答案是會，那麼，你已經任由單一價格信號（price signal）把你的主觀估價變成原來的兩倍了。

再舉個例子。假設你光顧一家新餐廳，那裡的扇貝佐煙燻紅椒墨魚燉飯非常吸引你，菜單上的標價寫著三十七美元，而寫在扇貝旁邊的和牛牛排則是八十九美元。你一看到牛排的價格，就開始覺得扇貝看起來物超所值，真的是撿到便宜了！

如果你這時暫停、想一想，可能就會開始質疑，比起其他能用三十七美元（再加上稅和小費）能買到的一切東西，你真的比較想吃那幾顆扇貝，還有那幾口華而不實的米飯嗎？偏偏一進入那份菜單的脈絡中，那些顧慮就慢慢消散了。在昂貴牛排的映襯下，扇貝看起來反倒成了好選項。很可能的情況是，那家餐廳的八十九美元牛排賣得很少，甚至一開始就被預期會賣得很少。菜單上之所以出現牛排選項，或許只是為了影響你，好讓你對其他貴得沒那麼誇張的菜色重新估價。

比起「絕對估價」，我們進行「相對估價」的能力好太多了。如果沒有關於物價的背景知識，我們就搞不清楚這樣東西應該值多少錢。不過我們還是可以判斷，某樣東西對我們來說比另一樣東西更值錢，或更不值錢。而行銷人員正好可以利用「錨定價格」來操縱這種對比效應（contrast effect）；也就是替產品訂

出一個價格（通常是高價），來抬高你心中原本的估價。菜單上昂貴的選項就是一種錨點。另一種常見的錨點，就是替原本的零售商品安上「特價」標籤；特價標籤和原價標籤一經對照，零售商指望你付的價格頓時就顯得便宜了。

戰術二：用錨定價格和其他招數來影響其他人的估價

另一項心理弱點是我們面對風險的態度。通常沒人喜歡風險，即使有哪一個機率專家向我們擔保，潛在的好處絕對超過壞處，我們還是不喜歡。這意味著不論是交通時刻表、貨運時間或保險金給付，我們願意為了獲得確定性而比合理情況下付出更多。藉由「保證、一定、承諾」之類的字眼，行銷人員就能把我們的主觀估價拉高。

此外，當我們自覺受到不公平待遇時，也會表現出不理性的反應。如果我們認為賣家撈太多油水，或占我們便宜，即使價格低於我們的主觀估價，我們仍然會拒絕那次購物機會。例如零售商在暴風雨當天抬高雨傘價格，我們可能就會拒絕買傘。這不是因為我們付不起，也不是我們覺得傘的價值沒那麼高，而是因為我們討厭傘商趁人之危、占人便宜。

如果我們認為商品的生產成本很低，就算這項商品能給我們帶來莫大好處，在我們眼中的價值還是會比較低。例如熱衷閱讀的人能從小說中得到許多樂趣，有時甚至一連幾個星期都沉浸在同一本書中，渾然忘我。看在別人眼裡，可能會覺得那不過是

一本書，讀小說的人估價未免太高了。如果那是一本電子書，讀者認為賣方不必花任何印製成本，大概就更不肯為幾美元的書價買單了，儘管他們依然願意花五倍的價錢去喝一杯雞尾酒，享受那只有短短幾分鐘的樂趣。現在許多人就是出於這種想法，才不願意為數位商品付出任何代價。

我們經常以古怪、乖張或不理性的方式，來思考事物的金錢價值，上述幾種情形只是其中一小部分。我們的估價沒錯，錯在我們推論估價的方法有瑕疵，但那仍然是屬於我們的真理。要求千禧世代的年輕人更重視一首歌的價值，就像批評用餐者花三十七美元高價吃幾塊扇貝，其實都沒什麼意義。說到底，我們是在市場經濟下做出自己的選擇，也要自己承擔後果。

給自己定個價

我們不斷強調金錢價值的主觀真相如何影響購買行為，不管是上 eBay 張貼拍賣物、舉行車庫大拍賣，或是把房子投入市場出售，對賣家有一條顛撲不破的真理：當我們對某樣東西的主觀估價，比對方願意支付的價格更低，我們才願意賣給對方。因此，我們賣不賣，往往取決於買家如何影響我們對那樣東西的主觀估價。

雖然大多數人不常賣東西，不過有一件東西幾乎人人都經常在賣，那就是時間。勞動市場正在快速變遷，「零工經濟」（gig economy）使得越來越多工作被切割成細項來分配。面對這

些零星的工作，我們不得不更努力思考，在不同情境中該如何評估自己的價值。針對自己的時間建立起精明的主觀估價，想必是未來不可或缺的觀念。

幾年前，我成立了一家小公司，必須找些有特色的圖案放在網站上。我需要一位平面設計師，可是預算吃緊，只好上網搜尋資訊，結果很快就連上了「設計群眾」（DesignCrowd）網站。

這家澳洲公司的提案很有趣，稱為「設計爭奪戰」。我只要付出一筆平價的費用，就可以在網站上留言說明我的需求，接著世界各地的設計師就會提供他們創作的圖案，看能否滿足我描述的任務。我可以從中挑選出最喜歡的作品，而受到青睞的設計師會獲得大部分的費用當作酬勞，剩餘的部分費用就付給這個媒合網站。如果設計師的作品都不合我意，我還是可以拿回我的錢。

雖然身為顧客，這實在是一個很吸引人的提案，但這種群眾外包模式對設計師來說，又算什麼呢？我收到數十份完成度極高的作品，每一份都針對我的需求客製化，肯定是花了不少時間才做出來的。其中絕大多數設計師付出的勞力都得不到回報，在他們眼中，自己的時間又有多少價值呢？

裡面有些人可能是業餘愛好者，純粹做著好玩，對他們來說，設計作品偶爾勝出就像拿到額外的獎金。而其他人想必是在進行某種風險報酬判斷，也就是將自己贏得酬勞的可能性，與自己在競爭中耗費的時間成本做評估。如果設計師來自民生物價較低的國家，對自己時間的估價就會比歐美國家設計師低。如果設

計師要養家或償還債務，對時間價值的評估方式也會不太一樣。
理論上這一點也沒錯，理性的設計師唯有覺得潛在報酬值得自己
的努力，才會願意付出時間來設計作品。然而正如我們所見，在
預估價值時，人類往往一點也不理性。

在快速擴張的「按需勞動」（labour demand）產業中，設計
群眾只是眾多業者之一。舉例來說，亞馬遜的「機械託客」
（Mechanical Turk）允許雇主張貼「人腦智慧任務」（Human
Intelligence Task）的需求，完成任務的自由工作者可以獲得指定
的費用。「上工」（Upwork）為業主與世界各地的專業自由工作
者提供媒合服務；「五元工」（Fiverr）也是同一類平臺，以五美
元起價提供微工作（micro-job）。「群眾花」（CrowdFlower）則
將大批的遠距自由工作者和人工智慧科技配對，為客戶提供人機
整合 ④ 的數據服務。「跑腿兔」（TaskRabbit）則提供零星的支薪
工作，給任何願意遛狗、清潔、運送、組裝家具，或做一點 DIY
的人。各品牌也可以透過「走零工」（Gigwalk）委託住在遙遠的
城市的人，替他們檢查零售店的陳設、拍照或蒐集指定地區的資
料。「客戶夥伴」（Client Partners）則讓覺得孤單的日本人租「朋
友」，陪他們聊天、參加婚禮，或在自拍照中合影。

對於無法（或不想）通勤、從事單一工作，或在固定時段

---

④ 譯按：human in the loop，由機器自動操作大部分的工作，在無法判斷時由人
　類協助判斷的工作模式。

工作的人來說，這種支持零工經濟的平臺業者，簡直是意外得來的好東西。有些勤奮幹活的自由工作者可以藉此賺很多錢，例如在設計群眾上，有個設計師在五年內賺了一百萬美元。此外，還有一些提供數位服務、案頭外包的平臺，讓來自低收入國家的工作者可以進入全球經濟市場。只要我們能訂出合理的價錢，按需勞動的彈性與效率對雇傭雙方都是樁好事。

　　真正的問題在於，多數人都不善於對自己的時間做出明智的估價，不但不清楚自己真正的價值，也沒好好想過自己接下某項工作後，要承擔一些不易覺察的成本與風險。像我這樣的作者，可以花上好幾年寫一本永遠賣不出去的書。個人健身教練為了在健身房工作，必須付會費並提供免費的基礎課程，最後可能發現私人客戶帶來的淨盈餘，相較於自己投入的時間與金錢，只是微薄的報酬。工作者可能在跑腿兔與走零工上應徵某個微工作，卻沒仔細算算自己要花多少時間或費用，才能前往工作地點。當工作者的收入是來自比稿或按件計酬，而不是按時薪計算，就可能低估那份工作真正的時間成本。

　　對於自己每小時得賺多少錢，才付得起稅賦、退休金、產假津貼、健康與長期失能保險，以及其他一切必須面對的成本，自由工作者常常會低估了。他們對自己時間的主觀估價往往估得不夠高，最後就會以低於自己所需的價格接下工作。這不僅對他們自己是件壞事，對所有與他們競爭的人也很不利，因為市場行情被壓低到僅能餬口的水平以下。最低工資法（如果真有這種法律的話）很少適用於自雇者，對於設計爭奪戰之類的比稿工作模

式更是毫無意義。可惜的是，目前仍無法阻止自由工作者因低估自己的價值，而危害到整個自雇者的勞動市場。我們正眼睜睜看著按需勞動的市場行情陷入向下競爭的危險，並逐漸形成某種虛擬的全球血汗工廠。

隨著越來越多人轉型加入零工經濟，那些和我們一樣為自己工作的人，必須多加強自我估價的能力，也算是為了大家好。

萬事萬物的價值

我們基於估價做出的選擇，將直接導致公司興盛或倒閉、經濟繁榮或瓦解。全球一些特別強盛的組織都懷有強烈的動機，想藉由改變我們對金錢價值的看法，利用我們的心理弱點，從而塑造我們的消費行為。行銷人員以某種方式框架事物、制定錨定價格，或慫恿我們相信某商品比我們原本想像的更有價值，這些做法在大部分情況下都不算是違法，所以，我們務必要對銷售伎倆與心理陷阱提高警覺。當你猶豫再三時，別忘了再問自己一次，那個看起來美味、耀眼、迷人的東西，對我們來說真的「物超所值」嗎？另外，當我們打算推銷自己，也要針對可能影響我們評估自己時間價值的不同因素，逐一深思熟慮一番。

多花點時間思考關於「價值」的問題，永遠是值得的。

實踐指南

你可以這麼做……

◆ 算清楚各種事物在你心目中真正的價值，不要被別人標定的價格擺布。

◆ 認清某件事物能為你或別人帶來的好處，也要把風險、未來預期和稀缺性納入考量。

但要小心……

◆ 誤導者利用錨點和其他心理戰術影響你的主觀估價。

◆ 某些商業模式、求職平臺或外在環境，會使你低估了自己的時間與勞力價值。

第三部

人為真相

第九章
定義

「當我使用某一個詞彙，我要它是什麼意思，它就得是什麼
意思，分毫不差。」

—— 路易斯‧卡洛爾，《愛麗絲鏡中奇遇》
（Lewis Carroll, *Through the Looking-Glass*）

F 開頭的字

「這是非常強烈的字眼，能發揮強烈的影響力。」

你心裡想到的是什麼字？一個髒字？宗教或靈性方面的字
眼？一個神聖的名字？

說這句話的，是英國災難應急委員會溝通部門主管布倫
丹‧帕迪（Brendan Paddy）。災難應急委員會的工作，是在危難
時刻團結英國十三個主要慈善團體。帕迪又說：「對於如何使用
這個字眼，我們需要更精確的規範。雖然我們必須趁著為時未晚
之前發出警訊，但我們也不想被外界指責是放羊的孩子。」[1]

讓帕迪如此鄭重看待的事，就是國際援助專業人士熟知的

「F 開頭的字」——飢荒（famine）。

因為這個字眼至關重要，讓聯合國機構與非政府組織（NGO）聯合起來，賦予這個字眼一個精確的定義。在相關機構訂定的「糧食安全階段綜合分類」（IPC）中寫明，只有當「某個地區至少 20% 的家戶面臨食物極度短缺而且無力再撐下去、急性營養不良的人口比例超過 30%，以及死亡率達到每天每一萬人中有兩人以上死亡」時，才能宣布該地區發生飢荒。

這只是每個孩子在歷史課都會學到的一個詞，為什麼要這麼大驚小怪？其實國際社會對於「飢荒」並沒有實質上的責任與義務，純粹是因為這個詞對於形塑輿論有著非常大的影響力，所以必須謹慎使用。

國際人道救援非政府組織樂施會（Oxfam）成員伊恩・布雷（Ian Bray）說：「一旦使用這個 F 開頭的字，就是對捐助人士與政治人物發出極強烈的訊息。這個詞將會引起媒體大量報導，成為舉世矚目的新聞話題。如果沒有這個詞，大眾就無從得知世上某處正在發生這樣的災難。」[2]

一九八四年，衣索比亞飢荒造成數十萬人喪生。當時多虧援助機構呼籲公眾捐助，以及像麥克・布爾克（Michael Buerk）那樣的知名記者強力報導[①]，還有知名搖滾歌手鮑勃・葛多夫（Bob Geldof）聯合眾人齊力募款，才順利募得超過二億美元作

[①] 譯按：1984 年 10 月 23 日，英國記者麥克・布爾克在衣索比亞透過 BBC 轉播，進行長達七分多鐘的實況報導，激發一系列歐美國家援助行動，包括鮑勃・葛多夫等巨星發起的「Band Aid」慈善募款。

為緊急賑濟資金。當全世界的善意都動員起來，威力實在驚人。

　　救援人員明白，這種動員規模難能可貴，因此只有在必須動員國際力量來防止大規模的飢荒時，才會使用「飢荒」一詞。如果經常使用這個詞，就要冒著被視為「放羊的孩子」的風險。然而這也導致一種不合情理的局面，原本某個地區糧食匱乏（或說得直接點，就是挨餓）的程度是一種連續變項，現在卻變成間斷變項②，只剩下兩種可能值──飢荒與非飢荒。

　　二〇一四年，一群糧食安全專家前往南蘇丹首都朱巴，評估當地情形是否符合飢荒的標準。這是一個很大的賭注。美國國際開發總署的飢荒預警系統網（FEWS NET）工作人員克里斯‧希卜納（Chris Hillbruner）說：「只要一公布『飢荒』，人們對這項危機的支援程度就會發生顯著變化。」[3]這支團隊仔細審查南蘇丹人民的營養不良率，還有莊稼遭到破壞與牲畜數量減少的情形，終於做出結論：當地情況雖然符合 IPC 的第四階段（緊急），卻還沒達到第五階段（飢荒）的標準。

　　朱巴調查團隊的達維娜‧賈福瑞（Davina Jeffery）談到國際拯救兒童基金會（Save the Children）時寫道：「這意味著，不管是要募集必要資金來幫助處境悽慘的難民，或是預防情勢進一步惡化，人道主義者想要採取行動、募集資金，都將變得困難許多。雖然 IPC 第四階段表示情況緊急，但始終難以引起媒體關

---

② 編按：簡單來說，連續變項（continuous variable）是一串連續的數值，好比任兩點之間的一條線；間斷變項（discrete variable）代表的任兩點之間的特定點，而不是一條線。

注，而且幾乎可以確信，災難應急委員會目前不會號召支援，外界捐款大概也增加不了多少。」[4]

因為遲遲無法動員力量、籌募善款，南蘇丹情勢就這麼持續惡化下去，直到二〇一七年才終於對外宣布飢荒。自從南蘇丹陷入困境後，這六年來頭一次正式使用飢荒一詞，馬上就發揮了驚人的效果。短短三週內，光是在英國就募得五千萬英鎊的賑災捐款。

這就是字彙的力量。雖然沒有法律效力，卻握有左右無數人生死存亡的力量。

那麼再想像一下，要是某一個字眼具有法律作用，結果會是怎麼樣？

「種族滅絕」在什麼時候不算是種族滅絕？

一九九四年，盧安達發生了令人震驚的屠殺事件，在數週內約有八十萬人被殺害。在盧安達總統遭到暗殺後，國內人口較多的胡圖族（Hutu）發動了一場殘暴的戰爭，企圖消滅少人口較少的圖西族（Tutsi）。聯合國報告與媒體報導都披露了正在進行的屠殺事件，而且很快就在國際上傳開了。當時，胡圖族人的武器不過是彎刀與基礎槍械，絕對擋不住歐美國家的軍事干預行動，偏偏誰也沒及時介入。

根據一批政府解密文件，在那段期間，美國官員私下就是用「種族滅絕」（genocide），指稱盧安達國內爆發暴力衝突後十

六天內發生的慘劇。但柯林頓政府始終不肯公開使用這個詞，直到血腥殺戮持續了四十九天，他們仍然只用「種族滅絕行為」（acts of genocide）來表述。路透社特派記者艾倫‧埃斯納（Alan Elsner）對慌了手腳的美國國務院發言人提出質疑：「要多少種族滅絕行為，才足以構成種族滅絕？」[5]看樣子，柯林頓政府似乎不肯承認東非正在上演的恐怖現實。原因可參考下段文字：

「種族滅絕調查行動：這個措辭專門用來呼籲國際社會展開調查，遏止人權侵犯與可能違反種族滅絕公約的行為。

務必小心。昨天法律顧問在國務院就是擔心這一點，萬一證實發生種族滅絕，美國政府實際上可能就得『做點什麼』。」[6]

這段文字節錄自美國國防部的討論文件，日期是一九九四年五月一日，距離殺戮行動展開後不到一個月。這份於一九九八年解密的文件，清楚說明了當年美國政府談及盧安達時，不願意使用種族滅絕一詞的原因：國務院法律顧問擔心，一旦對這場暴行貼上種族滅絕的標籤，美國政府就不得不出兵干預。偏偏早在幾個月前，對索馬利亞的人道主義軍事干預行動才剛以慘敗收場，美國當時非常不想再度插手非洲事務。

「種族滅絕」是一項晚近出現的法律新概念，起源於二戰後對納粹戰犯進行的紐倫堡大審。創造出這個名詞的是猶太裔律師拉斐爾‧萊姆金（Raphael Lemkin），他的親人大多數都在猶太大屠殺中遇害身亡。一九四八年《防止及懲治滅絕種族罪公約》（*Convention on the Prevention and Punishment of Genocide*）第一條載明，締約方（包含美國在內）確認「不論是和平或是戰爭時

期，執行種族滅絕在國際法上就是一種罪行，並承諾予以制止及懲治」。因此，如果發生在盧安達的殺戮算是種族滅絕，美國和其他國家就非「做點什麼」不可。

根據一九四八年種族滅絕公約所闡述的定義，種族滅絕指的不僅是大量殺害特定群體的成員，還包含毀滅部分或整個群體的意圖。

雖然不容否認，有大量的圖西族人被殺害，但在殺戮行動爆發的頭幾週內，要證明胡圖族有消滅「部分或全體」圖西族人的意圖並不容易。雖然遭胡圖族人控制的廣播電臺不斷慫恿聽眾，要他們出去殺了圖西族人，但光憑這一點就能證明他們有意毀滅全體圖西族人嗎？胡圖族人表示，他們只是在總統遇害後展開內戰。如果真如他們所言是內戰，那麼其他國家最好不要輕易介入。

即使後來我們了解到，一九九四年盧安達真的曾經發生種族滅絕，但當時或許真的（有那麼一段時間）因為無法充分證明暴行的意圖，所以無法宣稱那是一場「種族滅絕」。美國和其他國家只要拿定義做為託詞，就能規避責任。後來柯林頓總統承認，要是美國早一點干預，說不定就能挽救三十萬條人命。

戰術一：藉由解讀形勢來滿足定義

「上千人可能死於飢餓」與「上千人可能死於飢荒」，這兩個矛盾真相雖然描述大致相同的情況，卻產生大不相同的結果。

　　「上千人被殺害」與「上千人在種族滅絕中被殺害」，同樣會導致完全不一樣的結局。

　　當我們為強有力的字眼賦予精確的定義，就會產生一種誘惑，讓我們想要藉由塑造形勢來滿足這個字眼。對柯林頓政府來說，就是換個方式解讀盧安達屠殺事件，以避免承認事件背後有種族滅絕的意圖；就動機良善的救援人員而言，表示竄改營養不良率的數據，才能警惕全世界關注名副其實的人道災難。

　　雖然如此，大部分詞彙的定義並沒這麼精確，往往還是有解釋空間。正因如此，這樣的機會（誘惑）反過來讓人們藉由塑造那些字眼來滿足形勢。

這是純的，是自然的，是經過臨床證實的！

　　有一句護髮、護膚與衛生用品行銷人員都琅琅上口的短語：「經科學證實」，或是「經臨床實驗證實」。對猶豫不決的消費者來說，「科學認可」是一種難以抗拒的產品屬性，例如聯合利華（Unilever）的某一款女用體香劑就是「經科學證實，在你最需要的時候有助於改善出汗問題」。[7]

　　但「科學證實」究竟是什麼意思呢？打個比方吧，假設某地居民在一年內感染某種病毒的平均比例是 10%，現在你讓其中一百人服用某個實驗藥物，結果只有九人感染病毒，而非預期的十人，難道這就能證明你的藥物可以有效對抗病毒嗎？如果只有七個人感染這個病毒呢？科學家用統計數據來計算所有結果的可

能性，然後再基於每一個結果來決定藥物的信心水準。如果一百個人之中，有七個人感染病毒，他們對於藥物療效的信心水準就只有中等程度；如果一百個人之中只有四個人感染病毒，信心水準就會提升。但是，科學家都不願意談到證據。

　　要確定病毒存不存在很簡單，只要正確的診斷檢驗就行了，可是要客觀測量皮膚光不光滑，或口氣清不清新，就難上許多了。證明某一種化學配方能把頭髮變得更加柔順──管它什麼意思──並不是多數享有名望的科學家會想做的工作。不論行銷人員或消費者，通常同樣都搞不清楚統計上的細微差異，以及測量衛生效果、保養效果的複雜性。仔細分析這句話：「經科學證實，在你最需要的時候有助於改善出汗問題。」你可能會納悶，這句話到底保證什麼？撇開極端情況不談，這款體香劑有可能無法發揮作用嗎？「有助於改善」究竟是什麼意思？

　　科學證實聽起來夠分量、夠明白，而且不容置疑。儘管如此，不少案例顯示，在行銷廣告中使用這個詞還是有很大的爭議。法國達能食品集團（Danone）旗下子公司聲稱「科學證實Activia 優格能調節消化系統」，在美國遭消費者提起集體訴訟，最後以數百萬美元達成和解。[8] 和解的條款要求，達能公司必須把「臨床證實」、「科學證實」等字眼從產品和廣告中刪除，換成「臨床研究顯示」之類的短語。其實就連這個短語也是一種含混的說詞，和「調節消化系統」一樣，沒有任何實質的醫學或科學意義。然而達能還是堅持自己說的是真相，在一份聲明中堅稱：「達能支持原來的廣告，否認廣告有任何疏失。」

　　瓶裝水製造商對定義的詮釋經常也是過於牽強。就拿「純」這個字來說吧，它究竟是什麼意思？就定義上來說，礦泉水當然不是純水，因為裡頭含有多種礦物質。說得精確一點，礦泉水是受到「汙染」的 H_2O。但不知怎麼回事，在這樣的脈絡下，我們就能接受「純」指的是另一種意思──來自天然無汙染源頭──嗯，大概吧。麻煩的是，這種操作性定義讓無恥的行銷人員有了很大的狡辯空間，所謂的天然無汙染源頭，指的可能就是你們城市的地下水。

　　二○○三年，雀巢公司（Nestlé）面臨一樁集體訴訟案。他們在波蘭泉礦泉水（Poland Spring Water）瓶身標明這是在「緬因州森林深處」發現的自然泉水，實際上卻不是汲取自波蘭泉，而是附近地區的地下水井。雀巢公司從定義的角度來回應：「波蘭泉就是我們說的那樣，是天然的泉水，所謂的天然泉水有很多標準。」[9] 雖然最後達成和解，但雀巢始終不承認那是不實廣告。

　　二○○四年，可口可樂在英國推出達沙尼（Dasani）瓶裝水。這個牌子在美國已經打響名號，廣告標語寫著「來自最純淨的水體」，但同款商品在英國很快就被踢爆，裡頭裝的不過是經過處理的自來水，而且來自倫敦郊區席德卡普。結果這項產品在英國的銷售業績一敗塗地，因為英國社會大眾無法接受可口可樂辯解的真相，說什麼「經過複雜的淨化過程後，去除了細菌、病毒、鹽類、礦物質、糖分、蛋白質和有毒粒子」，把倫敦自來水變「純」了。[10]

　　另外，「含有必需礦物質」則是另一句迷惑世人的瓶裝水廣

告詞。也許那瓶水真的含有具營養價值的微量礦物質，但濃度根本低到談不上對健康有好處。你可能要喝下一座湖那麼多的礦泉水，獲得的礦物質才能達到每日必需攝取量。除此之外，海鹽也是半斤八兩，經常拿必需礦物質來說嘴。那些誘人的鹽片肯定含有大量必需礦物質，就是氯化鈉（鹽的主要成分），其他礦物質卻很少達到具營養意義的含量。

但海鹽畢竟是天然的啊，不是嗎？這是個非常弔詭的觀念。氯化鈉就是氯化鈉，不管是來自海水蒸發、岩石開採，或是在實驗室合成氯與鈉，都一樣是氯化鈉，沒有任何實質差異。那麼，行銷人員口中的天然是什麼意思？這個詞並沒有法律或科學意義，行銷人員希望我們假定「天然」產品直接源於自然，暗示這些產品沒受到任何汙染、沒經過加工處理，就像我們定居在大草原的祖先食用過的那種鹽。但這通常不太可能是真的。

二〇一〇年，百事可樂對旗下的檸檬萊姆汽水 Sierra Mist 進行品牌重塑，推出「天然 Sierra Mist」，理由是他們把裡頭的玉米糖漿換成了一般食用蔗糖（當然啦，玉米就和甘蔗一樣「天然」）。如果連罐裝蘇打飲料都能廣告說自己很天然，那麼這個字眼被接受的定義，肯定非常模糊不清。三年後，百事可樂便捨棄了「天然」的標籤，因為「缺乏詳細的法規指示，說明如何使用這個措詞」。[11]

當行銷人員需要「詳細的法規指示」，才知道如何使用天然之類的詞，你就知道他們已經與現實嚴重脫節了。

戰術二：藉由歪曲定義來滿足形勢

　　喬治・歐威爾談及民主主義、社會主義與自由時寫道：「人們經常有意識地以不誠實的方式使用這一類字眼。也就是說，使用這些字眼的人心中自有定義，卻默許聽者以為他指的是截然不同的意思。」[12] 今天我們還可以在這項清單上，加進達人、美食家、頂級、代表性、下一代、傑出、永續、精心策劃、先進、價值、設計師、精緻、量身訂製、正宗，以及一大堆曾經清白的字眼。雖然當年歐威爾掛慮的是政治與專制，不過他觀察到人們會故意不誠實地使用定義的行為，在行銷業更是廣為盛行，技高一籌到超乎想像的地步。

想想那些孩子吧

　　一再得寸進尺、模糊邊界的，可不只有盈利企業。二〇一三年，英國住房慈善機構「庇護所」（Shelter）發表了一份新聞稿，標題十分煽情：〈今年耶誕節，八萬孩童無家可歸〉。[13]

　　你會怎麼解讀這個標題？當我們談到「無家可歸的人」，想到的通常是在馬路上流浪、露宿街頭的男男女女。浮現在我們腦海中的，是好幾個紙箱、擋在出入通道的睡袋、裝滿寒酸家當的手推車、滿臉亂糟糟的鬍渣，以及乞討用的碗。只要在 Google 輸入「無家可歸的人」搜尋圖片，這些就是你會看到的畫面。

　　數千名英國孩童竟然在冬天露宿街頭，這個想法十分嚇人。一如所料，庇護所的標題受到媒體廣泛報導，但大家卻忘記討論標題底下關於無家可歸的定義。庇護所並沒有說這些孩子露宿街頭，而是許多家庭的孩子沒有自己的家，只能仰賴當地政府安排臨時膳宿。許多像這樣的家庭寄居在提供床與早餐的民宿，由地方政府負擔相關費用。雖然有些民宿骯髒簡陋，然而無論何時，只要育有小孩的家庭請求一個遮風避雨的住處，幾乎沒有人會遭到拒絕，更不用說是在這麼冷的冬天。要孩子在民宿過耶誕節或許不甚理想，不過比起你看到文章標題時，腦中浮現的大雪中的公園長椅，庇護所可是經過一番漫長努力才達到現在這樣的成果。

　　這個宣導活動的用詞合理嗎？那些讀了標題就伸手掏腰包，打算幫助「無家可歸的孩子」的人，可能從沒想過那些孩子已經有房子可住了。話雖如此，民宿畢竟不是真正的家，因此嚴格說來，那些孩子的確是「無家可歸」。即使有些讀者可能誤解標題，但庇護所這個強烈的主張仍然非常誠實。

　　為了公平起見，我必須提一下，庇護所在官方網站上寫得很清楚，這項慈善活動捐助的主要對象是沒有私人住房的人。

　　「我們身邊充滿了無家可歸的家庭，可是你看不見他們。他們躲在不容易發現的角落，有時候每晚都換不同的地方睡覺。雖然住處有屋頂遮風避雨，那樣的地方卻稱不上是家。不但沒有地方吃晚餐或做作業，還要和無數人共用一間浴室，最糟的是連一扇在夜裡可以上鎖的門都沒有。

　　如果你在英國或世界上任何地方，都沒有可以稱得上是家的住所，就有資格被視為無家可歸。不見得只有睡在大街上，才算得上是無家可歸。」[14]

　　基本上，庇護所試圖在廣為流傳的定義（例如 Google 圖片顯示的那樣）上，重新定義「無家」的字面意義，指的是「沒有可以永久居住的地方」。

「我沒有和那個女人發生性關係」

　　柯林頓總統被指控和白宮實習生發生性關係後，在一場談論教育的電視演說上，他用以下說詞做出結論：

　　「我想對美國人民說一句話，我希望你們聽我說。我現在要再說一次，我沒有和那個女人發生性關係 —— 也就是陸文斯基小姐。」

　　此前，在前員工寶拉・瓊斯（Paula Jones）提起的民事訴訟案中，柯林頓已經提出過口供證詞，否認自己和莫妮卡・陸文斯基（Monica Lewinsky）之間有性關係（sexual relation），但沒過多久就被揭穿他和陸文斯基確實有過幾次性接觸（sexual encounter），其中最引人注意的就是他們曾經口交，還有拿雪茄找樂子。看樣子，這個美國總統似乎在法庭上撒了謊，而光憑偽證罪就可以彈劾總統，因此這可以說是最嚴重的指控。

　　問題是，他撒謊了嗎？

　　柯林頓本來就是律師出身，深知定義的重要性（所以他在

本章出現兩次也不意外）。針對柯林頓對瓊斯案的證詞，他的法律團隊成功說服法院將性的定義限縮為「碰觸任何人的生殖器、肛門、鼠蹊、胸部、大腿內側或臀部，並懷有喚起或滿足任何人性欲的意圖」。

因為這一連串身體部位沒列出嘴巴，所以柯林頓後來在大陪審團面前主張，根據這個定義，接受「任何人」（陸文斯基）對他吮吸陰莖，並不能算是他在從事性行為（have sex）。他作證表示：「如果提供書面證詞者（陸文斯基）是對他進行口交（have oral sex）的人，那麼接觸位置就不是上述定義的任何部位，而是嘴唇。」這意思就是說，陸文斯基當時正在進行性行為，但柯林頓卻沒有。柯林頓的辯詞之所以成立，關鍵就在於他將「任何人」解讀為「任何他人」，從而把自己排除在外。外界對於這是否算是合理解讀展開熱烈辯論。比方說，除非強暴犯意圖喚起被害人的性欲，否則根據法院對性的定義，強暴不能算是性行為。

柯林頓團隊排除了性的部分定義，就是「某一人的生殖器或肛門與另一人的任何身體部位相接觸」，照這樣說來，對柯林頓進行口交就算是性行為了。柯林頓想要排除這段文字，表示他早已計畫好要藉著扭曲定義來塑造現實。

光是把性的意義攪得一塌糊塗還不夠，就連「有」（is）這個字的意義也被柯林頓大卸八塊。當時他被要求在大陪審團面前，替自己先前所說「沒有和陸文斯基發生性關係」的主張辯護，也就是那句：「我們之間沒什麼。」（There's nothing going on between us.）而柯林頓的回應根本是定義界的完美典範。

　　「這取決於『有』這個字是什麼意思。③ 如果這個『有』的意思是『現在有且過去從來沒有』，那就不是（那句話的意思）—— 那是另一回事。如果意思是『目前完全沒有』，那就是完全正確……所以，如果那天有人問我：你和陸文斯基小姐之間有任何性關係嗎？那就是在問我一個現在式的問題，因此我的回答會是『沒有』。這樣的回答完全正確。」[15]

　　雖然柯林頓遭到眾議院彈劾，參議院卻判他無罪。多數參議員投票同意柯林頓沒犯下偽證罪，採納了他冗長難解的真相，讓他保住了工作。

提出定義

　　定義並非不可更改。定義會隨時間改變，把我們試圖描述並掌握的世界變得更加複雜。以本書為例，雖然我自創「矛盾真相」一詞來定義本書的主題，但書店與搜尋引擎在為本書分類時，難免會用到「編造」（spin）、「宣傳」（propaganda）之類的詞當關鍵字。這兩個詞都帶有貶義，暗示其中有一半是謊話，或完全不誠實。但事實上未必如此。

---

③ 譯按：英文現在式不僅可以表示「當前的狀態或行為」，也可以表示「一直以來的習慣」。因此以現在式表現的「有」（there is）既可以是「目前有、現在有」，也可以是「一向有、習慣有」，而柯林頓故意解讀成前者。

　　「宣傳」一詞源於一六二二年，教宗格雷戈里十五世為了監督傳教工作、對抗新教傳播而設立的「信仰宣傳部」（Congregatio de propaganda fide）。幾個世紀以來，宣傳一詞所代表的意思，頂多就是廣泛傳播真相，並不會讓人覺得特別陰險，至少天主教會是這麼認為的。因為這個詞源自天主教，某些新教國家多少會有些反感，然而直到納粹德國宣傳部長約瑟夫・戈培爾（Joseph Goebbels）善盡宣傳職務，這個詞才真正變成一種敗壞道德的概念。在我使用的字典裡，關於宣傳的第一條定義寫著：「資訊；特別是用來宣傳政治目的或觀點、存有偏見或誤導他人的資訊。」時至今日，大概根本不會有人想當什麼宣傳部長了。

　　近年來，「政治化妝師」（spin doctor）在民選領導人的政治團隊中扮演著益發重要的角色。在過去，「編造真相」指的是只呈現事物有利的一面，也許還要省略可能惹來麻煩的事實，其實就和大家在Facebook或LinkedIn的個人簡介上所做的事差不多。「編造」在我使用的字典裡，是指「以特定方式呈現資訊，尤其是討人喜歡的方式」。這麼說來，編造就是我們大多數人平常使用的溝通方式。

　　雖然從來沒有哪一個政治化妝師曾聲稱自己的言論就是完整的真相，但他們都認為自己選擇敘述真相的方式，是一種合理、無關道德、策略性的方式，目的在於達成雇主的目標。藍斯・普萊斯回憶：「當時我對自己身為政治化妝師顯然感到很自豪。」他在擔任前英國首相布萊爾的幕僚之前，曾是受人敬重的

BBC 政治線特派記者。[16] 普萊斯把編造和欺瞞的差別說得很清楚：「說謊並非編造，說謊就是說謊。」如果這真是當今世人的共同觀點，我就會在本書中更常使用編造這個字眼。現在編造也成了一個貶義詞，這有一部分要歸功於普萊斯和他的上司，新聞部主任阿拉斯泰・康貝爾（Alastair Campbell），在布萊爾政府掌管唐寧街期間的所作所為。

宣傳與編造的一般定義，已從原本正面或中性的觀念，逐漸變成帶有不道德的意思。因此，為了形塑你對本書內容的看法，這兩個詞我都不會太常使用。本書談的是真相敘事。

本書談的是「選擇性」的真相敘事。

「我不是女權主義者，但我相信人人平等」

雖然定義會自然演變，不過偶爾我們還是可以推一把，讓它們朝更有建設性的方向發展。有個字眼就很需要人幫點忙，至少在這個離性別平等還很遙遠的世界裡很需要，那就是「女權主義」（feminism）。

二〇〇五年，CBS 新聞（CBS News）一項民調顯示，在所有受訪美國女性中，只有 24% 認為自己是女權主義者[17]；有 17% 認為這個詞是一種侮辱，相對地，有 12% 認為這是一種讚美。二〇一三年，有人問曾經主演女性賦權電影《末路狂花》（*Thelma and Louise*）的蘇珊・莎蘭登（Susan Sarandon）：「妳會說自己是個女權主義者嗎？」她這麼回答：「我自認是個人道主

義者，因為我認為這麼說，那些把女權主義視為咄咄逼人的兇婆娘的人才不會更討厭我們。」[18] 在 Facebook「女性反女性主義」（Women Against Feminism）的粉絲專頁上，有超過四萬五千人按讚，而這個粉絲專頁這麼描述自己：「反對現代女權主義及其惡毒文化的女性聲音。我們根據行動來評價女權主義，而非字典釋義。」[19] 雅虎執行長瑪莉莎・梅爾（Marissa Mayer）是矽谷深具影響力的女性代表，她公開表示：「我想我不會把自己當成女權主義者……我認為自己沒那麼好鬥，也不像某些女權主義者一副受了委屈、忿忿不平的樣子。」[20]

由此可見，女權主義的確陷入了形象問題。然而同一項民調也發現，當他們為所謂的女權主義者賦予「相信不同性別在社會、政治和經濟上享有平等地位的人」的定義時，自認是女權主義者的女性比例從 24% 上升至 65%。在這個定義下，有 58% 的男性認為自己是女權主義者；相對地，在提出這項定義之前只有 14%。不論「女性反女性主義」對於字典釋義再怎麼嗤之以鼻，從民調數字就可以看得出來，定義還是很重要的。

藉由把詞語意涵與特定行動連結在一起，就可以改變詞彙的定義，或許這就是「女性反女性主義」想要傳達的理念。如果你目睹許多女人自以為是女權主義者，卻用仇恨言論攻擊男人，那麼，你很可能也會對女權主義的定義做出同樣結論，認為女權實際上已經淪為令人無法接受的主義。二〇一四年，女權主義出現了一個更正面的定義。英國主要政治人物（有男性也有女性）替英國女權組織福西特協會（Fawcett Society）的 T 恤合拍一張

照片做為噱頭，T恤上還印有這樣的訊息：「女權主義者看起來就像這樣。」工黨領導人和副首相（都是男性）還穿著這件T恤，替《ELLE》雜誌的女權主義專題拍照。首相大衛・卡麥隆（David Cameron）則婉拒雜誌社邀請，不願套上那件T恤，不過他確實說過：「如果那意思是女性享有平等權利，那麼我就是。如果那意思是你所謂女權主義者的意思，那麼，對，我是女權主義者。」[21]

這無疑算是女權運動的一大勝利，竟能讓男性英國首相公開表示自己是女權主義者。就連柴契爾夫人也做不到，真的，據聞她曾這麼說過：「女權主義者討厭我啊，不是嗎？我也不怪他們，因為我討厭女權主義，那是毒藥。」[22] 同樣是英國保守黨領袖，兩個人的觀點為什麼會差這麼多？答案就藏在卡麥隆說的話裡：「如果那意思是……」

歸根究柢，在於你如何定義這個詞。

戰術三：藉由修改定義來改變辯論

正當我們試圖為女權主義建立更正面的定義時，關於何謂當一個女人，乃至何謂當一個男人，也引發越來越多討論。我們根本的基因並未改變，但是我們對於性別限制的觀念改變了。在過去，性別流動（gender fluidity）是一種例外，例如大衛・鮑伊、聖女貞德、葛瑞斯・瓊斯（Grace Jones），現在卻越來越像是一種主流選擇。有些人則主張非二元性別認同。二〇一六年，

傑米・休普（Jamie Shupe）成為美國史上第一個受到法律認可的非二元性別者，開啟在護照、駕照和履歷表上增加第三性別選項的可能性。在印度、德國、巴基斯坦和澳洲，都已經開始實施第三性別選項。

認為自己是非二元性別者的人，通常比較喜歡使用「they」[④]這個代名詞，而非「他」（he）或「她」（she）。二〇一五年，美國方言學會將「單數 they」（singular they）選為年度單字。有些人拒絕「標籤」，或接受這種量身訂製的身分。這股趨勢顯示，關於社會性別與性傾向的傳統定義，常被視為毫無益處，甚至具有壓迫性。

拒絕接受定義這件事，最能彰顯定義塑造現實的威力。不過話說回來，否認定義，本身也是一種矛盾真相的形式，能讓這輩子不想被歸類的人得以塑造自己的現實。姑且讓我引用美國歌手麥莉・希拉（Miley Cyrus）在 Instagram 上說的話：「**沒有任何東西**能夠定義我！我想自由地成為**所有的一切**！」[23]

重新定義所有的一切

如果社會性別與性傾向的流動性越來越高，可能過不了多久，性（sex）本身的定義，甚至會比柯林頓扭曲的描述還要牽強。自從開發出遙控性玩具，伴侶即使身處不同的地方，也可以

---

④ 譯按：一般譯為「他們」，在此選擇保留原文。

透過藍牙與網路連線為彼此提供觸覺刺激。這有個令人沮喪的名稱：遠端性愛。而且虛擬實境很快就能帶我們更進一步。遠端性愛是現在熱門的話題，但那算是真正的性嗎？這是我們必須設法釐清的問題。照定義看來，如果某人沒和你待在同一個房間裡，你能和他性交嗎？如果這樣不算是性，那麼用這種道具和伴侶以外的人（或和某個作業系統）進行遠端互動，算不算出軌？如果這樣算是性，那麼當第三方偷偷駭入你們的連線，又會如何發展？我們應該如何定義那樣的行為？

科技改變了許多領域的定義，工作、金錢、友誼、教育、戰爭和語言的意涵，就和性一樣複雜得令人眼花撩亂。當某國透過電腦和網路對他國的基礎建設發起資訊攻擊，能用這件事來當作後者採取動能（具殺傷性軍事武力）反擊的正當理由嗎？當國家駭客攻進擁有重要支付系統的外國銀行，把帳戶盜領一空，該算是搶劫還是戰爭？Facebook 上的朋友算是真正的朋友嗎？基於人們浮濫使用「讚」，或是在社群媒體表示同意，或是在日常對話中當作語言填充物⑤，如今讚到底代表什麼意思呢？隨著線上開放課程與線上資訊資源大量增加，我們該重新定義學習與教育嗎？工作或職業的意思還是我們想的那樣嗎？死亡依然是不可推翻且不可逆轉的嗎？

對行銷人員、社會革新者和科技前瞻者來說，這股由科技

---

⑤ 譯按：「語言填充物」指即使刪除也不會影響語意的字詞，例如嗯、呃、基本上等贅字。「like」在英語中除了指按「讚」，也常用來填塞語句的空白。

推動的定義改寫浪潮，正是塑造現實的大好機會。不過對許多人來說，這也變成了一個令人活得緊張兮兮的時代。也許，在定義瞬息萬變的世界中掌握好自己的方向，很快就會變成每個人必備的基本技能了。

實踐指南

你可以這麼做……

◆ 坦率說明你的定義；如果調整定義有助於釐清或促進討論，也不要遲疑。

◆ 與時俱進，接受定義會跟著萬事萬物不斷改變的事實。

但要小心……

◆ 誤導者為了滿足某個關鍵定義，故意換個不同的方式解讀形勢。

◆ 誤導者故意用自己一套具有爭議性的定義，來解釋有慣用或常見用法的字眼。

第十章
社會建構

「想像就是往往會成為現實的東西。」

—— 安德烈‧布賀東（André Breton）

人類創造物

非洲的西北角正在發生奇怪的事。

幾年前，人們建造了一道長五英里的圍欄，橫跨整個半島，封鎖了歷史上著名的休達港。沒多久，有人沿著第一道圍欄蓋起另一道圍欄。兩道圍欄上都裝有感應器，並沿線拉起防止攀登的菱形網，頂部還加裝利刃型鐵絲網。每一天，都會有一批被選中的人拖著笨重無比的行李，獲准從大門穿越圍欄。有時候會有另一批人試圖爬過圍欄，而第三批人則要想盡辦法斥退他們。即使會被鐵絲網的刀片割得皮開肉綻，還要冒著摔成骨折或腦震盪的風險，那些攀上圍欄的人仍然不斷嘗試。有些人在攀爬過程中丟了性命，有些人在試圖游泳繞行圍欄時溺斃。

為什麼會發生這些事情？

　　要了解在休達一帶上演的古怪危險行為，就要先知道，這座非洲城市其實是西班牙的一部分，因此也算是歐盟的一部分。這意味著，在這座城市中的任何人，都可以自由前往歐洲幾乎任何地方，暢行無阻。這也意味著，在這座城市中的任何歐盟商品都可以免關稅，並運送到鄰近的摩洛哥。同樣的情形，也適用於另一座西班牙屬非洲港口麥里亞。

　　自一九九八年起，西班牙就開始在其北非飛地 ① 建設隔離圍欄，連歐盟也投入了數百萬歐元在這項計畫上。打從那時候開始，非洲移民就不斷挑戰攀越圍欄。二〇一六年，大約有一千名移民成功跨越這些圍欄。不過不是每個人運氣都這麼好，二〇一四年就有十五個人在嘗試游泳繞行圍欄時不幸溺斃。西班牙邊境守衛朝那些游泳的人發射橡膠子彈，後來又聲稱他們因為不能穿越摩洛哥水域，所以救不了那些在海中溺水的人。遭西班牙國民警衛隊逮住的移民，會馬上被遣返摩洛哥，連一點申請政治庇護的機會都沒有，但按照聯合國規定，這已經違反了國際法。

　　所謂的「搬運工」，也就是獲准穿越休達與麥里亞邊境的摩洛哥人，每搬運八十公斤的大型包裹回到摩洛哥，就可以獲得五美元佣金。他們的雇主利用法律遁辭 ── 個人穿越邊境時攜帶的任何東西都算「個人行李」，不必課進口關稅 ── 讓原本應該由船隻或卡車運輸入境的歐洲製品，像是衣服、輪胎、電子產品、冰箱或工具，現在多由窮人馱在背上進入摩洛哥。

---

① 譯按：周圍被其他國家包圍的領土。

　　我們在休達與麥里亞周圍觀察到的奇怪行為，並非任何具體現象造成的結果。當然，那裡的確有兩座城市、圍欄、海水，以及一些佩槍的人，但驅使人們搬運與攀爬圍欄卻是別的因素，包括國界、歐盟、國際協議、移民法、治安協定、歐元投資和貿易關稅等。這些因素有一個共同點：只有我們集體同意，它們才會存在。它們和金魚或氧氣不一樣，並不是「實體」的。它們都是人類想像的產物。

　　我們把這種純屬想像卻依然真實的東西稱為「社會建構」。社會建構可以藉由具體存在的事物來表示，像是圍欄、文件、建築物或具有象徵性的東西。不過即使沒有這些東西，社會建構也能完美存在於我們的心智中。我們稱為「西班牙」的社會建構，就算在休達與麥里亞的圍欄都被拆除後，依然能夠長久維持下去。即使比利時布魯塞爾與法國史特拉斯堡 [2] 的建築全被摧毀了，歐盟依然能夠繼續存在。即使歐洲央行與摩洛哥央行停止流通任何紙幣、硬幣，並替每個人重新開立數位帳戶，搬運工還是可以領到歐元或迪拉姆（摩洛哥貨幣）做為報酬。就算他們運送的米其林輪胎會毀壞，米其林的品牌和公司仍舊繼續存在。西班牙、歐盟、歐元、迪拉姆和米其林都是真的，並非因為它們具有實體，而是因為我們集體認定它們的存在。它們之所以具有意義與影響力，也是因為我們集體認定的。

---

[2] 譯按：兩地皆有許多歐盟重要機構。

　　作家哈拉瑞形容社會建構是「集體想像的虛構故事」。[1]唯有當我們之中的多數人如此相信，社會建構才會成真。這麼說並不是為了貶低它們的重要性或影響力。譬如美元、印度和Facebook之類的社會建構，具有形塑無數人生活的力量。說美元「不是真的」，或以為只要不相信Facebook存在，光靠祈禱就可以讓它消失，都是很蠢的事。

　　社會建構是人類集體想像的產物。由無數的人貢獻了一點點或一大堆不同的見解和願望，才形成各種社會建構，所以比起金魚或氧氣之類的真實實體，它們通常更具有彈性。比起桌上那顆蛋或窗外的景物，我們誠實描述社會建構的方式也更豐富多元。對於想要支持或反對某個社會建構的溝通者來說，這種彈性就是一種禮物。

我們正在脫離歐盟……管它什麼意思

　　據說，在英國公投結果宣布脫歐後的幾小時內，英國人上Google搜尋的熱門關鍵字中，名列前茅的其中之一就是：「什麼是歐盟？」[2]雖然這個新聞很快就招來不少冷嘲熱諷，但這個問題實際上可不傻。歐盟是一個極端複雜的龐大社會建構，的確可以用各式各樣的說法來描述，而這也是英國脫歐爭論如此激烈的其中一個原因。留歐派與脫歐派都採用對自己有利的論點，導致雙方有時就好像在說著不同的語言。

　　歐盟的前身為歐洲經濟共同體（EEC），做為共同市場暨關

稅同盟，旨在促進會員國展開自由貿易與經濟整合。許多留歐派選擇回顧這段歷史，大致上是從貿易的角度來看待歐盟。他們注意到，自從英國加入 EEC 以後，經濟持續復甦並成長長達數十年來。他們看到的，是英國經濟繁榮與身為全球最大單一市場會員國的關聯。在他們眼中，關於歐盟最重要的真相莫過於貿易，而離開歐洲單一市場將重創英國金融業。

關於歐盟這個快速演進的社會建構，也許有人會覺得脫歐派的看法更加新穎。他們看得很明白，歐盟關注的議題早已不再侷限於貿易。截至二〇一六年，歐盟針對一堆議題實施了各種法規限制，從汙染限制、職場安全到電器產品說明書，幾乎無所不包。此外，歐盟還要管誰能在英國水域捕魚、英國吸塵器威力多強，以及英國商品該怎麼包裝。在英國民眾與企業看來，這些新法規綁手綁腳，而且法規制訂者大多來自其他國家，也不是他們選出來的。一旦發生糾紛，他們還要接受歐洲法院的外國法官仲裁。當他們凝望一整片英吉利海峽，看到的是歐盟就快要成為一個超級大國；在那裡，一個國家全體公民發出的民主聲音，將變得人微言輕。因此他們的口號傳達出對這個社會建構的抗拒，他們要「拿回主控權」。

許多留歐派也很清楚，經過歐洲共同市場那段日子，這個社會建構不斷演進，而且對目前進展的方向很滿意。在他們看來，歐盟很重要，不管在政治上或經濟上，都足以與另外兩大世界超級強權抗衡，也就是中國與美國。不僅如此，歐盟也捍衛著寶貴的歐洲價值，像是自由、民主、科學發展和法治，在面臨恐

怖主義、氣候變遷、移民、企業賦稅等跨國議題時,更是促進合作的完美論壇。面對蘇聯威脅捲土重來,以及南歐周圍的動盪情勢,歐盟都有能力扮演關鍵的維和角色。

戰術一:選擇性敘述

歐盟不斷演變,因此留歐派和脫歐派才有機會在各自的描述中針鋒相對。不論是自由貿易區、非民選立法者、政治超級強權、衛道人士或防禦堡壘,歐盟都可以是上述任一個或每一個。關於歐盟的真相取決於會員國的想像,可惜的是英國在這件事情上已經沒有主張意見的餘地了。

虛構的企業

人們對歐盟這類社會建構的認知,很容易受到各種矛盾真相影響。因為社會建構是想像的實體,所以它們的「現實」也可以改變,有時甚至只要幾句話就行。的確,某些社會建構的真相真的可以單純因為某些人說改就改。

有時候,我為了幫企業領袖重新定義他們的公司,會選擇採用不同字眼來描述他們從事的工作、服務的顧客、重視的事物、讓他們與眾不同的原因,以及讓他們往前邁進的目標。我所使用的嶄新字眼和以前的敘述一樣真實,不過通常會突顯出企業的某個不同面向,並淡化他們之前強調的活動。雖然公司的辦公

室、工廠和倉庫都沒改變，員工、顧客和監管單位對公司抱持的觀念卻轉變了。做為一個可以彈性變動的社會建構，這間公司因某個矛盾真相而被重新塑造了。

戰術二：重新定義社會建構

對許多公司來說，品牌也是一項重要資產。這種「虛構的真相」隨處可見，包括產品品牌、慈善機構品牌、政府倡議品牌，就連軍事部門也有品牌。不論這些品牌代表的產品、服務和人物再怎麼堅實可靠，它們仍然沒有真實存在的實體，全部都是「概念創造物」，透過意象、語言、音樂、經驗、聯想以及信念，映現在我們的腦海裡。就像其他一切社會建構，品牌也會自然地演變，或受到人為蓄意改變。

諾基亞（Nokia）這個品牌一路走來經歷了奇妙的旅程。對早期芬蘭消費者來說，這個品牌指的是造紙用的木紙漿，然後是膠靴；對我這一代人來說，這個品牌指的是小巧光潔的手機。而微軟收購諾基亞並切割手機業務後，不得不再度改造這個品牌。諾基亞是芬蘭某個小鎮的名稱，本身沒有任何深層的意義，可能正因如此而賦予了它靈活的彈性。但微軟（Microsoft）這個品牌又該怎麼說呢？微電腦（microcomputers）的軟體（software）嗎？在收購諾基亞之前，微軟雖然也曾探索硬體領域，推出Xbox遊戲機與Surface平板電腦，不過還是相當忠於自己賴以起家的軟體，靠著Windows作業系統與Office文書軟體這兩大壟

斷事業站穩腳跟。現在，舊的品牌認同該要消失了，微軟改以媲美蘋果的軟硬體整合品牌示人。

　　蘋果同樣不斷展開品牌延伸的探險歷程，從桌上型電腦起步，摸索過音樂零售，又把觸角伸向智慧型手機、地圖製作、電視、出版，以及其他許多新領域。過去，這個品牌所代表的就是電腦運算，別無其他。經過加州古柏迪諾的斯文加利 ③ 施展魔術，現在這個品牌代表著設計、品質、好用和獨特等抽象意涵。不少人猜想，往後蘋果還會挾著充裕資源，進一步拓展太陽能板、太空旅行、廚具等領域。

　　想一想，你認為一個品牌應該是什麼樣子，就會發現這一切很不尋常。每個專家賦予品牌的定義都不一樣，不過每個品牌都有的核心特徵，就是對顧客的承諾。你之所以選擇買甲品牌，而不買便宜的競爭品牌，就是因為你信任深植在甲品牌的名稱、商標、配色和吉祥物背後的固有承諾：它的產品或服務將以某種（通常是未曾言明，甚至無法言明的）方式帶給我們好處。為了讓承諾聽起來夠可靠，為了在反覆交易的過程中保住承諾的價值，這項承諾就必須是真的（起碼在某種程度上是真的）。

　　但像諾基亞、微軟或蘋果這樣不斷變化的品牌，它的真相究竟是什麼？品牌也有矛盾真相嗎？品牌可以對不同人、在不同

---

③ 譯按：斯文加利（Svengali）是喬治‧杜莫里埃（George du Maurier）在小說《特里爾比》（Trilby）中杜撰的人物，擅長用催眠術操控他人；古柏迪諾市為蘋果總部所在地；作者應是藉著虛構人物來比喻蘋果的公關行銷人員。

場所和不同時間代表不同意義，又始終保持自己的完整性嗎？這
就是品牌建構專家熱烈爭論的主題。只要是像維珍（Virgin）或
三星那樣的大型成功品牌，都會有一個關於品牌延伸弄巧成拙的
警世故事還是有人用過 Zippo 香水或高露潔食品嗎？[④] 如果某消
費品牌在某地理市場代表奢華，卻在另一個地理市場操作另一種
品牌形象，將會因網路及全球化被拆穿一切而慘遭淘汰。如果某
銀行品牌在甲客戶群心目中代表財務穩健與財務安全，卻向乙客
戶群承諾高風險的超額利潤，這個銀行品牌就是在玩火。

　　然而現在的品牌管理趨勢已經偏離早期強調的嚴格一致
性，行銷人員有各種媒體與社群媒體平臺可以利用，因此轉而重
視品牌的流動性。以前，品牌認同和核心產品與服務有著密切的
關係，例如 BMW 代表汽車、吉列代表刮鬍刀；現在，品牌塑造
者更重視品牌的核心原則、價值或情感。

　　這些原則和價值通常都是基本而且原始，並且深植於品牌
的歲月之中。當然，它們有具有靈活的彈性和無限可能性，將不
同的產品和服務都囊括進去。舉例來說，比起一清二楚地強調
「安全的空中之旅」，如果能把品牌打造成「環境責任、歡樂時
光、闔家團圓」，未來就更能無拘束地跨足不同業務。現在世界
各地的企業和品牌都在重新思考自己所處的產業，這樣的彈性的
確頗有幫助。

---

④ 編按：Zippo 是美國老牌打火機，卻出了一款打火機造型的男性香水；高露潔
　以口腔清潔產品聞名，然而他們也曾推出過冷凍食品。

　　然而這種轉變也會產生一些問題。當你購買的產品或服務，和該品牌一項承諾的價值不再有直接的關聯，它的真相又是什麼？當你購買的衣服品牌是萬寶路（知名香菸品牌）或哈雷大衛森（知名摩托車品牌），我們該從這樣的事實中獲得什麼真相？換作我們的房屋貸款與活期存款帳戶，頂著聖斯伯利與特易購（兩者皆為知名連鎖超市品牌）的商標，我們又該如何是好？

　　到最後，轉型的品牌還是得提出更有力的真相，不能光是說「因為我們是一家你肯定聽過的成功公司，所以你可以相信我們的產品絕對有用」。品牌一定要能為產品與服務賦予一層額外的價值，無論是技術專長、環境責任、魅力或意義都好。快速與激進的創新逐漸成為準則，在現今這樣的商業環境下，品牌仍然必須努力做到這一點。多重真相在所難免，而其中有一些真相可能會看起來彼此矛盾，但它們呈現的都是這間不斷演變的公司的各種面向。一旦品牌出現矛盾真相，就必須準備一個好的故事，來說明它們如何融合在一起，而且組織的所有成員都要能表達一致的內容。

對抗壓迫的想像之盾

　　社會建構可以透過人為改變，也一樣可以透過人為創造或消滅。就像魔法的咒語，只要用對字眼就可以讓某個原本不存在的社會建構變成真的。只要用對敘述，就可以讓假的變成真的。

戰術三：創造或消滅社會建構

　　在人類發明的諸多重要真相中，人權觀念就是其中一個。如果你認為，不管怎樣，人權就該是人類與生俱來的，那麼請你回想一下人類的歷史。縱觀歷史，只要有人居住的每一塊陸地，都有數不清的人被餓死、被奴役、被屠殺，幾乎誰也沒考慮過他們的權利。大部分的歷史紀錄都不知道或不討論這些權利，因此要把人權視為是天生固有的，的確是一項挑戰。

　　關於人權甚至有一個矛盾的概念，雖然人權的核心是個人自由，但大部分的人權卻會限制某些人的自由 —— 即使那是「傷害他人」的自由。一如知名哲學家傑若米・邊沁（Jeremy Bentham）嘲笑自然權利（天賦人權）是「踩著高蹺胡說八道」。

　　然而單憑言語的力量，某些傑出的溝通者仍舊成功將人權賦予法律效力，並推廣到全世界。

　　啟蒙時代的哲學家，像是約翰・洛克（John Locke）、康德（Immanuel Kant）、托馬斯・潘恩（Thomas Paine）和盧梭（Jean-Jacques Rousseau）等人，主張生命和自由權利是與生俱來、人人皆擁有以及不可剝奪的。一七七六年的《維吉尼亞權利法案》聲明：「所有人生來就同樣自由而獨立，並擁有若干天賦權利。」這份由喬治・梅森（George Mason）起草的文件，進一步激勵了湯瑪斯・傑佛遜（Thomas Jefferson）起草《美國獨立宣言》，提出更廣為人知的主張：「人人生而平等。造物主賦予人若干不可

剝奪的權利，包括生命權、自由權，以及追求幸福的權利。」幾年後爆發的法國大革命，就是以一七八九年的《人權與公民權宣言》為革命基礎：「這些權利是自由、財產、安全和反抗壓迫。」

不過直到第二次世界大戰後，「人權」二字才逐漸變成我們今日所認知的那樣，並且受到全世界的重視。自從猶太大屠殺的殘酷行為震驚全球，世界各地的政治領袖才組織起來，在新創造的社會建構（聯合國）支持下，於一九四八年公布《世界人權宣言》。這是有史以來第一次，人們替「所有」的基本人權冠上名稱，而且全世界集體同意共同捍衛這些人權。這份宣言的開頭寫道：「承認人類家庭所有成員都享有與生俱來的固有尊嚴，以及不可剝奪的平等權利，就是世界自由、正義、和平的基本原則。」

《世界人權宣言》共有三十項條款，其中有毫無爭議的期望，像是生命、自由、法律之前人人平等，以及免於奴役與酷刑的自由；也包含了比較不明顯的觀念，像是享有國籍的權利、保護創作者在實質利益上的權利、休閒的權利，以及享受藝術的權利。我們很難爭論，這些武斷的主張早就存在於我們的基因編碼中，或是造物主的賜予。雖然這些權利值得讚揚，我們還是必須同意，其中至少有一些號稱權利的觀念，其實是人類思考與經驗的產物，而不是我們這個物種天生固有的東西；換句話說，就是社會建構。二〇一六年，聯合國甚至通過一項決議，聲明「故意採取某種手段，來妨礙或破壞他人接觸或散播網路資訊」是違反國際人權法的行為。[3] 同理，四十歲以上的人大概很難想像，網

路存取權竟然也是人類不可或缺的東西。

　　無論人類創造出來的人權是什麼，人權這個深受國際社會接納並鞏固的觀念，已經為人類帶來莫大的利益。人權變成極為真實的制衡力量，可以約束國家決定眾人之事。關於人權侵害的文件一旦公諸於世，那些冷血暴君就會被迫採取比較溫和的行動。即使是一味採取高壓迫害政策的政府，也得大傷腦筋地裝出一副尊重人權的公開形象。

　　人權畢竟是一種社會建構，因此可以任由人們各自詮釋。自從歐洲人權法院（ECHR）禁止將一些外國罪犯驅逐出境，並要求讓受刑人享有投票權後，在英國就變得非常不得人心。某份英國小報甚至認為，根據 ECHR 的裁定結果，一九五一年訂立的《歐洲人權公約》「只比罪犯赦免狀與左翼律師搖錢樹好一點」。[4]所有的法律都是社會建構，可以透過先例與解釋不斷演變。但國際人權法比其他法律更曖昧、更理想化，也更政治性，因此也更容易以非起草人本意的方式，受到各種適用情形的影響。

　　雖然如此，要對抗前人曾經遭遇過的種種殘酷對待，人權觀念這個美好的「虛構真相」仍然是許多人的最佳保護，值得我們好好珍惜。

點石成金

　　很少有社會建構像「金錢」這樣，對人類的進步有如此大的貢獻。從貝殼、黃金到歐元、比特幣，我們集體同意用各種

「保值工具」來進行貿易、計畫經濟活動，以及投資別人的事業。如果沒有這些受到認可的保值工具，我們恐怕到現在還過著石器時代的生活。而這些保值工具無一不是想像的產物。我們現在使用的金錢大多稱為「法定貨幣」（fiat money），意思就是由政府法令制訂，本身並不具有基本價值。「Fiat」是拉丁文，意思是「讓它成為」，就是我們期待在神祇或瘋子身上常見到的那種無中生有的事。為了賦予這些貨幣價值，我們就必須相信並信任製造金錢的政府與中央銀行，而這兩者同樣都是社會建構。

只有透過我們的集體想像，將懷疑先拋在一旁，金錢才有可能發揮作用。

當人們對某一種特定的保值工具失去信心時，我們就能清楚地看見社會建構的本質。當然，過程是很痛苦的。舉例來說，隨著民眾對貨幣本身以及發行貨幣的政府都失去了信心，阿根廷披索、辛巴威幣，以及威瑪共和時期的德國馬克，這些貨幣的價值和「真相」在短短幾週之內就發生了徹底的改變。

儘管如此，保值工具在大部分時候還是運作得好極了，的確值得人類將它發明出來。在一九九〇年代，純粹由政治意志憑空創造的歐元，現在已經變成世界上最強勢以及最被廣泛使用的貨幣之一。歐元的形成完美地說明了社會建構的想像本質，它在一九九一年一月一日誕生，但直到二〇〇一年底才開始發行紙幣或硬幣。早在你有任何可以放進錢包的具體東西之前，就可以用歐元貸款或購買任何東西。

目前，歐元區國家的居民幾乎沒得選擇，只能以歐元來領

薪水或購物，不過有遠見的各界技術專家都在設法改變現況。在保值工具的漫長歷史中，比特幣這類的「加密貨幣」不過是最近一次創新而已。加密貨幣就和其他任何貨幣一樣，純屬想像，但一樣「真實」。法定貨幣與加密貨幣的主要區別，在於前者有國家政府撐腰。然而就像我們在巴西、阿根廷、辛巴威和威瑪德國看到的例子，有政府撐腰不見得就好到哪裡去。為了減輕以本國貨幣結算的國債負擔，各國政府會故意讓本國貨幣貶值，而任何持有那些貨幣的人，財富也會因此減少。

　　因此，在加密貨幣支持者看來，獨立於民族國家之外是一件好事。比特幣及其競爭對手的價值，完全來自於人們的集體信念。雖然沒有任何政府或央行背書，但也沒有人可以單方面決定讓它們貶值。建立加密貨幣的區塊鏈技術還可以帶來其他好處，實際上不可能被偽造，也不會被第三方侵占，而且交易無法被追蹤或被攔截，交易成本又微乎其微。不過在許多人眼中，比特幣最主要的優點，仍是不受民族國家所限制的獨立性。只有比特幣使用者能決定一枚比特幣的價值，可以說是一種極為民主的保值工具。至於這種「集體想像」能不能贏得夠多人的信任並長久維持下去，還有待觀察。

邁向人造的未來

　　接下來，社會建構會帶我們走向何處？我們還會憑空想出什麼來賦權自己或作繭自縛？答案的候選者之一就是「個人評

價」。自從有了 Uber 與 Airbnb 之類的平臺，個人評價就變得更普及了。這種純屬想像的概念已經對計程車司機、保母、建築工人和其他自由工作者造成很大的影響。要是把這個概念延伸到生活中其他領域呢？要是我們用同樣方式來評價朋友與情人呢？

《黑鏡》（*Black Mirror*）是一齣別出心裁的反烏托邦影集，其中一集就結合了這樣的概念：每個人都要接受別人的公開評價，不管是誰遇到你，都可以幫你加分或扣分；個人評價越高，就能享有越搶手的聚會邀約、工作機會和私人住宅；萬一評價太低，就會招來別人尷尬的表情與懷疑。在這個影集呈現出來的世界中，每個人都竭盡全力要當個好人，即使面對陌生人也是，但只要碰上一連串倒楣事，你就可能淪為備受排擠的邊緣人。

有一個國家正在朝這個方向發展，那就是中國。中國政府正著手開發一套系統，要將財務信用評分與法律、社會和政治聲望的評估結合起來，替每一個中國公民計算出單一信用評價。政府將透過這套「社會信用」評價，判斷每個公民有權取得哪些服務與國家資源。就像在歐美國家，如果某人過去常常不繳帳單，就很難用信用卡申請房貸或購買冰箱。中國人民可能很快就會發現，一旦做了幾個不恰當的道德選擇，或收到幾張違規停車罰單，就有可能喪失某些權利，像是舒適的火車車廂、熱門的住宅方案，或是教學品質優良的學校。只要沒探望年邁的父母，你就可能被禁止出國旅行。這項系統的策劃人說：「一旦在某方面失去信用，各方面都一樣要受到限制。」根據一份國家計畫文件，這項社會控制手段將「獎勵那些舉報違背信用的人」。我們彷彿

能聽見歐威爾的《一九八四》傳來陣陣令人焦躁不安的回音。

　　一些像阿里巴巴這樣的中國企業，已經開始用社會信用系統來評量顧客的信用，中國政府很可能會參考他們的做法來設計評價系統。不僅如此，企業也能利用這些評價分數，例如媒合服務公司可以將聲望良好的（至少是該公司這麼認為的）人配成一對。高分顧客還可以在社群媒體和交友網站上，神氣地張貼出自己獲得的評價，進一步鞏固這項社會建構的真相。

　　但實際上如何計算這些分數，目前尚未公開說明，而這項國家計畫可能也同樣不透明。倒是阿里巴巴有位高階主管透露了可能考量的變數：「比方說，如果你每天打十小時電玩，就會被視為游手好閒的人。如果你經常買尿布，大概就會被視為有孩子的父母，而且可能會被視為比較有責任感的人。」[5] 這樣我們至少知道，自己在網路上買了什麼或做了什麼，都有可能影響評分結果。那麼我張貼的評論或按讚的貼文，也會影響這種評分嗎？個人留下的每一道數位足跡都有可能害到自己嗎？這種評分是不是很容易被政府疏忽外流，或遭到駭客惡意入侵呢？

　　中國的社會信用系統可能會大幅改變無數人的生活經驗。資訊的數位化將每一條瑣碎的訊息儲存起來，結合大數據分析技術，將使這一切化為可能。既然現在已經蒐集了這麼多資訊，要是政府或其他強勢組織利用這些資訊，進一步創造出「不受歡迎」的社會建構來干涉我們的生活，我們也不必感到意外。

　　萬一真的發生這種情況，我們一定要記得，社會建構終歸是人為真相，是可以改變的，只要我們不喜歡，永遠可以團結起

來加以修改或消滅。我們改變不了水的沸點，但只要我們願意，還是可以改變「歐盟」、「比特幣」或「社會評價系統」。因為只有當我們集體同意，這種真相才能擁有意義與影響力。

實踐指南

你可以這麼做⋯⋯

◆ 認清社會建構是想像的產物，如果有必要，我們還是可以改變它們。

◆ 在社會建構的彈性範圍內，以有建設性的方式賦予定義。

◆ 如果你具備必要的影響力，就可以藉由改變描述方式來改變社會建構。

但要小心⋯⋯

◆ 誤導者描述重要的社會建構時，可能會故意呈現出極為歪曲的印象。

◆ 任何人、機構和國家都可能創造出帶有惡意或對大眾有害的社會建構。

第十一章
名字

「如果玫瑰叫作薊花或臭鼬草，我就不信它還會一樣美。」
—— 露西·蒙哥瑪麗，《清秀佳人》
（L. M. Montgomery, *Anne of Green Gables*）

人造的地球

　　人類誕生於全新世（Holocene），這個地質年代從最近的一個冰河期結束開始算起，大約是一萬一千七百年前。但是到了人類滅絕的時候，上一句話可能就不再是對的了，我們可能很快就可以改口說，人類誕生於人類世（Anthropocene）。

　　請問問自己接下來的這個問題：如果智人（*Homo sapiens*）從地球上消失，會留下什麼？大部分的物種除了留下骨頭化石，也會留下些好東西，可能是腳印，也可能是琥珀裡的一點點 DNA。如果人類滅絕了，留下來的會是毀壞的城市、高速公路、荒廢的田地、鐵軌、水路、沉沒的船隻，還有多到數不清的塑膠製品。地質學家也在研究，到底有多少殘留的人造物品會被

地質記錄下來？人類滅絕後一百萬年後，來自外星球的地質學家會找到什麼樣的證據，解釋人類曾經如何生活在地球上？

混凝土是最有可能的候選者之一，只不過不會是我們現在看到的模樣。未來的地質學家可能會變得擅長從消失的都市中，辨認出散落四處的混凝土卵石。在合適的沉積環境中，肯定也會找到塑膠製品的殘留物。地球的化學成分也會改變，未來的人將會測出大量化石燃料和化學肥料的反應。水壩、礦坑和隧道也許會在地球表面留下無法抹除的痕跡。其他物種的化石紀錄也會有很大的變化：大象和老虎消失了，雞的化石會變大，而且活動範圍遍布每一塊陸地。

以上是大氣化學家保羅·克魯岑（Paul Crutzen）預測人類將會如何被記錄在地質中的情形。他指出人類已經進入新的地質年代，稱為人類世。這個說法廣受支持，甚至有其他地質學家提議把人類世列為正式紀元。各個地質研究團體都在討論這件事，不少科學家已經開始在非正式場合使用人類世一詞。但關鍵問題是，人類世該從何時計算起呢？有人建議從工業革命時代算起，有人建議從新石器革命開始，而人類世工作小組發現了一種純化學物質，可以用來精準界定地質年代的轉換，那就是第一次核武試爆時釋放出來的放射性分子。

將人類誕生的地質年代重新命名，會造成什麼影響嗎？和克魯岑一樣支持氣候變遷說法的人認為，新名稱象徵人類對地球留下了重大且久遠的影響。對環保團體來說，新名稱是一種警示，讓人類更明白是時候必須改變生活方式了。氣候科學家克里

斯・雷普利（Chris Rapley）說：「人類世說明了人類在玩火，盡做些以後會後悔的魯莽行為。」[1]

當然，真正改變的是我們對自己的看法，關於我們在地球上扮演的角色，而這些看法已經生動地包含在這個的新名稱裡了。《經濟學人》（*The Economis*）在二〇一一年登出一篇名為〈歡迎來到人類世〉的文章，其中寫道：「如同哥白尼發現地球繞著太陽轉，這也是一個重大的時刻，見證新科學發現如何徹底翻轉人類對科學之外廣大事物的看法。」[2]

是否接受人類世做為正式名稱，最終會由國際地層委員會（International Commission on Stratigraphy）投票決定。該委員會前主席史坦・芬尼（Stan Finney）指出：「這已經變成一種政治性宣言。這就是大多數人想要的。」[3]

關於人類對地球的影響，大部分的地質學家都會避免做出價值判斷。但如果新名稱能讓人類思考自己的行為以及釀成的後果，那也是一件好事。克魯岑寫道：「更換新名稱可以突顯人類做為地球管理員的重大責任。」[4] 我們不妨也想一下，新名稱可能為人類的心態和行為帶來什麼樣的變化，以及為地球的未來帶來什麼樣的後果。

命名與羞恥

命名這件事有時候很神奇，因為我們給人或物的名字，會影響世界看待它們的方式。如果遇到有個軍閥名叫「克士伯

特」①，或有位外科醫生名叫「法克斯」②，我們恐怕很難認真看待或信任對方。由此可見，名字會影響我們對待人與物的態度。研究人員在波士頓和芝加哥發送虛構的求職廣告，研究當地勞動市場的歧視情況，結果發現，和「名字聽起來像非裔美國人」的應徵者相比，「名字聽起來像白人」的應徵者收到回覆的機率高出了50%。⁵另外一項調查指出，應徵者的名字如果比較罕見，被錄取的機率會比較低。⁶

　　我們自己的名字也會莫名奇妙地影響我們。一群行銷學與心理學教授做了調查發現，消費者偏好的品牌或產品名稱的第一個字母，通常就是自己名字的第一個字母。⁷同一份調查也請消費者個別就「感覺」排列棒棒糖品牌，結果一樣，有自己名字第一個英文字母的品牌名稱會被排到前面。

　　至於我們為商品、組織、倡議活動、創新事業乃至法規的命名，更是讓名字形塑現實的力量達到新的境界。

戰術一：聯想型名字的說服力

　　一般我們會覺得，罪犯如果已經付出了代價，就該獲得第二次機會，受到的待遇也該和一般人一樣。但是美國的性侵犯可沒有這樣的待遇。一九九四年，七歲的梅根・堪卡（Megan

---

① 譯按：Cuthbert，這個字有以公務為藉口而逃避兵役的意思。
② 譯按：Foxy，這字有像狐狸一樣狡猾的意思。

Kanka）被一名假釋性侵犯強暴並且謀殺。梅根的家鄉新澤西州隨後頒布《梅根法案》，要求社區公布高風險的性侵犯。兩年後，美國聯邦政府通過《梅根法案》，各州政府也隨之頒布相關法規。從此以後，美國的性侵犯就得帶著無法擺脫的社會烙印過日子，不僅很難找到工作和房子，也無法建立人際關係。有些性侵犯還會遭遇言語或肢體暴力，甚至成為私刑的犧牲者。

　　對於麻煩已經夠多的假釋犯來說，這種措施可說是相當嚴厲，而且有些人被登錄在案時還只是個孩子。對整體社會來說，如果該措施能有效降低性侵害案件的發生率，也許就能算是合理的。然而到目前為止，卻沒有足夠證據說明《梅根法案》確實產生了預期的影響。

　　地位崇高的英國受虐兒童防治協會（NSPCC）指出：「雖然做父母的都很歡迎這條法案，但尚未證據指出，公開性侵犯登錄系統確實能提升孩童的安全，也沒有證據指出該法案能降低性侵犯再次犯案。」[8] 美國羅格斯大學（Rutgers University）和新澤西州矯正司也得到相同的調查結果。[9] 其實這樣的結果並不意外，因為未成年性侵害的施暴者多為家人或是熟人，陌生人施暴案例在美國僅占了 7%。[10] 此外，有證據指出，有些性虐待犯罪並沒有向警方報案，原因是「害怕全社區的人都知道」[11]。可見該法案也可能迫使人們藏匿性侵犯，他們躲起來後反而變得更危險。無論如何，想要修改《梅根法案》的人，以及挑戰大眾支持意見的人，大致上都失敗了。

　　失敗的原因與法案名稱有多少關係呢？聽到該法案的名稱

時，很難不立即聯想到這名七歲小女孩的悲慘遭遇。這樣的聯想，是否會影響到人們對該法案的有效性與正當性的評估？該法案名稱引發的聯想，以及公眾持續支持極端的懲罰措施，兩者之間是否有關聯？

教導公法的布萊恩・克里斯多夫・瓊斯（Brian Christopher Jones）博士，在其論文〈從無害到聯想性的命名：法案名稱如何操控與預示政策制定過程〉中提到：「反對《梅根法案》這類提案的人，肯定會被說成對梅根、梅根的家人以及因梅根遭遇而受影響的人毫不關心。」瓊斯也引用了美國《愛國者法案》說明，就是這類法案名稱讓人幾乎無法反對。他寫道：

「當法案名稱出現人名時，該措施就會變成像是在紀念某人，使得這條法律有了強大的影響力。在法律提案要投票時，同情這個人但不同意這個立法提案的反對者，很可能會對自己的立場做出讓步或妥協。」[12]

難怪當年美國參議院以四百一十八票比零票，一致通過眾議院的《梅根法案》。這就是名字的威力。

毫無計畫或臨時取的名字，則可能會被用來毀謗或造成阻礙。二〇一七年英國選舉時，現任首相梅伊的重要政策是改變成人社福照護基金的募資方式。根據提案內容，擁有房屋等資產價值超過十萬英鎊的老年人，如果想要享有國家出資的居家照護，就必須支付比以前高的費用；該名長者可以享受照護服務直到過世，而這筆費用將從他的遺產中扣除。英國人的平均壽命越來越

長，政府必須負擔的社福照護成本大幅增加，因此這是一個很合理的政策。不少人認為這個提案很公道，可以讓連房子都買不起卻得支付社福照護費用的年輕納稅人，把負擔轉移到這些有經濟能力的老年人身上，而後者已從房產增值中得到很大的好處。

不過該政策提案卻被一個名字給毀了。對立的工黨給這項提案取了一個古老卻無損其殺傷力的名字，稱為「失智稅」（dementia tax）。英國阿茲海默症協會（Alzheimer's Society）指出：「比起其他患者，失智症患者的照護成本最高，也因此必須支付大部分的照護基金。這就是為什麼收取照護費用會被比喻為『失智稅』。」[13]

許多需要居家照護的人，其實都不是失智症患者，然而「失智稅」這幾個字就足以讓人把該提案解讀為惡毒的政策。原本應該是樂見減輕稅務負擔政策的年輕人，現在卻覺得梅伊是個大壞蛋，竟然想要攻擊體弱的祖父母。競選期間，保守黨的民意調查結果大幅落後，主要就是因為這個提案。不論這項提案原本可以帶來多少好處，這三個字已讓許多英國政治人物卻步，不敢再提起本案。

戰術二：負面暱稱的殺傷力

當初 Google 眼鏡發表時，就遇到類似的命名挫折。該顯示器是直接戴在一隻眼睛前方，讓使用者出門在外時也能自由上網，例如走路時可以查看地圖，洗衣服時可以收電子郵件，玩雲

霄飛車時可以拍影片，出門跑步時還可以收到 Facebook 通知。
科技專家和科幻粉絲已經期待這個夢幻商品很久了。

　　但是 Google 眼鏡有個讓人討厭的功能，就是只要眨眼就可
以拍照片。這會讓旁人感覺，只要戴著眼鏡的人對自己眨個眼，
自己的隱私就會被侵犯。為此，Google 在技術支援網頁上，針
對眨眼功能提出下列使用說明。

　　「使用禮儀：請想清楚再使用眨眼功能。請留意你眨眼的對
象，並注意眨眼的場合與地點，避免產生誤會。」[14]

　　Google 勸告使用者不要「變成怪人或是沒有禮貌的人」[15]，
也要懂得尊重他人的隱私。雖然 Google 很努力在規範使用禮
儀，卻沒能讓非使用者感到安心，因為大部分的人都不想在不
知情的情況下被拍照或攝影。此外，Google 眼鏡使用者習慣在
聊天的過程中查看 Twitter 或 Facebook，這也讓周遭的人產生反
感 —— 只要戴上 Google 眼鏡，即使人就站在面前，你也無從得
知這個人實際上到底是在忙什麼。另一個讓人憂心的問題是，
Google 眼鏡使用者是不是可以藉由 Google 臉部辨識軟體，在街
頭上辨識陌生人？這對大家所珍惜的都市匿名性，會產生什麼影
響呢？

　　反對者的抗議方式就是取綽號。Google 眼鏡使用者被稱為
「眼鏡混蛋」（Glassholes），這個綽號的殺傷力很大。不論你多
想在欣賞夕陽的時候查看電子郵件，還是想以半機器人的前衛科
技形象穿梭市區，你真的願意被貼上這個新綽號的標籤嗎？到了
二〇一五年一月，Google 決定將眼鏡下架。官方並未公布到底

投資了多少資金開發該商品，但推測投資金額應該非常龐大。儘管到了二〇一七年，Google 眼鏡以工業用途捲土重來，但短時間內恐怕很難出現在一般消費者的臉上。

發明一個名稱來攻擊他人，未必一定會成功。二〇一六年，在美國總統選舉前兩個月，希拉蕊・柯林頓（Hillary Clinton）在紐約募款活動上表示：「概括來說，川普的支持者裡，有一半的人可以歸成一類，我稱為一籃子可悲的人。對吧？種族主義的、性別歧視的、恐懼同志的、排外的、害怕伊斯蘭教的，數都數不完。」[16] 希拉蕊真的為川普支持者取了名字，或者說是給很多人取了名字。「可悲的人」（deplorables）是個複數名詞，之前連編辭典的人都不一定認得這個字，現在卻變成左派人士選用的標籤，用來指稱支持川普且態度有不自由傾向的人。不過這把火後來也燒到希拉蕊自己身上，她被認為是勢利眼的菁英主義者，用一句話就打發了四分之一的選民。川普的粉絲倒是欣然接受這個刻薄的名字，在集會場合上可以看到支持者穿戴印有「我是可悲的人」（I'm a Deplorable）的 T 恤和帽子，反而變成了驕傲的標語。川普就職典禮前夕，死忠支持者還穿上正式西裝和禮服，參加「可悲的舞會」（DeploraBall）慶祝一番。

特殊、美麗、獨特

恰克・帕拉尼克（Chuck Palahniuk）在一九九六年出版的《鬥陣俱樂部》（*Fight Club*）一書，裡頭有許多經典名句，包括這

一句：「你一點也不特別，你根本就不是美麗又獨特的雪花。」

二十年後，雪花（snowflake）成了帶有蔑視意涵的詞彙，指高度敏感、認為不必努力就有權得到一切、覺得自己很重要的年輕世代。一般的理解是指臉皮很薄的千禧世代，這群人很自戀，有點長不大，不喜歡扛責任卻喜歡惹事。被貼上雪花的標籤，就是諷刺這些人是沒有工作、愛自拍、仍然與父母同住的太子黨，做一點點事就想得到獎賞，而且很容易因為激烈爭論和觀點分歧而感到焦慮。諷刺小說家布列特‧伊斯頓‧艾利斯（Bret Easton Ellis）在播客裡，將「小雪花正義戰士」一詞痛斥為「哭哭啼啼、懦弱的自戀狂」。[17]

姑且不論大眾對「雪花世代」的看法是否正確公平，不同政治立場的媒體也紛紛採用了這個熱門代名詞。保守派的布萊巴特校園新聞網（Breitbart）嘲笑雪花世代被自己對移民和氣候變遷的態度搞得心煩意亂。自由派人士也感嘆，大學校園裡的雪花世代竟然要求「安全空間」和「觸發警告」③，甚至無法容忍演講來賓傳達他們不喜歡的觀點。不知道為什麼，雪花世代這個名稱，似乎符合多數成年人對社會中最年輕的成年人的印象。二○一六年時，「雪花世代」還成為《柯林斯英語詞典》（Collins Dictionary）的年度十大字彙，《金融時報》（Financial Times）也把「雪花」選為當年度最具代表性的十二個字詞之一。

---

③ 譯按：針對可能引起學生情緒衝擊的文字，例如反猶主義或強姦等字眼加上警告提醒。

　　為什麼這個充滿嘲諷的名字能在短時間內產生巨大影響？為什麼我們這麼想要辱罵一整個世代？很多取笑雪花世代的人，其實自己周遭就有同事或家人符合雪花世代的定義。老一輩的我們怎麼會這麼刻薄？

　　如果我們夠誠實回答這個問題，答案可能是因為我們覺得受到威脅。受過高等教育、有點年紀的評論家，不只對「你與生俱來的特權是什麼」（check your privilege）之類的言論感到困惑，或是因為許多大學接連發生言論封殺和審查問題④而感到不安。艾利斯在播客裡的長篇大論，不小心流露出了他的焦慮。他說：「這些人就像是小納粹警察，他們的語言有一條新的規則，規定男人和女人應該如何表達自己，以及不應該如何表達自己。」艾利斯還引用了美國憲法第一修正案保障的言論自由，在在顯示他本人確實感受到來自嘲諷對象的威脅。艾利斯還說：「我們已經進入真真正正的極權主義文化時代了，這是在倒退走呀！真的很難相信，也令人擔憂，就像反烏托邦的科幻電影裡演的那樣，只有一種方式可以表達自己。」

　　從歷史角度來看，對於限制言論自由感到焦慮是很合理的事。能夠盡情思考並表達、討論我們喜歡的事物，是一項非常寶貴的權利，更是民主社會不可或缺的基本要素。有不少人覺得年輕人主導的媒體在談論移民、種族、性別與性的主題時，對表

---

④ 譯按：指為了保護學生不被「危險」觀點影響而推行的言論封殺政策（No Platform Policies）。

達方式預設了一套基本規範。他們對此感到不滿，甚至可以聽到「我不被允許講出我真實的想法」這類的抱怨。討論某些議題時，我們採取我們認為是主流的觀點，年輕一輩卻看起來更道德高尚的樣子，自然會讓我們感到不安。

「雪花」這個名稱會大肆流行，背後的原因很可能就是恐懼和怨恨。若真是這樣，這將是很危險的一件事。這表示雪花這個名稱不只是玩笑話，也不是好玩的調侃揶揄，而是被當成攻擊的武器。

名字所具有的力量足以深化團體與團體之間的鴻溝，後果可能會比我們想的更嚴重。老一輩可能會相信雪花的諷刺意義，然後套用到所有年輕人身上，讓他們對性騷擾的報導不予理會，就像我們在好萊塢、英國國會或其他地方看到的一樣，把這些原本很重要的訊息當成雪花世代過度敏感的另一種表現。而處境艱難的千禧世代，本來就已經很難找到工作、付清學生貸款、買到房子，可能因此又多了一個埋怨社會的理由。其實千禧世代也有令人讚賞的特質，像是冒著被不同世代輕視、排斥、擠壓甚至邊緣化的風險，關注環境保護和社會包容議題。除非我們想要加深世代之間的鴻溝，不然我們應該避免使用這種表達力十足、毀滅性也十足的字眼。

新的名字，新的氣象

名字就像是一個永久的固定配件，選好一個名字之後，就

是這樣了——只有一個真相。但是名字不是用來刻在墓碑上而已。在《聖經》〈創世紀〉中，天使把雅各（Jacob）改名為「以色列」（Israel），就是一個重要時刻。女性婚後通常會改用丈夫的姓氏，這是她們改變身分與表達承諾的強力宣示。成年後，有些人會換掉不喜歡的名字，也可能會為了名聲或恐懼而更改姓氏。英國有個不滿的客戶，為了抗議銀行收取高額費用，決定以單邊契約⑤的方式，把自己的名字改成「約克郡銀行是法西斯主義混蛋」；這樣一來，這個客戶在關閉銀行帳戶時，銀行就得在支票上寫下這幾個字，才能開立帳戶餘額的支票給他。

　　為了表明獨立或新的意識形態傾向，國家名稱也會改變；為了紀念某位名人，城市與街道名稱也可以更改。聖彼得堡在恢復現在的名字之前，歷經過兩次更名。西貢市根據鼓舞眾人打勝仗的北越領導人名字，改名為胡志明市。二〇一五年時，西班牙馬德里市的左派政府，決定把三十處街道與廣場重新命名，因為舊名稱皆與前獨裁者佛朗哥將軍有關。兩年前，辛巴威總統羅伯特·穆加比（Robert Mugabe）宣布，維多利亞瀑布更名為莫西奧圖尼亞瀑布（Mosi-oa-Tunya，意思是轟隆作響的煙霧），目的是要擺脫殖民色彩。澳洲則是採取較循序漸進的方式，在一九九三年時將艾爾斯岩更名為艾爾斯岩／烏魯魯，到了二〇〇二年時，再更名為烏魯魯／艾爾斯岩，以承認原住民阿南古族（Anangu）的權利。

---

⑤譯按：不同於雙邊契約，單邊契約只需要一方執行，常用於更改人名。

　　企業或其他組織在重新闡明或改變使命時也會改名，或是對開發新市場比較有利，或是為了擺脫不好的聯想。東京通信工業株式會社這個名字對海外消費者來說非常拗口，但改成索尼（Sony）後就能琅琅上口了。英國痙攣協會（Spastics Society）更名為殘疾人士慈善協會（Scope），是因為原名已被過度濫用而失去本意⑥。英國唱片行 HMV 其實是為了潮流才修改成縮寫字，其舊有全名為「牠主人的聲音」（His Master's Voice）⑦。英國石油公司（British Petroleum）繼承了歷史已久的英波石油公司，但後來更名為 BP（Beyond Petroleum），目的是為了強調公司的全球性營運與所有權。

　　我們會改名字，國家、公司和城市也會改名字，當然物品的名稱也可以更改。第七章提到美國史丹佛大學的蔬菜實驗，發現物品名稱改變後，不僅改變相關的意義，也會改變人們對該物品的反應。

戰術三：改變名稱也改變看法

　　巴塔哥尼亞齒魚（Patagonian toothfish）並不是長相好看的動物，如果你覺得這樣說不厚道，那你可以說這是一種巨大的灰色生物，生活在南方深海海域，外貌幾近駭人，嘴巴不對稱還有

---

⑥ 編按：Spastic 原指痙攣性麻痺或癱瘓患者，後衍伸出蠢笨、無能等冒犯意味。
⑦ 譯按：這個名稱有個感人故事，有個愛狗的主人過世後，他的愛犬會聆聽留聲機傳出來的主人聲音，靜靜地懷念他。

裂口，嘴裡有尖銳的牙齒，凸起的雙眼讓牠看起來更加醜陋。這種魚看起來就不可口，還有個非常不美味的名字 —— 誰會想吃齒魚呀？

釣到巴塔哥尼亞齒魚的漁夫多半也不想管牠，因為齒魚的魚肉很油膩又平淡無味。而且抓到深海海域的魚種，通常都會再丟回大海。究竟為什麼要運送、處理、烹煮不怎麼可口的魚呢？

一九七七年，美國的漁產進口商人李・藍茲（Lee Lantz）在智利瓦爾帕萊索碼頭，看到小鱗犬牙南極魚（*Dissostichus eleginoides*）的標本。藍茲說：「這魚長得很驚人！這到底是什麼魚？」他得到的答案是「深海裡的鱈魚」，也就是上述的齒魚。

藍茲的智利夥伴說：「沒有人知道該如何處理這種魚。」

幾天後，藍茲在聖地亞哥的魚市閒逛時，又看到了這種魚，出於好奇心就買了一塊回來煎。的確，這魚沒什麼味道，但肉質卻很軟嫩、濕潤，而且帶了點奶香，白色的魚肉放進嘴裡一下就化開了。像藍茲這樣的美國人，或許比聖地牙哥的消費者更能接受這種沒什麼味道的魚，也更喜歡軟嫩的高油脂魚肉。事實上，沒有特殊味道的魚肉可能會變成賣點，因為美國主廚可以在宛如潔淨帆布的魚肉上創造各種風味、淋上各種醬汁、撒上各種辛香料。

可這魚的名字恐怕行不通。「深海鱈魚」一點也不誘人，而且到底有誰會想要點齒魚料理呀？

在第一批巴塔哥尼亞齒魚運往美國的途中，藍茲一邊思考魚的名字。美國食客喜歡吃海鱸，何不用海鱸的名字呢？反正有

一百種不同的魚都叫海鱸，再多一種也不會怎麼樣吧？更何況這種也是白魚肉，跟海鱸一樣切開會變成薄片，就算食客知道實情也不至於會不高興。事實上，小鱗犬牙南極魚是屬於冰魚和鱈魚類，根本就不是海鱸，但藍茲完全不在意。

藍茲原本打算把他新發現的商品取名為「南美洲海鱸」或是「太平洋海鱸」，但兩者聽起來都有點像動物學的名稱。後來他想到，自己是在智利的瓦爾帕萊索碼頭偶然發現這種魚，最後決定取名為「智利海鱸」。這個名字不僅新穎，還富有異國情調和時髦感。完美！

整整十七個年頭過去，美國食品藥物管理局才同意，接受智利海鱸為巴塔哥尼亞齒魚及其近親南極齒魚的「市場別名」。但在此時，小鱗犬牙南極魚已經從默默無名且屢被退貨的深海生物，搖身變成最吃香的時髦菜餚。其實智利海鱸一開始只是黑鱈的便宜替代品，但後來在紐約知名海鮮餐廳 Aquagrill（被塗上味噌醬料理），以及倫敦米其林港式餐廳 Hakkasan（和黑松露醬拌炒），搖身變成昂貴的珍品食材。換了個名字的魚兒，莫名變得相當熱賣。

不過魚兒對自己的下場應該不會很開心。巴塔哥尼亞齒魚原本過著平靜的生活，卻突然發現捕撈漁船往海裡丟下長達數英里的捕魚線，上頭有一萬五千個釣鉤和誘餌，都是要來捕捉牠的。光是一艘船，每天就會捕撈重達二十噸的漁獲。雖然有立法管制捕撈作業，但大部分的巴塔哥尼亞齒魚都是在國際海域抓的，所以很難管得到。非法捕撈的情況也相當普遍。到了千禧年

時，齒魚數量驟減，保育人士還發起「放過智利海鱸」的宣導活動，期望數百間餐廳的主廚可以把智利海鱸從菜單上移除。

巴塔哥尼亞齒魚並不是唯一歷經了被發掘、全球大流行、數量驟減和保育抵制的生物。鮟鱇（goosefish）和燧鯛（slimehead）也都同樣游過這麼一段歷程。此外，白斑角鯊（spiny dogfish）曾經是地球上最普遍的鯊魚，但目前數量已經比以前減少了95%。這四種生物的共通點是什麼？他們換上了新名字後，廣受消費者喜愛。鮟鱇變成「和尚魚」（monkfish），而「石鮭魚」（rock salmon）出現在炸魚店時會比鯊魚好聽許多，「橘色羅非魚」（orange roughy）聽起來也比燧鯛美味百倍。現在，這四種魚類皆列入綠色和平組織建議不要食用的警告清單。二〇〇九年，《華盛頓郵報》（*Washington Post*）報導：「若燧鯛只是燧鯛，就不會遇到現在這樣的困境了。」[18]

但也不是所有的魚類更名都會有不好的結果。聽起來很臭的泥蟲更名為「螯蝦」後，成了美國路易斯安那州的美食特產，而且可以養殖，所以供應無虞。海豚魚（dolphin-fish）換了個夏威夷風的名字鯕鰍[8]（mahi-mahi），是為了避免食客誤以為自己吃了可愛的海豚。沙丁魚（pilchard）在文藝復興時期的名字是康沃爾沙丁魚（Cornish sardines）。現在，美國政府正打算使用更名手段，控制亞洲鯉魚在北美地區的生長數量。

亞洲鯉魚屬於淡水魚種，對美國密蘇里河和伊利諾河的生

---

⑧ 譯按：臺灣俗稱「鬼頭刀」。

態系統造成重大威脅。為了阻擋亞洲鯉魚入侵五大湖區，政府已經花費了數百萬美元。亞洲鯉魚是在一九七〇年代被刻意引進美國，隨後開始在主要水路快速生長，趕走了其他原生魚種。現在環境學家和漁夫都急於剷除亞洲鯉魚。

看過巴塔哥尼亞齒魚的悲慘故事，我們現在知道，想要消滅某個魚種的數量，最有效率的方法就是讓洛杉磯到杜拜的各地食客都想吃牠。儘管在發源地中國，亞洲鯉魚被視為非常營養的珍品，但可惜大多數美國人都不喜歡牠的滋味。為此，主廚菲立普·帕羅拉（Philippe Parola）成立團隊，借鏡智利海鱸的故事，把亞洲鯉魚更名為「銀魚」（silverfinTM），期望這個新名字可以挑起美國食客的味蕾，進而鼓勵漁夫去抓補鯉魚。

行銷人員會為了銷售而更改食物的名稱，但這種做法有時也會引發政治辯論。一次大戰期間，美國人把大家愛吃的德國酸菜更名為「自由捲心菜」，避免跟德國做直接聯想。美國國會也做過類似的事情，當年法國不支持攻打伊拉克時，就把薯條（French fries）改成「自由炸薯」（freedom fries）。丹麥報紙刊出諷刺穆罕默德的漫畫後，伊朗烘培業者就接到通知，把丹麥酥改名為「先知穆罕默德的玫瑰」。

其實亞洲鯉魚也曾因政治因素而更名兩次：二〇一五年，明尼蘇達州參議院准許更名為「入侵鯉魚」，原因是稱呼不速之客為「亞洲來的」，感覺有點冒犯。

破壞力強大的兔子

在政治上，更改名字是件非常重大的事。在討論具有爭議性的議題時，其中一個有效的策略就是重新命名造成爭論的關鍵元素。反墮胎團體一直都知道，要成為「支持胎兒生命權」的積極分子，才能引發更大的回響；反對方則寧願被稱為「支持人工流產選擇權」，而不是「支持墮胎」團體。有時選對了恰當的名字，就能獲得大眾支持。英國前國防大臣麥可·赫塞廷（Michael Heseltine）指出，當宣傳部門在一九八三年決定不再討論「單邊裁軍」，而是讓部長們主張反對「單方裁軍」時，終於達成保留核子武器的決定。因為單邊裁軍聽起來是件「多麼仁慈、親切的美事」[19]，但「單方」則表示會有另一方占到便宜，表示被欺騙了。赫塞廷說：「這絕對是爭論的核心，全都包含在這兩個字裡了。」[20]

美國政治顧問法蘭克·藍茲為了支持共和黨的政策目標，採用「重新定義標籤」策略，因此而聲名狼藉。藍茲喜歡穿西裝配上名牌球鞋，經常衣衫不整，體重顯然過重，還有一張古怪的男孩臉龐，但因為他擅長溝通協調，成為非常成功的民意調查專家，電視臺和企業老闆都很喜歡他。雖然取得了英國牛津大學政治博士學位，但藍茲卻說：「我只知道美國人的想法，其他的事我一概都不知道！」[21] 正是這種洞察力，讓他非常清楚什麼樣的名字和標籤會引起大眾共鳴。

以下文字摘自藍茲全球（Luntz Global）網站：

　　「本公司執行長法蘭克‧藍茲博士，經手無數政治議題，協助重新解讀與對話交流……藍茲最出名的溝通案例，就是向美國人解釋，其實『遺產稅』就是『死亡稅』，還告訴父母親別為『教育券』爭論，倒是一起來談談『機會獎學金』[9]。另外還讓美國大眾知道，美國想做的不是『鑽油』，而是『探索美國能源』。」[10]

　　美國的遺產稅其實比大部分歐洲國家少很多；截至二〇一七年為止，只有少部分美國人真的付了遺產稅，因為只有價值超過五百萬美元的財產才需要課稅。在千禧年時，擁有超過一百萬美元財產的夫妻也能入土為安，不必擔心政府會拿走任何一毛錢。儘管如此，稅的問題一直以來都是共和黨的肉中刺，而川普二〇一七年的稅改計畫，其中一項就是廢除遺產稅。

　　一開始，政治人物在競選活動上指出要廢除遺產稅，選民卻反應冷淡。這不難理解，因為多數選民覺得，有錢人死後多貢獻一點錢給社會並無大礙，所以不必急著去幫有錢人省錢。第一個喊出「死亡稅」一詞的是共和黨議員候選人吉姆‧馬汀（Jim Martin）。藍茲的民調結果證明，比起沒人感興趣的「遺產稅」，有非常多選民對於「死亡稅」感到不滿。新名稱有了新的道德定義：死亡已經很悲慘了，怎麼還可以課稅？新名稱也暗指每個人都會受到影響，因為每個人總有一天都會死。馬汀惺惺作

---

[9] 譯按：教育券和機會獎學金都是資助學生上私立學校的獎學金。
[10] 這段文字的擷取日期是在 2017 年 1 月，現已被移除了。

態地將「死亡稅」形容為「最嚴厲的賦稅」，同時做出這樣的評論：「其實都是行銷手法。」[22]

　　一九九四年，在共和黨「和美國簽約」宣傳活動中，藍茲就採用了「死亡稅」這個新名稱。他還建議共和黨的參議員和眾議員在太平間舉辦記者會，以添增效果。為了抵抗藍茲的強力話術，柯林頓對廢除遺產稅這項提案起了個名字，叫做「有錢人的意外之財」。儘管柯林頓總統盡了全力，到了二○○一年，仍有將近八成的美國民眾支持廢除「死亡稅」。

　　藍茲發現：「語言就像是一把火，可以溫暖屋子，也可以把屋子燒成灰燼，就看你如何使用。」[23]

　　藍茲總能巧妙地使用名字，這套魔法幾乎可以施展在每一件事情上。他說：「如果我要把兔寶寶妖魔化，那我會改口叫牠兔子。因為兔子會跑進院子，大肆破壞。這就是語言的包袱。兔寶寶就是可愛，在院子裡大搞破壞的兔子就是討厭鬼。」[24] 藍茲不僅運用充滿愛國色彩的「探索美國能源」一詞，讓石油業可以繼續自由鑽井，他在阻擋永續性資源與交通運輸議題上也扮演了關鍵角色。在美國總統小布希第一期任內，藍茲就建議共和黨避免使用「全球暖化」一詞，因為這會讓人聯想到焚燒化石燃料導致地球溫度上升，好像整個地球都在融化，要改用「氣候變遷」感覺比較無害。二○○三年，有人流出一份藍茲的備忘錄，裡頭寫著：

　　「比起『全球暖化』，『氣候變遷』聽起來比較不恐怖。在一次焦點團體研究中，有位參與人指出，氣候變遷一詞聽起來像

是從匹茲堡飛到羅德岱堡的氣候溫度改變。相較於全球暖化帶有大災難的意涵，氣候變遷感覺比較能控管，是比較不情緒化的字眼。」[25]

這段話說得對極了。十一年後，美國耶魯大學的氣候變遷宣導計畫與喬治梅森大學的氣候變遷宣導中心發現，和「氣候變遷」相比，13% 的美國人認為「全球暖化」比較有威脅性。研究人員指出：「使用氣候變遷一詞，確實能降低火藥味。」[26]

藍茲說過：「我的工作就是負責找出能激起情緒波動的字眼。在字典或電話本裡都可以找到各種字眼，但唯有帶有情緒效果的字眼才能改變命運造化。我們都知道，遣詞用字會改變歷史，也會改變行為；會觸發戰爭，也能終止戰火。我們更知道，當文字和情緒結合時，就能成為人類最強大的力量。」[27]

好好取名字

名字的影響力真得很大，我們給人、法規、想法和事物取的名字、貼的標籤，都會形塑世界看待它們的眼光，也會決定相關的行動與反應。取了對的名字，就會讓食客爭相點用陌生的魚肉料理；如果取錯名字，可能就會讓選民對重要的世界議題漠不關心。面對爭論性的議題，選用情緒化的字眼，你就能在吵起來之前大獲全勝。名字本身根本不可能中立，反而帶有強勁的力道和宏亮的聲音，能鼓舞行動，或是重擊對手。所以，如果你手上的產品、計畫，或是公司目前的名字沒能起作用，那就換個名字

吧。新名字能帶來新真相 ── 如果新的名字能引發人們對真相的
新認知，那麼一切就能有所轉變。

實踐指南

你可以這麼做……

◆ 慎選名字，因為名字攸關未來。

◆ 如果某個商品或觀念的推廣成效不彰，那就改個名字試試
看吧。

但要小心……

◆ 有些人會用聯想型字眼，說服你去買商品、去投票或是去
做不適當的行為。

◆ 你的對手會給你或你的計畫取個具有殺傷力的綽號。

◆ 討論過程中，誤導者會為了扭轉情勢而更換新詞。

第四部

未知真相

第十二章
預測

「當你不知道會發生什麼事，就不要做出有關支出、投資、
僱用或要不要找工作的決定。」

—— 麥可・彭博（Michael Bloomberg）

是先發制人，還是預防性決策？

一九六七年六月五日，訓練有素的以色列空軍幾乎出動全
部的戰鬥機，低空飛行穿過地中海，一路往西飛到達塞德港後，
轉向南邊飛往埃及，殺他個措手不及。自從一九五六年蘇伊士運
河危機結束後，以色列和埃及一直維持著得來不易的和平。而這
一次，以色列沒有正式宣戰，政治人物也沒有透露絲毫意圖。雖
然埃及有航空防衛系統，但以色列戰機飛得很低，所以雷達根本
偵測不到。以色列空軍等到埃及空軍的晨間巡邏剛結束，就飛入
尼羅河谷展開攻擊，而此時埃及的飛行員都還在吃早餐，根本毫
無防備。

埃及空軍基地的軍機就直接停在跑道旁的戶外空地上，完

全沒有遮蔽。以色列空軍的第一波攻擊鎖定了十一個埃及空軍基地，他們以特製炸彈轟炸基地跑道，並摧毀了一百八十九架軍機。在這過程中，以色列戰機還返回基地加油與補充彈藥，隨即再度起飛，趕赴埃及繼續攻擊。第二、三波攻擊共炸毀了十九處空軍基地，炸壞了超過三百架埃及軍機。在這場晨間空襲中，敘利亞、約旦和伊拉克也做出回應，出動戰機攻擊以色列基地，但並沒有造成重大的傷害或影響，反倒讓以色列空軍逮到機會，轉而去攻擊這幾個國家的空軍基地。當天結束時，以色列共殲滅了大約四百架阿拉伯軍機，順利取得該區域的制空權，並在隨之而來的「六日戰爭」（Six-Day War）中協助陸軍取得戰略優勢。後來以色列國防軍占據了西奈半島、加薩走廊、約旦河西岸地區、東耶路撒冷和戈蘭高地等地，時至今日，上述地區大多仍是以色列的領地。

　　這是一場相當精采的勝利之戰，但為什麼以色列要這樣做呢？以色列這麼一個小小的國家，周圍環繞著敵意十足的阿拉伯鄰國，怎麼會想要打破和平呢？

　　在蘇伊士運河危機後，以色列同意從埃及領地西奈半島撤軍，條件就是聯合國緊急部隊必須駐紮在兩國之間，做為緩衝區。從此以後，聯合國緊急部隊對當地帶來了十年和平，並保證以色列可以自由進出蒂朗海峽；這塊狹長的海域就位在西奈半島和沙烏地阿拉伯之間。

　　在這十年間，以色列仍舊持續感受到來自鄰國的軍事壓力。蘇聯和幾個阿拉伯國家聯盟，不僅供應武器，給予外交支

持，更成立了巴勒斯坦解放組織。阿拉伯民兵團體屬於非正規軍，但是他們會對以色列發動攻擊，而以色列的報復就是對約旦和敘利亞展開地面攻擊。以色列這個猶太國家，和周圍的阿拉伯鄰國關係相當緊繃。

一九六七年五月十三日，當時名為「阿拉伯聯合共和國」的埃及，派遣了大批軍隊前往西奈半島，原由是埃及總統賈邁勒・阿卜杜勒・納賽爾（Gamal Abdel Nasser）收到蘇聯捎來的情報，指出以色列軍隊在敘利亞邊境有所行動。但這個情報並不確實。納賽爾總統下令要聯合國緊急部隊退出當地，二十二日更封鎖蒂朗海峽，不讓以色列船隻進出，這等於是切斷了以色列的原油供給。

以色列政府認為埃及即將發動攻擊。既然預測會被攻擊，便決定要先採取行動。

以色列空軍對埃及發動的空襲行動，至今仍叫人津津樂道，因為這場戰役是當今最成功的先發制人戰爭實例。先發制人戰爭，就是在遇到緊急威脅時，以軍事突擊行動來進行防衛。這場空襲計畫名為「焦點行動」（Operation Focus），軍方早已規劃許久，不只集結智囊團集思廣益，飛行員也經過扎實密集的訓練。不過以色列強調，是因為埃及先在西奈半島挑起戰火，他們才會下令執行這項行動。

先發制人的行動一向深具爭議性，因為它得根據一個關於未來的矛盾真相來做為道德上的辯護。若不想被世界輿論批評為侵略者，以色列必須證明埃及和其他同盟國正準備開戰 —— 雖然

以色列先出手，但埃及才是真正的侵略者。

　　事情都發生了，我們就不可能說，如果以色列沒有發動空襲，原先預測阿拉伯會宣戰的想法就不會成真。我們只能就一九六七年六月五日之前實際發生的事，來了解以色列對未知真相的判斷是否合理、可靠。結果並不令人意外，有些部分的確有待商榷。埃及原本真的有打算要進攻以色列，並計畫在五月二十七日發動「旭日行動」（The Dawn），但直到行動的前一刻，納賽爾總統下令取消。如果以色列沒有先發制人，埃及是否會再次啟動旭日行動呢？如果埃及沒有在一九六七年攻打以色列，那隔年呢？後年呢？

　　先發制人戰爭和「預防性戰爭」，兩者之間有時可以畫出一條道德界線，二〇〇三年的波斯灣戰爭就是一個例子。當時美國總統小布希和英國首相布萊爾領導的盟軍，決定進軍命運多舛的伊拉克，理由是他們判斷在未來的某個時間點，伊拉克會在歐美地區使用大規模殺傷性武器。然而事後有許多控訴指出，就大規模殺傷性武器這一點，英美兩國政府的資訊是錯誤的，因為入侵伊拉克之後，根本沒有找到任何大規模殺傷性武器。如果小布希和布萊爾仍然堅稱，要不是他們剷除了薩達姆·海珊（Saddam Hussein），伊拉克總有一天會對西方國家發動攻擊，我也不會太意外。要證明海珊政府擁有大規模殺傷性武器是錯誤的預測，其實非常困難。

　　先發制人戰爭和預防性戰爭的實際差異在於時機。兩種軍事行動都是為了防止敵方在日後攻擊我方，不過先發制人戰爭面

臨的是近在眼前的威脅，而預防性戰爭則是預測在未來的某個時間點會被攻擊，但細節卻不明確。一切都要看你對預測抱有多少信心，以及預測多快會發生攻擊。這為誤導者留下了很大的彈性空間，即使他們私底下可能懷疑敵人的攻擊是否有急迫性，但仍然可以成為戰爭的理由。主張自己的國家會被攻擊不見得是在扯謊，但可能會誤導大家以為這件事很快就要發生了。

未來會發生什麼事？

下面這句話是真話嗎？
太陽明天會升起。

那這一句呢？
我有一天會死。

我猜你的兩個回答都是肯定的。應該沒有人會反對這兩句講的都是真相。因為都是事實，所以都是真話。

有意思的是，這兩句話講的也不盡然是事實，因為太陽在明天之前就會爆炸，低溫保存技術會讓你長生不死 —— 這都是想像中可能發生的事。我們會推斷上述兩句話是真話，是因為經驗告訴我們太陽每天都會升起，而教育也告訴我們每個人終將一死。其實這兩句話都是預測，但我們卻認為是絕對真相。

那麼下面這幾句話呢？

火車會在晚上八點四十五分發車。

這學期會在十二月十五日結束。

明年會有數百萬名觀光客拜訪巴黎。

製片公司的下一部電影會在九月上映。

我們會在六月二日結婚。

以上幾項預測都有可能會實現，但如果沒有兌現，我們也不會太驚訝，因為我們以前的預測也曾失敗過。如果我們對這樣的預測深具信心，就會照著預測的結果去投資、雇用員工、搬家、投票、唸書、消費和建設。如果我們沒這樣做，就可能會發生不好的事，例如沒搭上火車、小孩在學校門口沒人接、婚禮外燴出包了。

我們把這類預測看成是「可採取行動」的真相。

農夫種下農作物並噴灑農藥、球迷買季票、幸福的情侶預定教堂和婚宴場所、酒店業蓋旅館、準媽媽買嬰兒床和娃娃車，這些都是大費周章而且很花錢的行動。這些人會這麼做，根據的就是他們有信心會實現的預測。

不過，直到預測真的實現之前，都不能說預測就是絕對真相，因為未來總是可能會發生其他的事情。這意味著一定也有關於可能發生其他事情的預測，也就是關於未來的矛盾真相。

和其他的矛盾真相一樣，對於預測的事情，我們也要小心選擇，才能用來說服、影響、鼓勵和啟發其他人。

願景型領導

英國阿特金斯（Atkins）國際工程顧問公司，從事摩天大樓、高速公路、隧道、機場等工程的設計規劃與專案管理，曾經負責建造二〇一二年倫敦奧運的基礎建設，現在還參與打造全球規模最大的實驗性核融合反應爐，並身兼浮體式海上風力發電機領域的領導廠商。這些都是歷經數年，甚至數十年的打拼和努力，才得以完成的成就。阿特金斯公司的領導人當然也花了很多時間思考未來的發展。

依據合理判斷，建築工程業是最不容易受到數位革命衝擊的產業。但該產業的高階主管煩惱的，並非數位革命是否真的會衝擊建築業，而是「何時」會受到衝擊。阿特金斯已經走過四分之三個世紀，未來仍舊希望可以保有競爭力，所以公司領導人才會一直費心思考未來的變化、可能出現的新機會，以及將會面臨的威脅與挑戰。

為了因應都市化快速發展，中央和地方政府得大膽做出決策，準備好能源、交通與供水計畫，以滿足快速成長的人口需求。氣候變遷可能會讓防洪措施變成迫切的需要；採用新能源則表示要有不同的生產與配送方式；建築和網路等基礎建設可能因為恐怖活動威脅，而必須加裝維安設備。對阿特金斯來說，最重要的是找出與現有環境相關，以及將會改變建築產業本質的「數位新浪潮」。

我曾經受邀前往阿特金斯位在英國與歐洲的公司，協助多

達八千五百名員工做好準備，勇往直前迎接新世界。我們為公司設下的偉大抱負是要重新定義基礎建設的設計與規劃工作，要搭上數位新浪潮，進入網路與大數據的世界。阿特金斯已經在結合鋼鐵、混凝土和玻璃材料領域打響名號，勢必也能夠成為善加利用位元和演算法的建築專家。自動化設計、運用雷射和無人機捕捉實境、預測性分析、虛擬實境與物聯網串聯，都成了阿特金斯需要建立的核心能力。如果公司上下都能正視這份新的未來觀點，可以預期「阿特金斯」四個字將會成為世界級基礎建設的代名詞。現在公司客戶都很尊重阿特金斯的專業，而未來大眾也會欣賞和認同這間建設公司。

　　結合未來願景和執行計畫的趨勢分析，確實大大激勵了阿特金斯的員工。當公司領導人仔細檢視各種可能性和不確定性，精簡濃縮成清楚易懂的意向與期望，就能以更協調、有建設性的方式來引導團隊。領導人的預測讓員工更積極、更投入，效率表現也更好了。二○一七年，加拿大斯恩西蘭萬靈公司（SNC-Lavalin）收購了阿特金斯，但這個未來願景保持不變。所以在公司所有權的移轉過程中，這份願景就像山頂上的光，能讓員工保持專注。

　　這則企業故事並沒有什麼獨特之處，如果你曾經做過策略管理顧問、政策開發或是業務規劃，就能看出主要元素。優秀領導人的核心能力，就是要預測組織未來，並提出一個讓員工可以努力邁進的願景。

這個過程的有趣之處在於，公司上下所投注的精力、投資和承諾，根據的都是尚未發生的事，而這些事很可能最後根本不會發生。二〇〇八年時，我的另一個客戶也有類似的經歷。我和英國健康保護局一起檢視了流行病、化學物質外洩、核輻射和其他重大危難事件，了解未來大眾健康可能受到的威脅，也討論到保護局該如何聚集相關領域的政府專家，建立能更有效保護大眾的國家級應變機制。這個願景非常激勵人心，保護局的許多同仁非常投入，但是剛選上的大衛‧卡麥隆及其內閣政府，卻決定廢除健康保護局。

好吧，我們並沒有預期到這一點。

處在銀行、大眾服務和基礎建設這類複雜的產業環境下，預測一定會受到意外的影響。儘管如此，想要有所成就，就必須預測。每個組織都需要清楚的前進方向，和一個可以實現的預期目標，也需要知道一路上可能會發生什麼事。我們可以將預測視為未來的合格真相，只是仍需持續修正。如果沒有預測，那就什麼事都做不成了。

說服型預測

如果你想說服一位名叫克莉絲汀的同事加入你的團隊，你們得討論薪水待遇、工作職務與責任等細節，但克莉絲汀本人最想知道的，其實是調到你的團隊後會發生什麼事。和你共事會是什麼情況？調過去六個月之後還會是開心的嗎？未來能有什麼職

涯機會？能否學到新的技能？

　　克莉絲汀的決定取決於這幾個問題，而你該如何說明這份工作的未來呢？

　　你心裡閃過幾個想法：

　　你每週得加班兩到三天。

　　你得和麻煩人物傑夫共事，而且慘的是我們無法趕走傑夫。

　　雖然對你不是很公平，但你得處理被公司退貨規定氣個半死的客戶。

　　至少三年內，你都無法升遷。

　　你很清楚這些都是真的，但你可能會選擇不提這些。更精確地說，你會專注在其他同樣真實的預測：

　　你有機會學到許多寶貴的客戶服務經驗。

　　你每年都有機會參加為期兩週的技巧訓練正式課程。

　　你有機會去參訪公司在巴黎和新加坡的辦公室。

　　你在一年之內將有機會選擇是否要承擔更多責任。

　　如同先前談過的部分真相，我們可以明智地選擇預測，好創造出對現實的特定印象。溝通者可以用處理部分真相一樣的方式，忽略與混淆某些預測。這就是為什麼政客會說如果他當選了就會授權撥款，卻不說他們會增加債務或加稅。其實我們都會這樣做。為了讓孩子想參加家族旅行，做父母的會預告陽光、沙灘和好玩的活動，卻不提那裡沒有無線網路，或是坐飛機時不會太舒服。比起描述發生過的事，我們更難把未來說得完整，所以自

然會傾向強調對自己有幫助的要素。

如果聽到一個非常可靠並且對自己有幫助的預測，我們就會拿出來大講特講，至於毫無幫助的預測，我們可能完全不想去提。如果我們必須從多個互相矛盾的預測做出選擇，而提出預測的每位專家同樣受人尊重，我們自然會選擇並分享對我們立場有利的那一個，並忽略其他的預測。

戰術一：選擇性預測

英國脫歐公投期間，有一張支持脫歐的海報發揮了極大的效果。海報上頭寫著：有七千六百萬人口的土耳其即將加入歐盟。歐盟會員國的公民可以自由選擇要在哪一個國家工作和生活，所以動盪不安的中東地區及其移民問題，就成了支持脫歐者用來威嚇英國公民的最佳議題。但是，脫歐派的預測是真嗎？

土耳其於一九八七年申請加入歐洲經濟共同體，並於一九九九年取得歐盟候選國資格。長久以來，英國的政策都是支持土耳其加入歐盟，當時的英國首相卡麥隆在二〇一〇年時還對土耳其觀眾說：「我希望我們可以一起鋪設從安卡拉通往布魯塞爾的康莊大道。」[1] 英國舉行脫歐公投期間，歐盟剛好需要土耳其協助控制湧入歐洲的外來移民，因此許多人猜測，歐盟的回報就是讓土耳其成為歐盟正式會員國。如果我們靈活地詮釋「即將加入」的時間，那麼在未來的某個時間點，「土耳其即將加入歐盟」的確是真的。

　　換個角度來看，英國和其他會員國一樣，對新成員的加入具有否決權。如果英國政府不希望土耳其加入歐盟，那麼土耳其永遠也無法如願（前提是英國得留在歐盟）。即使英國沒有行使否決權，除非土耳其能先解決土耳其人占領北塞普勒斯的問題，否則塞普勒斯政府肯定會否決。另外，土耳其想加入歐盟，還有許多程序上的困難未解，諸如土耳其政府的貪腐問題、缺乏新聞自由，有違反人權紀錄等。所以，要說土耳其加入歐盟的日子遙遙無期，也一樣是真的。支持留在歐盟的卡麥隆曾在脫歐辯論時指出：「按照現在的進度來看，（土耳其）可能要到西元三〇〇〇年才會加入歐盟。」[2] 總結來說，這張支持脫歐的海報，其實誤導了非常多民眾。

　　英國脫歐的辯論多聚焦在相互矛盾的預測，也就是針對英國離開歐盟後會發生什麼事情所做的預測。選擇留在歐盟的人認為，脫歐後會被孤立、經濟會衰退、旅遊受到限制，甚至可能會打亂歐洲秩序。支持脫歐者則預測會出現貿易的新時代，可以自由創造發明，也可以和歐洲盟友建立新的合作模式，而且更能掌握自己國家的命運發展。雖然兩派人馬都誇大了英國未來會發生的好事和壞事，但大部分都是基於某些事實的有效預測。

水會害死我們嗎？

　　在各種針對矛盾預測的爭論中，吵得最激烈的或許要屬「全球暖化」了。

人類製造的二氧化碳堆積在地球的大氣層，形成一種類似溫室的屏障，導致地球接收太陽的輻射之後無法釋放到外太空，導致這些熱能被困在地球上。這段全球暖化的故事，因為觀察得到，也量測得到，所以接受度甚廣。至於為何要改變我們旅行、能源生產與生活的方式，則是來自這個故事中接下來的預測部分，包括氣候可能會發生的變化，以及可能帶來的有害後果。

聯合國跨政府氣候變遷委員會（IPCC）估計，到了二〇八一至二一〇〇年，全球表面平均溫度會比一九八六至二〇〇五年這段期間高出 0.3-4.8℃。[3] 這個預估數字的範圍很大，表示氣候變遷對未來的影響可能很劇烈，也可能很輕微。為什麼專家會如此不確定呢？

根據預測，二氧化碳本身並不會造成太大的暖化問題。該委員會指出，大氣中的二氧化碳濃度翻倍之後，地球溫度大約會升高 1.2℃，這個結果被認為並不是很危急。預測氣候變遷可能會很劇烈，是根據後續產生的擴大因子，也就是大氣中的水蒸氣會因為暖化而增加。

暖空氣會攜帶更多水蒸氣，當溫度每上升 1℃，空氣濕度就會增加約 7%。也就是說，二氧化碳造成暖化，導致大氣濕度明顯增加。水蒸氣的威力強大，對未來暖化問題的影響程度是二氧化碳的兩倍以上。

水蒸氣會形成雲層。雲層有兩個相反的作用，除了吸收地球輻射造成地球暖化，也會把陽光反射回太空而降低暖化。整體來說，雲層是有降溫的作用。不過不同類型的雲層會有不同的影

響，位置低的層積雲通常可以幫地球降溫，但位置高的薄卷雲則會提高地球溫度。如果水蒸氣增加後，形成的多是位置低的雲層，就可以降低或抵消水蒸氣對暖化帶來的影響；但如果位置較高的雲層增加了，那麼暖化問題就會惡化。

可是水蒸氣變多，並不一定表示雲層就會增加。事實上，研究顯示，溫暖潮濕的空氣可能會導致高空或低空的雲量減少（進而對雨量造成影響，導致水災或乾旱）。總之，高低雲層平衡關係的改變，會決定整體氣候是降溫或是升溫。

目前研究氣候變遷的科學家認為，對於溫室氣體誘發的暖化問題，雲層會稍為放大二氧化碳的影響。即使科學家盡力模擬未來的雲層模式，大部分的人也承認，他們對預測的準確度沒有足夠的信心。雲層變化模式對全球溫度的影響充滿了不確定性，因此很難預測長期的氣候。

不確定性是科學研究的標準特徵，但這並不意味著全球暖化的故事就是錯的，也不代表我們現在就不必採取任何行動。如果我們對未來的悲觀預測是對的呢？在這場爭論的兩個極端之間存在著大量的矛盾真相，想要改善氣候預測品質的科學家因此經常陷入各種意見交鋒中。

即使地球溫度真的上升了，也不是每個人都覺得有什麼不好。因為地球生態的運作非常複雜，難以想得全盤透徹，所以也很難做出預測模型。颶風的強度和發生的頻率都會增加嗎？哈維颶風、艾瑪颶風和瑪莉亞颶風似乎是最好的例子。為北歐海域帶

來溫暖的深海洋流是否會被打亂了呢？永凍土融化會釋放出大量的二氧化碳，是否會加速暖化效應呢？乾旱和農業問題，會導致大規模遷徙與戰爭嗎？海平面上升後，全世界的大都市是否會有危險呢？沒有一個人能夠斬釘截鐵地回答這些問題，我們聽到的大多是隱約可信的說詞。

透過適當的脈絡所呈現的部分真相，對於預測未來可能發生的情況將會很有幫助。〈二〇一七氣候科學特別報告〉指出，有「相對明確的證據」顯示，二〇〇三年的歐洲熱浪和二〇一三年的澳洲熱浪，都是人為因素造成的。報告中也點出了某些暴風類型「與氣候變遷有關」，不過氣候學家也承認尚無法充分了解其中的關聯。其實，這些部分真相早已同時被正反雙方做為理由，教人們應該對未來感到樂觀或恐懼。下列為二〇一六年《科學人》（*Scientific American*）雜誌刊登在《氣候快線》（*ClimateWire*）的文章，提出氣候變遷對未來可能引發的衝擊。

「正在進行的敘利亞（武裝）衝突已經造成四十七萬人喪生，數百萬人被迫遷徙。然而在二〇〇六至二〇一〇年間，也就是爆發衝突之前，已有數百萬名敘利亞農夫因氣候異常乾旱而被迫搬遷到都會地區，也就是衝突的主要戰場。研究指出，如果不是氣候變遷，就不大可能會發生乾旱問題。」[4]

這些事實敘述大致上是真的，但其因果關係肯定是錯的，雖然大部分政治專家可能會抗議我的說法。氣候變遷並不是引發敘利亞戰爭的原因。

對氣候變遷一說感到懷疑的人，對於未來會變暖一事提出

了樂觀的預測。麥隆・伊貝爾（Myron Ebell）認為，這樣一來「凍死的人會變少」。伊貝爾曾被川普指派去遊說美國國家環境保護局，企圖改變該署對氣候變遷的看法。伊貝爾寫道：

「許多地區的生活條件會變好，加拿大薩斯喀屯市一月的氣溫會從 -20℃上升到 -10℃。如果美國明尼亞波利斯市的冬天可以變得跟堪薩斯城一樣溫暖，我想不會有很多人要抱怨……年長者和病人也會比較喜歡溫暖一點的氣候，而且這樣對健康也比較好。」[5]

這番話或許是正確的，但卻狠心地忽略了住在熱帶地區的數十億人口。

科學記者馬特・里德利（Matt Ridley）指出，由於經濟發展和環境變化使得空氣中的二氧化碳濃度變高，所以地球變得更綠了，不少生態系統的植物數量似乎有在增加。[6]里德利注意到，二氧化碳是植物行光合作用的重要原料。農夫會定期增加溫室內的二氧化碳濃度，以刺激農作物生長，因此未來的農場和雨林都會因大氣中的二氧化碳增加而受惠。但是這套樂觀的看法沒有考量到的是，當天氣模式受到干擾後，農耕地區可能會遭遇乾旱、暴風雨和洪水，自然生態系統的運作也會被打亂。例如二〇一七年九月，瑪麗亞颶風疑似因氣候變遷而加劇，大肆破壞波多黎各雨林，損毀了島上將近八成的農作物。

所有這些預測根據的都是現有的大量已知變數，而這些變數以我們還未完全理解的複雜方式並互相作用；只要調整一個變數，或是稍微修改其中的關係，整體預測就會大幅改變。因此比

較好的方式是採取「可能會發生」的思考方式，但不少知名科學家卻選擇了「即將會發生」的表達方式。

帶有轉變性質的預測

明天的天氣並不會受到天氣預報的影響，無論預報員做出什麼樣的預測，天氣該是怎樣就是怎樣。相反地，如果我們擔心全球暖化會改變地球氣候，所以決定減碳或是採取地球工程措施，那麼這個預測本身就會影響結果。

溝通預測的行為，會影響該預測是否會實現。大膽預測會發生戰爭的國家，就比較有可能會開戰；將目標訂在特定通膨水平的中央銀行，就會引導市場採取一致的行動，以幫助他們達成目標；有威望的分析師說某家上市公司會關門大吉，話一說出口便會加速該公司倒閉；父母經常碎唸孩子考試不會過，可能真的會影響孩子考不及格；這些都是所謂的「自我應驗預言」（self-fulfiling prophecy）。

相對地，「自我推翻預言」（self-defeating prophecy）就是只要付諸行動，預測就不會實現。二〇一四年，伊波拉病毒在西非爆發大規模疫情。世界衛生組織對病毒的潛在規模即時發出警號，國際社會都很緊張，也都採取了因應行動。原本美國疾病管制與預防中心預測會有超過五十萬人受到感染，所幸最後順利控制病情，讓這項預測並沒有真的發生。氣候變遷的宣導團體就是希望，現在的警告可以避免未來發生最嚴重的暖化局面。

戰術二：攔阻型預測

條件性預測可能會導致自我應驗，也可能會導致自我推翻。「如果你能準時寫完作業，我就給你二十元。」這句話可能會替某人帶來收入。「如果你寄出那份備忘錄，你就會被開除。」這句話其實是警告對方，避免被炒魷魚。

承諾也算是一種預測。當承諾者是可靠的對象或組織，這個承諾（預測）就會被視為真相。如果你的另一伴對你說：「明天晚上七點，戲院外頭見。」經驗會告訴你這句話是真的。二〇一二年，歐洲央行總裁馬利歐·德拉吉（Mario Draghi）表示：「歐洲央行已經準備好了，會拼了命守住歐元。相信我，央行一定做得到。」歐洲央行和央行總裁的可信度足以安撫投資市場，因此順利降低政府債券殖利率。[7]四年後，英國《金融時報》報導指出，這是因為自我應驗預言「廣泛受到採信，所以救回瀕臨解體的歐元區」。[8]

戰術三：推波助瀾型預測

由此可見，預測不只能驅動我們採取行動、做出重大決定，溝通（預測）的方式也可以直接導致預測實現或毀滅，進而改變未來。可信度高到讓人信以為真的預測，往往就是推動現實的強大驅力與影響因素。當可信的預測不只一個，我們選擇聽

信、據以行動並與別人分享的那一個預測，最終將有可能決定我們的未來。

烏托邦還是反烏托邦？

機器人要來了。

不只是機器人，人工智慧（AI）、大數據、先進的感測器和前所未有的串聯網路，結合在一起所打造出來的機械設備，很快就會比人類更會做事。它們不僅有體力優勢，智力也不容小覷，而且成本將會比人工更便宜，便宜非常多。

許多行業很快就會被機器取代。我們現在已經看到，很多製造工作早就交由機器執行了。還有更多職務會漸漸被淘汰，例如零售業的收銀員、銀行櫃員、電話接線生等，以後連卡車和計程車司機都會被無人自駕車取代。要知道，現在美國還有三百五十萬名卡車司機。腦力的例行工作，像是會計師、房地產律師、金融記者、行政管理人員、醫學實驗室助理等，不用太久也會被取代。等到機器人的敏捷性和空間感大幅改善後，連烹飪、清潔、剪髮等運用雙手的工作也會被機器人取代。

數百萬人，甚至數十億人，都會因為機器人而被解雇，經濟與社會不平等的情況將會更加惡化。

機器人的學習力必定會讓電腦變得比人類聰明，搞不好機器人還會想要掌控世界。二〇一七年時，研究人工智慧與機器人的專家們警告：「我們不該預先假設未來人工智慧的能力上限。」

同一篇文章指出：

「人工智慧帶來的風險，特別是災難性的風險和人類生存的風險，一定要有符合預期衝擊的規劃和紓緩措施〔……〕能夠以快速提升品質或數量的方式來持續自我改進與自我複製的人工智慧系統，必須接受嚴格的安全控管措施。」[9]

這些專家對於未來人工智慧研究的指導方針，讓看著《魔鬼終結者》（Terminator）和《駭客任務》（Matrix）長大的人們很難感到安心。不要忘記了，目前很多最精密的人工智慧和機器人研究，都是針對軍事用途。就算機器人最後並未消滅人類，人類還是只能降格到寵物或是奴隸的地位。

史蒂芬・霍金（Stephen Hawking）曾經警告：「如果發展出完整的人工智慧，人類就要滅絕了。」[10]

機器智慧研究所（Machine Intelligence Research Institute）前所長麥可・瓦薩爾（Michael Vassar）指出：「如果人類不夠謹慎小心，發展出比自己還要強大的人工智慧，那麼人類一定會在短時間內滅絕。」[11]

所以我們人類必須盡一切努力，避免這樣的災難發生。

特斯拉汽車和太空探索科技公司（SpaceX）的創辦人伊隆・馬斯克（Elon Musk）認為，人工智慧是「人類生存的最大威脅」。他說：「擁有人工智慧，等於是在召喚魔鬼。」[12] 因此他大力呼籲各個國家和國際組織立法管控人工智慧。不僅如此，馬斯克想得更多，而他對人工智慧的恐懼正是他發展太空計畫的其中一個原因。根據《浮華世界》（Vanity Fair）報導，馬斯克打算

移居到火星，這麼一來，「如果人工智慧開始找人類麻煩，我們就有地方可以逃了」。[13]

為了讓人類存活下來，除了逃離機器人，馬斯克也提出另一個的建議，就是加入機器人那一邊 —— 沒錯，就是字面上的意思。馬斯克的神經織網公司（Neuralink）已經開始研究半機械人，「有點像是結合生物智慧和人工智慧」，並且試圖研發出一套「神經織網」（neural lace）。「或許有一天，微型腦電極就能上傳和下載各種想法。」[14] 馬斯克投注大量的時間、金錢和個人聲譽，為的就是要保護人類免於被機器人取代或甚至消滅。

對於該如何限制廣泛採用機器人一事，微軟創辦人比爾·蓋茲（Bill Gates）提出不同的建議 —— 課稅。蓋茲說：「你們應該都會同意提高課稅，甚至也會同意放慢速度不要這麼急著全面採用機器人。」[15] 另一種作法是降低所得稅，或是補助低收入勞工，如此一來，勞工的費用成本就可以與機器人匹敵，以降低企業投資機械化與自動化的誘因。蓋茲知道，這麼做無法阻擋機器人世代的來臨，但可以讓人類有時間去適應，並培養出在人工智慧世界所需的生存技能。

我們應該要求政府單位制定法律，向發展人工智慧和新一代機器人的機構課稅。或許我們應該一起來禁止發展該死的人工智慧。如果政府不立法保護我們，我們就自己採取行動。為了拯救人類，我們現在就得採取行動。

這些言論根本就是危言聳聽！這樣看待未來實在太悲觀

了。是，沒錯，機器人會取代許多重複性、低階而無趣的工作，這樣不好嗎？有人會真的想整天弓著背坐在電腦前，整理無趣的電腦檔案嗎？還是有人會想整夜不睡覺，去修補路上的坑洞呢？開貨車、煎漢堡排、盯著監視病理樣本這類的工作，值得複雜的大腦花時間嗎？人工智慧可以讓人類去做其他更有趣的事情，去追求更具創意的職業。而且舊的工作消失了，我們沒想過的新職業就會出現。工業革命和電腦時代都沒有引發大規模的失業問題，我們現在反倒需要更多系統分析師、網頁設計師、免疫療法研究人員、網路安全管理員和資料模型創作人員，這些全都是新科技創造出來的新行業。所以說，願意使用科技提升自我能力的人，就會有光明的未來。

此外，機器人和人工智慧也可能拯救人類。有些難解的問題，像是全球暖化以及昂貴的老年照護成本，都可以讓機器人來協助解決。機器人能監控生命跡象，能溫柔地攙扶、搬運人類，能講笑話，如此一來就能協助改善數百萬名老年人的生活品質，讓老人家能獨立生活得更久一些。自主機器人團隊則會檢測、修補壞掉的道路和建築；無人飛行載具可以用於地球工程，負責檢測地球表面的溫度。

如果機器人是我們設計來滿足人類需求和聽令行事，為什麼人類要害怕聰明的機器人呢？或許智慧高一些就能解決阿拉伯和以色列的衝突問題，或許也能預防核武戰爭爆發。比較聰明的機器人可能會充滿愛心地照顧人類，如同人類呵護寵物一樣。

所以我們要努力加速發展人工智慧。研發機器人的公司應

該要享有節稅優惠，也應該要發補助金給研究機器學習的大學和研究所。在現今科技鼎盛發展之際，應該要移除所有會阻礙無人自駕車發展的法律規定。

　　哪一個才會是我們的未來？末日論者是倡導者還是誤傳者？我們都知道機器人的時代一定會來臨，而且會徹底改變世界，但我們真的不知道實際上會有什麼樣的改變。無論如何，我們都必須盡快做出選擇，如何因應這個天翻地覆的新現象。無所作為也是一種因應方式，當然也會有相對的後果。我們究竟該如何決定怎麼做呢？決定因應方式的唯一方法就是預測未來。

　　或是接受別人的預測。

未來驗證

　　隨著科技發展、全球網路連接與政治變革的速度加快，未來降臨的腳步也越快。在一個充滿不確定、瞬息萬變的世界，想要預測未來會發生什麼事，比以往更加困難。但是我們比以往更需要計畫、投資和準備，因此「預測」已成為必要的習慣。

　　為了因應不確定的未來，企業會使用情境規劃，來分析如何因應不同的情況。大型銀行也被要求模擬各種極端條件，對銀行的資產負債表進行壓力測試。醫院與軍隊也要預想不同的未來，以確保有足夠的資源和計畫，去處理各種可能會發生的事。這些組織所想像的各種未來，基本上都是關於未來的矛盾真相，

以幫助他們形塑出今天必須要做出的決策。

　　我們可以向這些組織學習 —— 面對未來，只做一種預測是不夠的。我們得同時考量多種未來的矛盾真相，以便做好準備，應付每一個可能會發生的情況。同時也要考量到我們可能還會活多久、生活的環境會有什麼樣的改變、我們必須適應哪些機器、我們必須對抗的什麼樣的網路威脅、我們還能夠進行哪些活動，甚至我們可能會有什麼樣的欲望……科技將會徹底改變這一切。

　　我們無從得知未來會發生什麼事，但嚴肅看待各種關於未來的矛盾真相，我們就可能存活下去。

實踐指南

你可以這麼做……

◆ 描繪一個正向且可靠的未來，激勵人們在當下採取行動。

◆ 考量各種矛盾預測，對各種可能發生的情況都能有所準備。

◆ 如果有人提出一個預測，並要求你當下採取某個可疑的行動，你應該質疑這個預測的有效性，並考慮其他的預測。

但要小心……

◆ 誤導者為了說服你去做某件事時，會忽略具有關聯性但是他自己不喜歡的預測內容。

◆ 有些人只會推廣對自己看法有利的預測。

第十三章

信念

「誰敢說只有他一個人找到真相了？」

—— 亨利‧沃茲沃思‧朗費羅

（Henry Wadsworth Longfellow）

我們的神

說到詹姆斯‧沃倫‧瓊斯（James Warren Jones），大家想到的第一件事，就是他一輩子真心支持種族平等的信念。瓊斯出生於一九四〇年代，但他的觀念卻超越了他的時代。當時美國禁止白人與黑人通婚，印第安納州還一度成為全美三K黨最活躍的地區。由於居民都是偏執的基督徒，而且有根深蒂固的種族歧視觀念，在一九二〇年代，州政府的官員若不是三K黨，就是支持三K黨的人。瓊斯的父親據說也是三K黨員。瓊斯曾回憶說，因為父親不准他的黑人朋友進到屋子裡來，所以他整整好幾年不和父親說話。在鄰居的眼中，瓊斯這樣的行為非常不妥，所以他也被排擠了。

　　不過瓊斯沒有因此而離開家鄉，一九五五年，他在印第安納州首府印第安納波利斯創立第一所黑人和白人都可以參加的教會 ①，後來他和老婆還成了該州第一對領養黑人小孩的白人父母。一九六一年時，瓊斯受邀主持印第安納波利斯人權委員會，並透過該職位要求公私部門去除種族隔離規定。瓊斯的舞臺魅力十足，扣人心弦的講道內容常提及如何癒合黑人與白人之間的裂痕。曾經追隨過瓊斯的教友泰瑞‧布佛‧歐榭（Teri Buford O'Shea）說：「瓊斯以前很關心種族之間的融合。」[1] 瓊斯說過，他的目標是要建立「彩虹之家」。

　　驅使瓊斯行動的信念不只是種族平等，他也是個共產主義者。然而在當時，大多數的美國人都很害怕、討厭共產主義。瓊斯堅信人人平等，而且有能力的人應該照顧弱勢的人，所以成立了食物救濟站、安養院、孤兒院和就業援助服務中心。瓊斯講道時曾經說過：「現在唯一能夠提升人類道德的，就是某種形式的社會主義了。」[2]

　　因為種族平等和社會主義這兩個信念，讓他在家鄉成為異類，但由這兩個信念延伸而來的價值觀卻廣受讚賞，吸引了許多教友追隨。一九六五年，瓊斯帶領人民聖殿教移師加州。他的信念引起許多年輕人和利他主義者的共鳴，蜂擁前來加入教會，一起為傳播信念而努力。

　　這原本是一個講述社會進步的勵志故事，但在瓊斯告訴教

① 譯按：即人民聖殿教（People's Temple）。

友說他是上帝的那一刻，一切就變調了。

其中有些教友依舊對瓊斯深信不疑。

瓊斯後來開始在假儀式中「療癒」人，但其實都是精心策劃的魔術伎倆。此外還傳出恐嚇和過度控制的報導，瓊斯說服許多教友把名下財產都過戶給他，甚至把小孩的監護權也轉給他。儘管如此，瓊斯的名聲持續發光發熱。人民聖殿教在舊金山和洛杉磯吸引了數千名新教友，其中很多是窮人和弱勢族群，也有不少非裔美國人。瓊斯甚至可以左右政治，只要他喜歡，就可以讓加州某個政治人物下臺，或是將支持的政客送進議會。

然而隨著虐待事件逐漸傳開，瓊斯最後還是放棄了加州，將教會遷往南美洲圭亞那一處偏僻的農村。瓊斯宣稱要設立叢林烏托邦社區，沒有種族歧視，也沒有性別歧視；數百人受到感動，跟著瓊斯來到南美洲，後來卻發現自己與外界斷了聯繫，只能仰賴瓊斯提供資訊和指示來生活。瓊斯充分運用他的權力，不只要求男女信徒和他行房，還公然羞辱、下藥與毆打不同意見的人。社區裡整日不停用擴音播放瓊斯的錄音，《聖經》被撕下來當衛生紙用。同一家人被刻意分開居住，小孩也被關進剝奪感官的箱子裡。在這越來越不真實的環境中，瓊斯穿著獵裝，戴著墨鏡，坐在自己的王位上，變得越來越偏執且瘋狂。

瓊斯甚至對教徒說：「人生就是他媽的一種疾病！只有一個方法能治好這該死的疾病，那就是死！」[3]

有些教友還真信了瓊斯的話。

後來瓊斯開始排演大規模的自殺行動，說服教友喝下他所

謂摻有毒藥的飲料。只要有人喝下去了，他就會大大讚賞這種忠誠的行為：「現在我知道我可以相信你了。」這類排演活動每幾週就會舉行一次。

一九七八年十一月，美國國會議員里奧‧瑞恩（Leo Ryan）和隨行記者一同前往瓊斯鎮，打算介入調查是否真有虐待和脅迫的情況。不料瓊斯的警衛隊殺了瑞恩和三名記者。隨後瓊斯召喚信徒到社區中心，宣布該是迎接死亡的時候了。

數百名信徒自願喝下混合了氰化物的粉狀果汁，但其他信徒和超過二百名孩童則是被強灌毒藥，或是被施打致命藥劑，或是被槍殺。瓊斯本人則是死於槍傷，很有可能是舉槍自盡。最後，總計有九百一十八個人，以瓊斯所建立的信仰名義，在圭亞那自殺或是被殺。

歐榭回憶說：「瓊斯很常引用《聖經》經文，要信徒離開家人跟隨他。瓊斯還說自己是甘地、是佛祖、是列寧，甚至說只要你希望他是誰，他就會是誰。我們都相信他說的話。」[4]

真實的信念

我們可以肯定的是，瓊斯不是甘地，也不是佛祖，不是列寧，更不是上帝。那麼，為什麼這一本談論真相的書要談到這類謊言呢？

首先，數千名信徒都不認為瓊斯講的話是假的。歐榭在證詞中明白地說了：「我們都相信瓊斯。」人民聖殿教的信徒認為

瓊斯真的就是上帝，但這些人可不是笨蛋，他們大多有大學學歷，而且還有管理職的工作。其中很多人長期認真思考這個世界的弊端後，認為人民聖殿教會提供了一個比較好的生活方式。這就是他們的信念，也是他們所認知的真理。在他們之中，有些人甚至準備好為這個真理獻出生命。

第二，這個極端信念的故事，可以幫助我們看清楚自己的信念。多年來，瓊斯宣揚了很多人也認為是對的信念，包括每一個種族都是平等的，以及有能力的人應該幫助需要協助的人，因而吸引了眾多信徒。我們每個人都會擁有一些與現實現況不符的信念。

我們可以把信念定義為一個人認為是真的，但無法被證明或駁斥的觀念。我們無法駁斥相信瓊斯是上帝的信念是錯的，同樣也無法證明所有種族都是平等的想法是真的。儘管我們強烈地感覺到某些事情是真的或假的，但在邏輯與科學上，都無法幫助我們驗證或否定這些事。

以下列出幾個你可能會認為是真理的信念：

男人和女人有平等的價值。

每個人都要忠於自己的國家。

人類的生命比動物的生命更珍貴。

我們不是虛擬世界裡電腦虛構出來的產物，我們是有血有肉、實際存在的生物。

人不能被擁有。

這種真理經常是形而上的概念，也與宗教、道德或意識形

態的信念有關。我們無法證明這些信念，但既然我們如此堅信，證不證明似乎也無關緊要。後代子孫可能會覺得我們的信念很古怪或可笑，就像我們現在對神仙和國王擁有的神聖權利嗤之以鼻，但對我們來說，這些信念就是無法動搖的真理。

　　就實際意義來說，我們是否稱這些信念為真理，一點也不重要，儘管很多人的確這樣認為。天主教人口超過十億人，他們談的是「信仰的主要真理」和「見證真理」。美國堪薩斯城的大主教曾發行一本手冊，名為《五十個天主教青少年該知道的真理》（*Fifty Truths Every Catholic Teen Should Know*），講述有關原罪、耶穌復活與聖餐的信念。[5] 教宗保祿六世在《信仰自由宣言》（*Dignitatis Humanae*）裡提到：「每個人都在尋找真理，特別是與上帝及其教會相關的真理。」《詩篇》（*Psalm*）作者在第一百一十九章談到上帝時寫道：「律法便是真理。」耶穌更允諾：「你們當應認識真理，因為真理能拯救你，讓你自由。」

◆　◆　◆

　　信念不只存在於宗教和邪教裡頭。本書前面幾章談到，我個人非常懷疑美妝產品和個人用品廠商提出的科學有效性證明。法國廣告業巨頭陽獅集團（Publicis）的創辦人馬塞爾・布洛斯坦・布蘭切特（Marcel Bleustein-Blanchet）說過：「製作廣告前，你要先相信你廣告的產品。說服別人之前，一定得先說服自己。」美妝保養品的效果通常不會立即顯現，所以在行銷和使用

這類產品時，信念發揮了非常重要的作用。就像吃了安慰劑的病患也會產生療效一樣，只要相信紅蘿蔔籽油面霜會讓自己看起來更年輕，不只能讓自己對面霜感到滿意，內心也會說服自己買了對的商品。

核武的威嚇力也需要信念的支撐。我們被引導相信英國的核武是有效的，只要首相一聲令下，立刻就可以發射。不管英國國防部提供多少保證，連首相都不確定這件事是不是真的。二十五年多以來，沒有人看過英國引爆核武，所以我們真的不知道英國是否還有核武實力。我們相信這些核子彈頭還能用，更重要的是，我們的潛在敵人相信它們還能用，即使我們和首相都知道這些彈頭裡面可能塞著舊報紙。英國的軍事戰略，就是以他國對英國核武能力的「信念」為前提，只是幾乎沒人能夠測試英國真正的核武實力。

意識形態也是一種信念，是達成我們所有人理想的最佳途徑。這些理想包括和平、繁榮、安全、食物、庇護和尊嚴，是為了我們自己，也是為了我們的同胞。有些人認為，這個最佳途徑是讓大家在一個法律架構內去做自己的事，並由法律保護大家的財產權，以及強制執行合約。有些人則相信應該採取不同的途徑，應設立一個集團結構來管理大部分的活動，並確保適當的資產分配。另外，也有些人相信，為了整體社會的利益，應該讓特定的社會階級或宗教階級享有特權。

在意識形態之戰中，資本主義幾乎大獲全勝。現在大部分的國家都奉行資本主義的基本要素：私有財產權、競爭市場、自

由選擇及私人企業。但即使是資本主義的信徒，仍然對該主義存有不少疑慮，例如全球金融危機造成的重大損失、對地球環境造成的嚴重破壞、崩解的行業帶來的大規模失業問題，以及越來越嚴重的貧富不均現象。這些全都指出了資本主義模式的結構性缺陷。特別值得注意的是，二〇一七年，英國首相梅伊指出，工黨黨魁傑瑞米・柯賓（Jeremy Corbyn）帶頭主張的另類馬克思主義聲勢越來越旺，並認為我們有必要捍衛資本主義和自由市場。

最堅定的信念會形成不可動搖的心態框架，也是我們每天行動的動力。愛國人士為了表達對國家的忠誠，會升國旗、加入軍隊，甚至願意犧牲自己的性命。信念可能驅使我們去做的事，不是其他真理或真相所能激發的。我們毫不懷疑其真實性，並採取一致的行動。我們可能會笑古代農夫為了豐收而向農產女神祈禱，或當代中國人焚燒貼了錫箔的紙錢給祖先，但我們也深受自己的信仰所支配，就和他人受他們的信仰影響一樣。

這些就是形塑我們世界的真相。

共同信念

信念不只具有推動人們做大事的力量，還有另一個重要的功能，那就是團結群眾。

住在美國堪薩斯州的共產主義者肯定覺得很孤單。如果你剛好是馬克思主義的忠實信徒，又在威契塔市遇到另一個馬克思主義信徒，你們很可能會結為夥伴。你們的共同真理不僅能撫慰

你們的心靈，也是任何人類關係的意義來源。這說明你們有一致的價值觀和渴望，因此你們的行為是可以預測的。信念是一種社會黏著劑，能把陌生人連結起來，推動一大夥人合力完成不凡的事蹟。可惜，信念也會加深黨派分歧，導致群體以反對其他群體的信念來定義自己。舉例來說，美國共和黨和民主黨都越來越固守自己的信念，拒絕妥協，因此他們的意見也越來越分歧。

反過來說也一樣，如果我們想加入某個團體，就可能會入境隨俗，改變自己的信念。為了不想和周遭的人抱持截然不同的信念，產生不好的感覺或導致認知失調，我們就會轉換信念，讓自己與同儕的信念更趨一致。在團體中，新興的信念可以透過自我鞏固的過程快速傳播，也就是所謂的「疊加效應」（availability cascade）。換句話說，只要在團體中有越來越多成員陳述某個特定想法，那麼，不論他們是真的相信或只是想要融入群眾，那個想法都會令人覺得越聽越合理。

戰術戰術一：鼓勵從眾

人民聖殿教的案例很適合用來說明這項戰術。教友一開始是出於關心、支持種族平等，才加入瓊斯的教會，最後卻對瓊斯鼓吹的瘋狂信念深信不疑。有一次，我以突兀的無神論者身分，去參加基督教福音派的啟發課程。眼見頭腦清楚的學員開始接受一些不合常理的主張（起初他們根本懶得理會那些主張），我不禁越看越好奇，似乎是他們渴望融入某種更大的計畫，在裡面獲

得愛、支持和意義的保證。在一項著名的心理實驗中，研究人員將一名受試者安排在一群人中，並讓他以為其他人一樣都是要來檢查視力的，但其實那些人都是研究人員的同夥。實驗一開始請大家看兩張卡片，第一張只畫了一條黑線，第二張則畫了三條不同長度的黑線。接著，研究人員要求大家判斷，在第二張卡片的三條黑線中，哪一條和第一張卡片的黑線一樣長。雖然正確答案很明顯，但其他人莫名其妙就是選了錯誤答案，這時候受試者會怎麼辦？他會堅持顯然正確的答案，還是追隨群體的觀點呢？

結果顯示，平均有三分之一的受試者忽視自己的常識，轉而迎合群體觀點。此外，重複進行同樣實驗多次以後，有四分之三的受試者妥協了至少一次。受試者傾向為自己的選擇提出不同解釋：有些受試者表示，他們其實不相信自己的選擇，只是想融入大家；有些受試者則認為大家一定比自己懂得多。

如果明知自己選的是「錯誤答案」，而我們也如此輕易妥協了，那麼面對無法確實看見或知道的信念，別人要改變我們豈不是更輕而易舉？比方說，如果你的大家庭都認為耶穌是上帝之子，你又要憑什麼立場獨排眾議呢？如果帶領祈禱會的智者向你保證，聖書要求信眾對不信神的人施暴，你又怎麼會想要尋找不同的解讀方式呢？如果你們全村的人都相信，集體財產所有制才是追求集體幸福的最佳途徑，那麼想保留全部自耕食物的你，又要如何替自己的自私欲望辯護呢？

我們未必會憑直覺相信不可知的事物，不過只要在某個信念堅定的團體待得夠久，團體信奉的真理就會變成我們的真理。

　　如果我們表現出排斥團體信念的跡象，其他人就會用一些方法來消除我們的疑慮，也就是俗稱的「洗腦」。神經科學家凱薩琳‧泰勒（Kathleen Taylor）發現，諸如人民聖殿教、現代極端團體，以及二十世紀中國與越南共產主義意識形態，這些狂熱信仰的洗腦手法有幾項主要共同特徵。

　　首先，洗腦對象會被隔離，只能從其他信徒身上獲得資訊與溫情。譬如瓊斯把信眾帶到南美洲圭亞那的偏遠叢林，宗教團體、意識形態團體則利用夏令營、修道院、伊斯蘭宗教學校和古拉格 ②，來達到同樣的隔離目的。透過隔離，其他信眾就能控制洗腦對象接收到的矛盾真相。他們會先布置情境、挑選故事，並決定好要傳授的道德真理。他們會給洗腦對象渴望的目標，並設定定義、做出期許。透過篩選出來的矛盾真相，洗腦者成功重塑了洗腦對象的心態。

戰術戰術二：隔離與控制

　　其他信徒會挑戰洗腦對象的既有信念，並質疑洗腦對象一向重視的忠實與自信。他們會質疑洗腦對象向來視為理所當然的因果敘述，並趁著他的信念開始動搖時，提供自己的另一套看法。當洗腦對象心智所認知的現實開始崩壞，其他信徒就會提出絕對權威與專門意見。他們提供某種可以倚賴的穩固基礎，也就

---

② 譯按：gulags，前蘇聯勞改營。

是一套看似簡單卻完整的信念體系，讓洗腦對象可以立即採用。

戰術戰術三：重複

其他信徒會一再重複陳述核心訊息，如此一來，新的信念就可以深植在洗腦對象心中。在其他信徒的鼓勵或強迫下，洗腦對象也會開始重複陳述核心訊息，直到複誦的言語在腦中深深扎根。這整個過程都沉浸在強烈的情緒中，愛與恨、恐懼與憤怒的傳道效果，比理性辯論更有力。為了鞏固新的信念，也為了解除舊有信念，洗腦對象被迫對洗腦者深信不疑。去看看瓊斯鎮居民自殺前一晚的影片，你會看到一張張坦然接受命運、充滿狂喜的臉龐，你會聽到他們的聲音充滿興奮的戰慄。

藉由隔離洗腦對象、控制他們聽到的矛盾真相，質疑他們的既有信念、重複陳述核心訊息、操弄他們的情緒，意識形態誤導者及宗教誤導者就能對他人的行為擁有非凡的掌控力。

企業信條

自從二〇〇八年爆發金融危機，產業界和媒體圈傳出各式各樣的醜聞後，許多企業都大費周章想改變企業文化。他們花數百萬美元辦訓練課程與聘請顧問，想要提升銀行業者、藥廠高階主管和新聞記者的倫理操守。此外，文化變革在許多企業轉型計畫中，也是重要的一環。瀕臨瓦解的企業往往得說服同仁大幅改

變行為,像是敞開心胸嘗試新作法,或是與其他團隊合作。

一直以來,文化變革專家都知道,我們無法單靠提出要求來促使他人改變行為。身為領導者,必須先了解並改變那些驅使行為的信念才行。文化變革顧問把組織文化比喻成冰山:雖然個別行為大家都看得見,但相對於「海面下」更龐大結實的組織共同信念,個別行為只是冰山一角。德勤諮詢公司(Deloitte)建議:「要改變文化,就一定要改變信念。」[6]

奇異公司曾以毫不留情的企業文化臭名遠播,他們依據嚴苛的績效指標,對員工「先評比,再開除」。在大名鼎鼎的執行長傑克‧威爾許(Jack Welch)治理下,奇異公司培養出一套強大的信念,藉由考驗與對質來消滅錯誤、改善品質。許多人都覺得奇異員工的績效排名很「殘酷」,史丹佛大學商業心理學教授鮑伯‧蘇坦(Bob Sutton)評論道:「威爾許堅信這套方法,一如堅信某種宗教。」[7]十年後,新執行長強調創新,反而開始重視想像、勇氣和包容。有了不一樣的策略目標,就需要改變企業文化,於是奇異公司設計出新的「奇異信念」:

　　我們的成功取決於顧客

　　保持精實組織,才能迅速行動

　　學習,適應,邁向勝利

　　互相培力,彼此鼓舞

　　在不確定的世界中做出成果[8]

如果你懷疑這份看似平凡無奇的企業口號清單能有多大的效果,那麼你該知道,這是集結了全體員工意見的成果。這份清

單既是全體奇異員工都「想要」相信的信念，也符合公司新的策略目標。

不過並不是每一間企業的信念都這麼有建設性。企業組織內部常會出現下列這樣的聲音：

我再怎麼努力工作，最後也沒差。

管理高層只想到他們自己。

顧客都是白痴，根本不知道自己要什麼。

女性不可能成為優秀的工程師。

這種個人的負面信念往往會拖累生產力，甚至具有破壞性，不只導致員工變得消極，而且可能誘發傷害組織的行為，拉低企業整體的績效表現。一旦領導者在組織內發現這種信念，就應該設法改變。

但說的往往比做的容易。

文化變革顧問首先要做的，是設法確立潛在的信念和不當行為之間的因果關係。了解組織內部為什麼會出現這些信念以及它們的目的，即使這些信念不合理或已經不管用了，還是能藉此了解過去的真相。利用相關的小故事說明負面信念造成的傷害，也有助於改變或消除它們。另外還可以利用意見領袖，也就是組織裡擔任八卦擴音器的員工，請他們散播更有建設性的新信念。

組織可以利用備忘錄、重大活動和倡議行動，來重複陳述並鞏固新的信念。領導者要以身作則，透過言語和行動證明自己對新信念的承諾，徹底摒棄舊信念。此外，也要表揚並獎勵那些顯然身體力行新信念的同仁。面試官招募新員工時，則要錄取那

些認同（或願意遵從）新信念的人選。

　　你或許已經注意到，企業文化的變革過程，與狂熱信仰的洗腦手法的確有一些相似之處。兩者之間的關鍵差異，在於企業員工可以自由選擇罷工或離職，也沒有被隔離，而且企業領導者一般都是出於良善意圖。我們固然可以想見，在一些專橫霸道的企業環境中，文化變革可能使出洗腦的手段，不過就我經驗所見，大多數企業採取的依然是良性做法。雖然如此，隨意擺布他人的信念必須秉持負責與關懷的精神，慎重以待。

信仰詮釋者

　　信仰是行動的驅動力。只要看過美國九一一恐怖攻擊的影片、研讀過十字軍東征的歷史，或聽過喀什米爾、緬甸和敘利亞因信仰衝突釀成暴力行為的報導，以及其他諸多不勝枚舉的案例，一定就能了解宗教信仰操控人類行為的力量。另一方面，這種信念也能激發人類的仁慈、施捨、寬恕以及自律。這些行為雖然沒那麼引人注目，卻更加普遍。

　　雖然信仰同一個宗教的人，必定分享某些共同的中心信念，但在詮釋的細節上往往有很大的差別。這些信徒對共同的信仰懷有不同的矛盾真相。舉例來說，雖然基督徒都同意處女瑪麗亞自然產子、耶穌受難與復活，但說到聖體聖事③與三位一體本質，卻還是意見分歧；佛教徒都同意講述苦難的四聖諦，但說到什麼是達到涅槃的最好方式，卻言人人殊；回教徒都同意穆罕默

德是最後的先知，但說到誰才是他名正言順的繼承人，卻始終無法達成共識。

　　基督徒產生矛盾信念算是意料之中，因為光是講述耶穌的一生，在《聖經》中就有四種不同版本，由不同作者在不同時間為不同讀者撰寫而成。福音書的用意不在於客觀報導，而是要呈現經過選擇的描述（故事），刻意強調不同的事件，以及不同的道德信條或意識形態。有時候不同的描述會彼此牴觸，比方說，《約翰福音》說耶穌自稱是上帝，但《馬太福音》、《馬可福音》和《路加福音》都沒這麼說。《馬太福音》中記載的登山寶訓，在《路加福音》中卻成了在「平原」上講道，而《馬可福音》和《約翰福音》甚至完全沒提到這段軼事。根據《馬可福音》，猶大以親吻為暗號背叛了耶穌，《約翰福音》卻不是這樣描述；在《馬太福音》中，猶大上吊自盡了，但在路加寫的《使徒行傳》中，卻說猶大是整個人栽倒後肚破腸流而死。

　　就算在宗教經典裡，關於事情經過只有一種描述，或只提出一種道德立場，人們在解讀時仍然可能出現許多種解釋。特別是前人在撰寫經典時尚未浮現的社會議題，更容易面臨這種情況。《古蘭經》支持性別平等嗎？《聖經》禁止墮胎嗎？針對這些問題，宗教經典都沒有提出明確的解答，符號和寓言還經常把經書內容變得更含混不清。雖然如此，信徒決定引用宗教經典的

---

③ 譯按：指聖餐中的麵包和葡萄酒，在彌撒中變成了耶穌的身體和血液。神學術語稱之為「變體」（transubstantiation）。

哪一個真理，對全世界數十億人的選擇和行動仍舊影響深遠。

戰術戰術四：選擇性解讀宗教經典

十九世紀晚期，年僅十九歲的莫罕達斯・甘地（Mohandas Gandhi）在英國倫敦修讀法律，首度接觸了《薄伽梵歌》的英文譯本。在這之前他從沒讀過印度教經書，而且和普通青少年一樣叛逆，也會吃肉、喝酒和追女朋友。《神之歌》[④] 記載了阿周那王子與主神毗濕奴所化身的黑天之間的對話，大大啟發了甘地。甘地在自傳中寫道，有些章節「在我心中留下深刻的印象，至今縈繞不去」。於是甘地受到鼓舞，發起非暴力抗議運動，在印度獨立運動期間成為眾人的精神領袖。一九三四年，甘地說：「《神之歌》不再只是我的《聖經》或《古蘭經》，而是意義更重大的東西——它是我的母親。」[9] 後來，甘地投注了大量時間，把《薄伽梵歌》翻譯成古茶拉底語（甘地的母語）。

甘地給獨立運動分子巴爾・甘伽達・提拉克（Bal Gangadhar Tilak）的信中寫道：「《薄伽梵歌》的內容讓我了解到，必須用愛戰勝仇恨、用真理戰勝謊言的永恆原則。」[10]

乍看之下很奇怪，因為《神之歌》絕不是什麼和平主義宣言，反而含有大量鼓吹戰爭的論述，而且頗具說服力。

《神之歌》以戰場為背景，聚焦於夾在敵對人馬之間的一部

---

④ 譯按：《神之歌》（*Gita*）是《薄伽梵歌》（*Bhagavad Gita*）的簡稱。

雙輪戰車。偉大的戰士阿周那王子，不願因為這場爭奪繼承權的戰爭而和親人朋友反目成仇，他說：「最恐怖的謀殺莫過於殺害兄弟！」黑天神卻主張阿周那王子非這麼做不可，因為這是他身為戰士的責任，而且他是黑天神強大意志的工具。

「上啊！奪取榮耀！摧毀仇敵！

戰鬥吧，只待殲滅大敵，汝將擁有王國。

我將撂倒他們—而非汝！終極武器正對他們展開殺戮，

管他們站在那兒多麼威風八面；汝為我用！」

想要號召開戰，大概很難想到另一段比這更有力的說法。而且這段說法奏效了，《神之歌》到了結尾，阿周那王子已經拾起武器，準備加入這場幾乎殺盡一切的戰爭。美國政府在新墨西哥州的沙漠中首度試爆核彈後，原子彈之父羅伯特‧奧本海默（Robert Oppenheimer）自我反省時也引用了《神之歌》的內容：「現在我成了摧毀世界的死神。」

甘地怎麼會把《神之歌》的文字解讀成真理與愛呢？甘地認為戰場是一種隱喻，暗指我們人人都有的內在掙扎。阿周那王子必須戰鬥，不是字面意義上的戰鬥，而是精神與信念的戰鬥，這同樣是我們每個人必須做的事。對甘地來說，這場戰鬥就是透過非暴力抗爭追求印度獨立，並接納各種不同的信仰。《神之歌》的中心訊息並非戰爭，而是不要執著於個人行動的結果；雖然個人努力有了好結果，自然就覺得開心，這很正常，不過最重要的是努力把事情做好，不要一心掛念在最後的結果上。在甘地看來，只要不執著，自然也不會導致暴力。

　　其實《神之歌》只是《摩訶婆羅多》（*Mahabharata*）這部
敘述戰爭的史詩巨作其中一個章節。甘地談到《摩訶婆羅多》時
說：「即使傳統印度教持相反觀點，我仍然認為，這本書要傳達
的是戰爭與暴力都是徒勞無益的。」[11]

　　當然也有人對《神之歌》提出不同解讀，像是印度獨立運
動其中一位領導者提拉克（Bal Gangadhar Tilak）就認為，《神之
歌》只是一本印度教經書，准許信徒為正義而戰，對抗英國殖民
或鄰近回教國家。二十世紀初被英國人關起來的印度自由鬥士，
幾乎都熱衷於閱讀《神之歌》，包括拉拉・拉奇巴・拉依（Lala
Lajpat Rai）。他寫道，根據《神之歌》的訓諭，戰士應當「披盔
戴甲，殺身成仁」，也就是要求印度人賭上自己的性命，為對抗
英國統治而戰。[12] 對這些人而言，只要行使暴力的目的不是貪圖
「行動的結果」，都能受到《神之歌》應許。

　　時至今日，執政黨印度人民黨，以及其他在意識形態上秉
持印度教徒特性的基本教義派，也都用《神之歌》來激勵同黨，
建立自己的正當性。近年來，右派印度教組織國民志願服務團
（Rashtriya Swayamsevak Sangh）的領袖，呼籲印度人要「吸收
並實踐」《神之歌》的教誨，才能讓印度成為世界頂尖強國。[13]
二〇〇二年，當時還是古茶拉底省首席部長的現任印度總理納倫
德拉・莫迪（Narendra Modi），面對近千名穆斯林被殺害的慘況
只是袖手旁觀，更在出訪日本時贈予天皇一本《神之歌》，並表
示：「除此之外，我不認為自己還有什麼可以獻給這個世界，而
世界也不會得到比這更多的了。」[14]

　　印度首任總理賈瓦哈拉爾・尼赫魯（Jawaharlal Nehru）說：
「當今著述探討過《神之歌》的思想領袖與行為領袖，例如提拉
克、奧羅賓多（Aurobindo Ghose）和甘地，不過是各自提出自
己的解讀。甘地以《神之歌》為基礎建立堅定的非暴力信念，其
他人則認為，根據《神之歌》，只要是為了正義，就能正當行使
暴力與戰爭。」[15]

　　另一個人把《神之歌》往更暴力的方向解讀，他寫道：「黑
天神為了把世界變得更好，在戰場上或其他地方殺了許多固執己
見又有權有勢的人。在《神之歌》裡，黑天神屢次勸告阿周那王
子殺害親人與好友，最後也成功說服他這麼做了。」[16] 這個人就
是納圖蘭・苟西（Nathuram Godse）。一九四八年一月三十日，
苟西帶著貝瑞塔半自動手槍來到德里貝拉之家，朝著一位極具影
響力的人物近距離開了三槍，射中對方的胸腔和腹部。這個被射
殺的人正是甘地。苟西受審時，引用《神之歌》來為自己辯護，
後來上刑場接受處決時還帶著一本《神之歌》。雖然苟西和被他
殺害的甘地，都是從同一本經書中獲得真理，他們的看法卻是天
差地別。

　　哲學家凱穆・安東尼・阿皮亞（Kwame Anthony Appiah）談
論重大信仰時，說道：「傳統經典要表達的見解不只一種而已。
如果想徹底讀通這些經典，就要知道哪些文字需要深入精讀，哪
些文字只要輕鬆略讀就行了。」[17] 阿皮亞所說的，就是我們在本
書第一部談過的戰術：省略與選擇。不同的人解讀經典時，選擇

略讀（忽略）的段落不同，所以各家之言在闡釋宗教經典時，必然會建構出各自的矛盾真相，並進一步激發追隨者採取不同的行動。即使你相信《聖經》或《古蘭經》就是神的語言，但人類在解讀時，仍然有充分機會重新塑造神的訊息。有時候隨著社會風俗改變，宗教領袖為了讓信仰與時俱進，甚至不得不提出新的解讀方式。例如現代人對於奴隸制度和同性戀有了新的觀點，需要從新的角度來詮釋《以弗所書》和《利未記》之類的經典。

有時候，猶太教似乎積極鼓勵矛盾真相。每當兩所同樣優秀的猶太律法學校對猶太法典《塔木德》的解讀方式嚴重分歧，「神聖的聲音」就會聲明這兩種相互衝突的意見「都是永生上帝的話語」。關於這段經文，作家暨拉比⑤馬克・安吉爾（Marc D. Angel）寫道：

「這種爭論一定要做出裁決，世人才會明白律法要求的行為是什麼。不過『輸』的一方也不能說真的輸了，他的意見一樣受到記載，一樣受到慎重看待。雖然當下得不到廣泛認同，不過在另一段時期或另一種場合，仍然可能蔚為主流。」[18]

強納森・薩克斯（Jonathan Sacks）任職英國首席拉比多年，同樣認為不同版本的真相值得保存下來。

「世界上的真相既不是也不可能是完整的真相。世界上的真相是有限的、不夠全面的；是個別的、無法通用的。因此，當兩套主張產生衝突，不見得就是一方對、另一方錯，反而可能是

⑤ 譯按：指常負責主持猶太教儀式的智者，社會地位崇高。

（而且經常是）各自代表著看待現實的不同觀點……天上的真相只有一種，地上的真相卻不只一種。」[19]

阿門。[6]

只有上帝才知道

有一件事，大家應該都會同意，大家應該也都發現了，那就是大多數人對宗教的看法都錯了。也許每一個人都錯了。當然，不可能每個人都是對的。很多信念肯定是錯的，但除非我們能證明那些信念是錯的，否則它們就依然是信徒的矛盾真相。

「每個人都在尋找真理，但只有上帝才知道誰找到了真理。」一七四七年，切斯特菲爾伯爵（Lord Chesterfield）在給兒子的信中這麼寫道，希望能緩和兒子認為「羅馬天主教徒輕信又迷信」的輕蔑態度。

我們可以把某些對立的信念當作矛盾真相，予以尊重，這並不表示我們就要接受對立信念。我們有權利透過道德或理性論據，甚至提出感性訴求，來說服他人改變信念。如今，這世界充滿互相衝突的信念，許多組織也受到深具破壞力的信念荼毒，導致社會變得四分五裂，因此我們更應該試著去改變世界。只要我

---

⑥譯按：「阿們」一詞為宗教用語，表示認同、肯定，猶太教、基督宗教和伊斯蘭教皆會使用。

們謹守界限，絕不對那些受雇於我們或受我們影響的人洗腦，那麼，為了達到正當目標而宣揚理念，依然可以是一項值得努力的工作。

實踐指南

你可以這麼做……

◆ 如果你想改變周遭人的負面行為，就要先找出並挑戰支持那些行為的信念。

◆ 藉由建立並頌揚正面的共同信念，來強化組織與團體。

但要小心……

◆ 洗腦者利用隔離手段，來控制洗腦對象聽到的矛盾真相。

◆ 某些團體企圖塑造信念，並藉由施壓來迫使成員遵從。

◆ 誤導者在闡釋宗教經典時，會企圖說服你相信危險或極端的解讀方式。

後記

最終真相

「誰也不能叫他騙子，因為謊言就在他的腦袋裡。只要是從
他口中吐出的真相，都不免帶有謊言的色彩。」
―― 約翰・史坦貝克，《伊甸園東》
（John Steinbeck, *East of Eden*）

　　在這本真相指南中，我一直沒怎麼解釋真相何以如此重
要。我想，如果你還認為真相不比另類事實更重要，恐怕也不會
費心一直讀到這裡。其實本書通篇強調的，就是選擇、溝通和接
納「正確」真相的重要性。

　　我們已經探討許多令人擔憂的案例，政治人物、行銷人
員、新聞記者、社運人士，甚至是政府官僚，都可能用真相誤導
我們。我們的責任就是把他們揪出來，公開予以譴責，並拒絕照
他們說的話做。誤導他人的真相不見得都是顯而易見的，在廣告
文案、Twitter 推文、報紙社論、八卦流言、辦公室備忘錄、慈善
機構文宣中都有可能出現，有些甚至設計得不留痕跡。一九二八
年，公關界的先驅愛德華・伯內斯（Edward Bernays）寫道：「我

們的心智受到薰陶、品味受到形塑、觀念受到暗示，在廣泛的生活層面上，我們都被自己從沒聽說過的人支配著。」我們周遭充斥著誤導他人的真相，附錄一的檢核表可以幫助你找出它們。

誤導者之所以有機可乘，就是因為大家毫不懷疑地接受一切說法。只要你提出質疑，他們就很難一邊妖言惑眾，一邊維持誠懇的樣子。一旦逮到機會就挑戰他們，要求他們把話講明白，並提出證據，不留一絲狡辯餘地。如果你懷疑他們省略了什麼內容，就直接問個清楚。如果他們以誤導他人的方式呈現數字，你就提出其他可能的解讀方式。質疑煽情故事或名稱的相關性，詢問某項論點根據的道德假設或信念假設，要求對方針對用詞提出正式定義。

曾吸食快克（強效古柯鹼）的已故多倫多市長羅伯・福特（Rob Ford）就曾經對一屋子記者堅稱：「我沒說謊，是你沒問到正確的問題。」[1]

雖然我們設法讓領導者與評論者為自己的謊言負責，不過當他們的言論嚴格說來沒有錯的時候，要他們負責就沒那麼容易了。當他們能夠主張自己說的全都是真相時，我們通常就拿他們沒轍，但自己心中那股正義沒能伸張的感覺又久久無法消散。正因如此，誤導者才能反覆使出同樣的把戲。我們實在不該讓他們得逞。

阻止誤導者的時候，我們會遇到的其中一個困難，就是缺乏用來譴責他們的共同術語。比方說，如果某個政治人物宣稱薪資已經上漲了，在統計上又能依據事實提出一套巧妙的解釋來保

護自己，我們就沒辦法說他是個騙子。那我們可以說什麼？

我建議大家在社群媒體上指出所有的 **＃誤導真相**（#misleadingtruth）。不管你是在哪裡發現的，揪出那些**誤導真相**，並把使用誤導真相的人貼上**誤導者**的標籤。

你也可以去找相關的事實查證組織（見附錄二），調查這些誤導真相。只靠事實查證者的力量，其實解決不了我們面臨的後真相問題。比起事實查證者提出的相異主張，當紅的政客與名嘴製造的誤導性言論，總是能傳得更快更廣。然而查證組織仍然可以就相對客觀的事實提供基礎，幫助我們集中精神糾正官方紀錄，讓現實以正確的方式呈現在我們眼前。

自從有了越來越精密的個人化大眾傳播技術，政治宣傳、企業、社會活動分子，甚至外國假情報特工，現在都能透過媒體與事實查證者渾然不覺的方式，將量身訂製的訊息推送給特定群體。他們透過電子郵件、Facebook 訊息或線上廣告，以其他人看不見的方式傳遞精心挑選的真相。誤導者能因此大幅降低被逮到以及公然蒙羞的風險，想必也可能更沉迷於這種行為。如果你收到含有誤導真相的目標訊息，就要公開譴責，不然我們恐怕永遠也無法察覺，只能縱容誤導者變本加厲。

追根究柢，最好是能推出更有代表性的完整真相，與誤導真相一較高下。我們必須負起責任了解更完整的真相，並在可以取得的範圍內採用最可靠的資料，來判斷哪一個才是最誠實、最相關的真相。這是一項艱鉅的工作，我們得費好大一番功夫，才能超越自己對某個事件的直覺反應，或檢驗某項突發消息最初公

布的內容。避免確認偏見並保持開放的心胸，需要的是不斷地自我練習。在支離破碎又各懷偏見的媒體環境中，找出並宣傳最如實的真相，這就是我們唯一的辦法。

在我們提出自己的真相來反駁誤導真相前，必須先經過詳細研究與事實查證，不但要能陳述清楚，也要能拿出證據，而且必須說得簡單扼要，一針見血，才有機會穿透周遭的雜音，受到廣泛流傳。越多人分享「較真實」的真相，這些真相就越可能深入人心。

最後讓我們姑且把誤導者擺一邊，記住矛盾真相積極的一面吧。人類已經同心協力達成許多壯舉，像是消滅疾病、養活數十億人、建立全球公司、保衛國家、開發神奇科技，將全世界連結起來。這一切都是靠合作才能順利實現，而合作的基礎就是我們共享的觀念，也就是我們告訴彼此的真相。

那些用心良苦策劃行動的人，就是藉由謹慎選擇真相，並透過有效的溝通方式與他人分享，才能實現這些偉大成就。他們運用激勵人心的預期與信念，針對真正值得嚮往的事物提出充滿說服力的意見，塑造符合特定需求的版本來描述歷史，訴說精采的故事，並且對情勢做出最壞的打算，大膽想像新的社會建構，形成後續的關鍵行動。正是溝通者成就了這一切。

選用正確的矛盾真相來與他人溝通，一向是良好領導與轉型倡議的必要條件。不過，如果我們想在家庭與職場建立最基本的合作關係，一樣要重視這種做法。你選用的真相當然要誠實，

但也要能發揮作用才行。

　　有些真相只有在當下更可信、聽起來更有道理。即使你認為自己可以靠資料與邏輯證明手上的真相，但實際上有機會這麼做嗎？以脫歐公投為例，脫歐派的直覺似乎就是比留歐派敏銳，經常能選用在第一時間聽起來比較有理的真相。最有說服力的矛盾真相，往往就是不證自明的真相。

　　如果你希望讓人聽見你的真相，就要格外注意真相的形式。你可以利用簡單的訊息、驚人的見解、吸睛的數字、精采的故事和生動的想像，讓你的真相在別人心裡留下深刻的印象。譬如，光是說「美國男人每賺一美元，美國女人只能賺七十四分錢」，就強過一大堆談職場歧視的演講了。最微小的訊息往往能創造出最難忘的迷因①（加上一點押韻效果尤佳）。不妨試著用這種形式展示真相，讓別人一眼就看懂你的意思。

　　照定義看來，你所提出的矛盾真相，當然有可能必須面對基於相對立場而被提出的對立真相。受到挑戰時，也許你有權力消滅那些於理有據的聲音，就像校長或執行長那樣，但這往往不是最聰明的做法。不如發起一場結構化的討論會，聆聽各種對立真相的聲音並公開答覆，才是比較受人尊敬且令人服氣的策略。你需要花點時間思考，先證明你已經理解對方的觀點，再提出自己的反對論點。你的矛盾真相必須以本身的優點取勝。

　　一般人在第一次接觸新的訊息時，通常無法完全接受，需

---

① 譯按：meme，指在網路上爆紅，一夕之間轟動流傳的特定訊息。

要多次聆聽或閱讀，才能改變看法並建立新的心態。重覆也是對抗對立真相的好方法，因為對立真相比較容易在溝通真空的環境中扎根。不過反覆強調論點除了會讓人覺得太過狂熱，也會讓人覺得嘮叨。就像在二〇一七年英國大選那樣，梅伊一再承諾要建立「強大而穩定」的政府，反而讓人不想聽，或淪為眾人嘲弄的話題。為了避免這種結果，溝通者必須找出新鮮有趣的方式來講同一件事。

我們可以把溝通想像成作曲家在處理「主題與變奏」。作曲家以一段短短的音樂構思起頭，也就是主題 —— 一段長度很少超過幾分鐘的旋律。接著，他開始實驗各種處理旋律的方式，像是增加或刪減一些音符、改變節奏、轉換成不同的調性或時間記號、運用裝飾法、改變速度或配器法等。每一種變奏都展現出不同的風格，聽起來可能與原本的旋律截然不同，不過裡面蘊含的主題始終如一。組織也可以運用同樣的策略，就核心真相（主題）取得一致認同，但還是要讓每個人用自己的方式表達意見，就像每個人在心中保有相同的主題卻各自譜出有趣的變奏。

你也可以把這一整本書視為以下主題的變奏：

針對某一件事，通常會有不只一種真實的表達方式。我們可以運用矛盾真相，積極吸引他人投入並激發行動，但我們也應該留意運用矛盾真相來誤導我們的人。

這就是我的主題。希望你很享受這一切的變奏。

在未來幾年裡，矛盾真相將大量增加。每當人與組織之間

產生新的連結，複雜性就會隨之提高。隨著威權主義日漸式微，出現更多個性與自我表達的空間，主觀真相也會越來越多，每一秒鐘都會出現新的人為真相。當我們進一步展望未來，或處理更抽象的概念，未知真相只會有增無減。

我們不應該害怕矛盾真相，因為我們就是靠著各種真相互相影響，才能不斷進步。容許不同真相交相辯證，科學、政治和藝術才可能蓬勃發展。我們應該欣然接納各種矛盾真相，把它們當作發展新思維、創造力和創新的原料。事實上，如果有人強力主張只有一個「真正的」真相，並否定其他的一切真相，我們就應該對他小心提防。如果真相只有一個，其他都是異端邪說，誰還需要對話、判斷或爭論呢？

承認多種真相可以共同存在，不應該讓我們過度懷疑別人的話。社會信任普遍下降，因此造成「後真相無奈」的情緒。我們必須提防誤導真相，但不應該質疑每個謹慎選用真相的人背後的動機。我在本書中也不斷努力闡明這一點：不管為善或為惡，矛盾真相都受到廣泛的應用。在前面章節中，我也納入了上百個自己選用的矛盾真相，有些顯而易見，有些幽微難察，但沒有哪一個真相存在的目的，是為了誤導讀者或造成傷害。為了提供特定的現實印象，我承認我精心挑選了我所引用的真相，但我希望你會相信我寫的大部分內容。

資訊民主化不僅賦予我們權力，也賦予我們責任。從前是由教會或極權政府決定什麼才是真的，等到比較開明的時代來臨，才換成值得信賴的媒體接掌這個角色。然而現在的世界實在

有太多資訊，從四面八方紛紛向我們湧來。我們再也不能指望《紐約時報》和 BBC 替我們篩選世界上的資訊，並告訴我們哪一個真相比較正確、哪一個比較混淆視聽。可靠的媒體守門人逐漸消失。我們必須自己查證事實，並且協助周遭的人一起努力。對於聽說的真相如何塑造自己的心態、加深黨派分歧，我們也要提高警覺。我們必須向外尋求其他矛盾真相，來挑戰自己的心態與所屬群體的信念，才能擺脫迴聲室效應 ② 與過濾氣泡 ③。

　　對我們每個人來說，辨認並讀懂矛盾真相從沒像現在這麼重要。相對地，我們也從沒像現在擁有這麼多機會，可以運用正確的矛盾真相積極改變世界。工具、知識、閱聽者和溝通管道，該有的都有了，我們必須做的是聰明選擇真相，然後好好地表達出來。

---

② 譯按：Echo chamber，指封閉環境中，一些意見相近的聲音會不斷重複，讓人誤以為這就是事實的全部。
③ 譯按：Filter bubble，指網路針對個人化搜尋而提供篩選後的結果，會導致使用者越來越看不到不同觀點與資訊。

致謝詞

　　我是一個說故事的人，也喜歡蒐集那些觀察入微且深刻的想法。不過我幾乎不做初級研究，因此特別感謝諸位記者、科學家、歷史學家、研究人員與作家，有你們耗費心力記錄無數的事實，我才能在寫作本書時參考引用。《後真相時代》呈現的案例也反映出我對媒體的偏好，許多故事的源頭是來自 BBC 第四頻道，尤其是播客節目《數字知多少》(*More or Less*)，還有《衛報》、《經濟學人》、《紐約時報》和《華盛頓郵報》。謝謝所有節目製作人、新聞記者和編輯，歸結出正確又方便取得的真相，讓我得以參考。

　　本書的構想，源於過去十年來我所從事策略溝通工作的經驗，一切都開始於我任職的公司 The Storytellers。我要感謝 Marcus Hayes、Martin Clarkson、Alison Esse 和 Chris Spencer，是你們讓我了解到，頂多只要三十句（經過精心選擇的）話，就能有效敘述一家公司的過去、現在與未來，並且讓我有機會替這顆星球上最有趣的一些組織創造故事。我也要感謝阿特金斯公司、愛立信集團、邱皇家植物園和英國央行，允許我以他們為寫作題材。

　　一些好友閱讀初步手稿後，也給了我不少絕妙的建議，包括Dani Byrne、Becky Carter、Martin Clarkson、Imogen Cleaver、Paul Cleaver、Mel Cochran、Rosemary Macdonald、Malcolm Millar、Bruno Shovelton、Laura Watkins 及 Andrew Wilson。感激 Marc Bellemare 和 Karsten Haustein，兩位分別就藜麥經濟與氣候變遷惠賜不少專業建議，萬一書中出現任何筆誤或誤導真相，完全是我的責任。

　　一路上有許多人都參與了這本書的出版過程，我非常感謝每一個人。尤其要向 Tracy Behar、Doug Pepper 和 Doug Young 特別致謝，你們以睿智、優雅且一致的風格聯手編輯本書內容。最後還要感謝 Euan Thorneycroft、Richard Pine、Hélène Ferey、Jennifer Custer，以及 A. M. Heath 經紀公司的每一位經紀人，謝謝你們讓我重溫舊夢。

附錄一
誤導真相檢核表

　　列出下列問題，是為了幫助我們評估可疑言論，好判斷那些言論是不是複雜的矛盾真相。這並不是單純勾選有無的核對清單，我們仍然必須自己下判斷，採取適當的研究來得出結論。

- 我看到的這段敘述是真的嗎？
- 它會改變我對事物的看法嗎？
- 它可能影響我的行為嗎？
- 溝通者有什麼意圖，這段敘述能幫他們達成自己的目的嗎？
- 他們可能省略了哪些事實或脈絡？
- 他們用證據來支持自己的敘述了嗎？那些證據可靠嗎？
- 同樣的事實或數值可能用其他方式來陳述嗎？如果換個方式陳述，意義會不會改變？
- 這段敘述的立論根據，是關於道德、吸引力或金錢價值的主觀判斷嗎？
- 溝通者對詞彙的定義方式和我一樣嗎？
- 我是不是受對方選用的名稱或煽情小故事影響了？

- 這段敘述的立論根據是預期或信念嗎？如果是，有沒有其他更值得採信的預測或信念？
- 還有其他人能用另一個不同的敘述方式，傳達同樣誠實的現實印象嗎？

附錄二

事實查證組織

　　世界各地有許多組織正努力進行事實查證，設法對抗由謊言構成的後真相浪潮。其中有些組織也願意調查誤導真相，也許你可以支持或連繫他們，舉報誤導真相，請他們代為調查並公之於世：

- **政治真相網站**（PolitiFact）：該網站用真相量尺（Truth-O-Meter）來評價美國政治發言，範圍從「真實」到荒謬的「胡說八道」都有。該網站曾藉著二〇〇八年美國大選的求證報導，一舉拿下普立茲獎。其中「半真半假」、「幾乎都是假的」等評價方式，都可以應用在許多誤導真相上。此外，該網站尤其關注脈絡與措詞。（http://politifact.com/）

- **《華盛頓郵報》事實查核部門**（Washington Post Fact Checker）：旨在針對政治人物的言論進行「真相求證」並補足遺漏的脈絡，以及清楚說明誤導者用來「掩飾或隱瞞真相」的「密碼文字」。該網站還為誤導言論或錯誤言論，頒發「皮諾丘」：誤導真相可以得到一個（選擇性敘述真相，省略或誇大部分事實）至三個皮諾丘（可能包含嚴格說來完全正確，卻嚴重

斷章取義以致誤導他人的言論）。

（https://washingtonpost.com/news/fact-checker/）

- **事實查核組織**（FactCheck.org）：該網站由賓州大學安倫柏格公共政策研究中心（Annenberg Public Policy Center）負責運作，專門監督美國政治發言的事實正確性，並特別關注總統大選與參議院選舉。（http://factcheck.org/）

- **完整真相**（Full Fact）：英國慈善組織，主要以英國政治議題為對象，致力於糾正那些誤導他人或未經證實的言論。該組織提供一些學習工具，以及一套綜合可信的英國資料指南。（https://fullfact.org/）

- **第一稿**（First Draft）：這是一個集結各種組織的聯盟，包含 Google 新聞實驗室（Google News Lab）在內，旨在改善資訊報導水準，以及來自網路與社群媒體的目擊內容。目前該網站的夥伴網路包括 CNN、BBC、BuzzFeed、彭博（Bloomberg），以及其他許多媒體組織、學術機構和非政府組織。（https://firstdraftnews.com/）

- **國際事實查核網絡**（International Fact-Checking Network, IFCN）：該網站由波因特媒體研究學院（the Poynter Institute for Media Studies）主持，專為世界各地的事實查證組織提供支持與資源。（https://poynter.org/channels/fact-checking）

- **Snopes.com**：該網站致力於打破都市傳說，有些都市傳說就是基於誤導真相發展出來的。（http://snopes.com/）

- **事實查核**（Reality Check）：BBC 提供的其中一項線上服

務，檢驗英國政治相關議題，並提出客觀資料與獨到見解。
（http://bbc.co.uk/realitycheck）

- **數字知多少**（More or Less）：BBC 第四臺的長青節目，專以機智辛辣的評論分析時事新聞中的數字，該團隊尤其熱衷於擊斃「殭屍數據」[①]，以及公開譴責誤導數據。
（http://bbc.co.uk/programmes/b006qshd）

- **解碼器**（Les décodeurs）：這是法國《世界報》（*Le Monde*）的事實查證單位，旨在查核聲明、論述和謠言，並將資訊放在脈絡中檢驗。此外，《世界報》已經開發出一種瀏覽器擴充功能，可以用來揪出狡猾的網路傳言。
（http://lemonde.fr/les-decodeurs/）

- **事實查核**（Fact Check）：這是澳洲墨爾本皇家理工大學（RMIT University）和 ABC 新聞合夥建立的網站，旨在破除「一大堆毫無用處的假新聞、自私自利的偏頗論述、誤傳資訊，以及老套的高招——散布恐懼」。他們有一支由氣候變遷專家、法律專家和經濟專家組成的調查小組。
（http://abc.net.au/news/factcheck/）

- **CORRECT!V**：德國非營利組織，專門針對跨大西洋貿易與投資夥伴協定（TTIP），還有馬航 MH17 班機之類的爭議話題進行調查報導。他們也設置了一項教育計畫，提供調查報導工具給大眾使用。（https://correctiv.org/en/）

---

① 譯按：Zombie statistics，指駭客編寫程式發送的垃圾數據。

- **檢視非洲**（Africa Check）：這是位於南非約翰尼斯堡的非營利組織，專門查核非洲各地公眾人物的言論。他們還有一個法語網站，由另一支位於非洲達卡的團隊負責運作。（https://africacheck.org/）
- **Chequeado**：阿根廷最重要的事實查證組織。該組織在阿根廷總統爆發爭議期間，對外直播事實查核過程，如今已經進一步製作成有線電視節目《五十分鐘》（*50 Minutos*）。（http://chequeado.com/）

　　以上清單肯定還不夠詳盡。二〇一七年，杜克新聞記者實驗室（Duke Reporters' Lab）指出，共有來自四十七個國家的一百一十四個事實查證團隊，竭力投入事實查證的工作。上網找出和你自己最切身相關的事實察證組織吧！

參考文獻

　　為盡量減少閱讀時的干擾，文中僅直接標注較有爭議性和批判性的引文，其餘參考文獻來源如下。主要連結網址也可至以下網站尋找：www.hectormacdonald.com/truth

前言：當真相彼此牴觸

Quinoa

http://www.independent.co.uk/life-style/health-and-families/ancient-inca-grain-is-new-health-food-darling-2227055.html

https://www.economist.com/news/finance-and-economics/21699087- fad-andean-staple-has-not-hurt-pooryet-against-grain

The Philosophy of Truth

For example:

John D. Caputo, *Truth: The Search for Wisdom in the Postmodern Age* (London, Penguin Books, 2013).

Blackburn, Simon, *Truth: A Guide* (Oxford, OUP, 2005).

Post-Truth

For example:

Evan Davis, *Post-Truth: Why We Have Reached Peak Bullshit and What We Can Do About It* (London, Little, Brown, 2017).

Matthew D'Ancona, *Post-Truth: The New War on Truth and How to Fight Back* (London, Ebury, 2017).

James Ball, *Post-Truth: How Bullshit Conquered the World* (London, Biteback, 2017).

Ari Rabin-Havt and Media Matters, *Lies, Incorporated: The World of Post-Truth Politics* (New York, Anchor, 2016).

第一章：複雜性

Amazon

https://www.nytimes.com/2014/11/14/technology/amazon-hachette-ebook-dispute.html

http://authorsunited.net/

Brad Stone, *The Everything Store: Jeff Bezos and the Age of Amazon* (New York, Little, Brown, 2013).

https://www.forbes.com/sites/roberthof/2016/03/22/ten-years-later-amazon-web-services-defies-skeptics/#76f0fd656c44

https://www.srgresearch.com/articles/leading-cloud-providers-continue-run-away-market

Bell Pottinger

https://www.theguardian.com/media/2017/sep/05/bell-pottingersouth-africa-pr-firm

https://citizen.co.za/news/south-africa/1564335/this-is-how-guptas-were-allowed-to-landed-at-waterkloof-airport-report/

https://www.ft.com/content/ce8ddb84-9a01-11e7-a652-cde3f882dd7b

https://www.nytimes.com/2016/03/18/world/africa/south-africa-jacob-zuma-gupta-family.html

https://www.theguardian.com/media/2017/sep/12/bell-pottinger-goes-into-administration

第二章：歷史

Coca-Cola

Mark Pendergrast, *For God, Country, and Coca-Cola: The Definitive History of the Great American Soft Drink and the Company That Makes It* (New York, Scribner, 1993).

http://www.snopes.com/cokelore/fanta.asp

Peter Barton Hutt, 'The Image and Politics of Coca-Cola: From the Early Years to the Present' (Harvard Law School, 2001); https://dash.harvard.edu/handle/1/8852150

Murray J. Eldred, *The Emperors of Coca Cola* (2008).

Oubliance

Mark Greengrass, *France in the Age of Henri IV* (Oxon, Routledge, 1995).

Diane Claire Margolf, *Religion and Royal Justice in Early Modern France: The Paris Chambre de l'edit, 1598–1665* (Kirksville, MO, Truman State University Press, 2003).

Bush, PEPFAR and the Environment

https://www.cgdev.org/page/overview-president%E2%80%99s-emergency-plan-aids-relief-pepfar

http://www.telegraph.co.uk/news/worldnews/northamerica/usa/4242376/George-W-Bushs-10-Best-Moments.html

https://www.epa.gov/nepa/what-national-environmental-policy-act

De Gaulle

Timothy Garton Ash, *Free World: Why a Crisis of the West Reveals an Opportunity of Our Times* (London, Allen Lane, 2004).

Denis MacShane, *Heath* (London, Haus, 2006).

Ericsson

https://www.rcrwireless.com/20160727/internet-of-things/ericsson-maersk-industrial-internet-of-things-tag31-tag99

https://www.ericsson.com/en/networked-society/innovation/innovations-with-impact

https://www.ericsson.com/en/about-us/history

Alena V. Ledeneva, *Can Russia Modernise?: Sistema, Power Networks and Informal Governance* (Cambridge, Cambridge University Press, 2013).

China

http://www.bbc.co.uk/news/magazine-30810596

http://www.economist.com/node/21534758

第三章：脈絡

Elmyr de Hory

Clifford Irving, *Fake: The Story of Elmyr de Hory* (New York, McGraw-Hill, 1969).

Stephen Armstrong, *The White Island: The Extraordinary History of the Mediterranean's Capital of Hedonism* (London, Black Swan, 2005).

http://www.nytimes.com/2011/04/08/arts/design/elmyr-de-horys-real-identity-its-becoming-less-of-a-mystery.html

http://www.intenttodeceive.org/forger-profiles/elmyr-de-hory/the-artifice-of-elmyr-de-hory/

http://forejustice.org/write/fake.html

Ulrich Kirk, Martin Skov, Oliver Hulme, Mark S. Christensen and Semir Zeki, 'Modulation of aesthetic value by semantic context: An fMRI study', *NeuroImage*, 44 (2009).

http://www.sfgate.com/entertainment/article/Master-Con-Artist-Painting-forger-Elmyr-de-2917456.php

Cultured Meat

https://www.economist.com/news/business/21716076-plant-based-meat-products-have-made-it-menus-and-supermarket-shelves-market

http://www.fao.org/docrep/ARTICLE/WFC/XII/0568-B1.HTM

http://www.theecologist.org/News/news_analysis/1122016/revealed_the_
secret_horror_of_the_worlds_mega_factory_farms.html

http://www.sierraclub.org/michigan/why-are-cafos-bad

http://www.bbc.co.uk/news/science-environment-34540193

第四章：數字

Arctic National Wildlife Refuge

http://www.nytimes.com/2001/05/01/us/cheney-promotes-increasing-supply-
as-energy-policy.html

http://www.nytimes.com/2002/03/01/opinion/two-thousand-acres.html

http://www.nytimes.com/2005/12/22/politics/senate-rejects-bid-for-drilling-
in-arctic-area.html

Irish GDP

https://www.irishtimes.com/business/economy/ireland-s-gdp-figures-why-
26-economic-growth-is-a-problem-1.2722170

http://www.independent.co.uk/news/business/news/ireland-s-economy-
grows-263-in-2015-as-corporations-flock-to-low-tax-rate-a7133321.html

https://www.irishtimes.com/business/economy/state-s-debt-ratio-falling-at-
fastest-rate-in-the-euro-zone-1.2584911

第五章：故事

Hurricane Katrina

http://www.politico.com/story/2012/10/10-facts-about-the-katrina-
response-081957

http://usatoday30.usatoday.com/news/nation/2005-09-07-firefighters-gakatrina_x.htm

http://www.nytimes.com/2005/09/28/us/nationalspecial/when-storm-hit-national-guard-was-deluged-too.html

http://news.bbc.co.uk/1/hi/world/americas/4707536.stm

http://www.washingtonpost.com/wp-dyn/content/article/2005/09/15/AR2005091502297.html

http://www.nbcnews.com/id/9323298/#.V5s2QZMrLBI

Nike

https://www.fastcompany.com/38979/nike-story-just-tell-it

第六章：道德性

Dissoi Logoi

Quotations are from the translation by Rosamond Kent Sprague, published in *Mind: A Quarterly Review*, Vol. LXXVII, 306 (1968). A copy can be found at http://myweb.fsu.edu/jjm09f/RhetoricSpring2012/Dissoilogoi.pdf

Moral Foundations

Jonathan Haidt, *The Righteous Mind: Why Good People are Divided by Politics and Religion* (New York, Pantheon, 2012).

https://blogs.scientificamerican.com/guest-blog/jonathan-haidt-the-moral-matrix-breaking-out-of-our-righteous-minds/

Drugs

Tom Feiling, *Cocaine Nation: How the White Trade Took Over the World* (New York, Pegasus, 2010).

Organ Donation

http://www.bbc.co.uk/programmes/b08nq6fh

Public Health

https://medicalxpress.com/news/2011-06-doctors-health-dilemmas.html
Joshua Greene, *Moral Tribes: Emotion, Reason and the Gaps Between Us and Them* (New York, Penguin Press, 2013).

Business Morality

http://news.bbc.co.uk/1/hi/business/7528463.stm
http://www.bbc.co.uk/news/business-39194395
http://www.bbc.co.uk/news/business-38644114
http://money.cnn.com/2017/08/31/investing/wells-fargo-fake-accounts/index.html
https://www.bloomberg.com/news/articles/2017-10-13/kobe-steel-scam-hits-planes-trains-automobiles-quicktake-q-a-j8pto39q

Los Angeles LGBT Center

http://science.sciencemag.org/content/352/6282/220
http://www.sciencemag.org/news/2016/04/real-time-talking-people-about-gay-and-transgender-issues-can-change-their-prejudices

Aristotle

Nicomachean Ethics Book II (350 bce), quotation from translation by W. D. Ross http://classics.mit.edu/Aristotle/nicomachean.2.ii.html

第七章：吸引力

Obesity

http://www.who.int/mediacentre/factsheets/fs311/en/
https://www.mckinsey.com/mgi/overview/in-the-news/the-obesity-crisis

Wine study: http://www.caltech.edu/news/wine-study-shows-price-influences-perception-1374

Stanford Food Names Experiment: Bradley P. Turnwald, Danielle Z. Boles and Alia J. Crum, 'Association Between Indulgent Descriptions and Vegetable Consumption: Twisted Carrots and Dynamite Beets', *JAMA Internal Medicine*, 177 (8) (August 2017).

Immigrants

http://www.independent.co.uk/news/people/katie-hopkins-and-the-sun-editor-reported-to-police-for-incitement-to-racial-hatred-following-10190549.html

TÁRKI Social Research Institute study on Hungarian attitudes: http://www.tarki.hu/hu/news/2016/kitekint/20160330_refugees.pdf

http://www.bbc.co.uk/news/world-europe-34131911

http://www.dailymail.co.uk/wires/ap/article-3397194/The-Latest-Rights-monitor-Hungary-asylum-seekers-risk.html

http://www.bbc.co.uk/news/world-europe-37310819

第八章：金錢價值

Penicillin Mould

http://www.bonhams.com/auctions/23259/lot/1057/

https://www.theguardian.com/education/2017/mar/01/penicillin-mould-created-alexander-fleming-sells-over-14000-bonhams

Rarity Valuations

https://www.nytimes.com/2016/06/09/theater/hamilton-raises-ticket-prices-the-best-seats-will-now-cost-849.html

http://news.bbc.co.uk/1/hi/entertainment/4623280.stm

https://www.theguardian.com/film/2011/jun/19/marilyn-monroe-dressdebbie-reynolds

http://abcnews.go.com/Business/hostess-twinkies-sell-60-box-ebay/story?id=17739110

Diamonds

Edward Jay Epstein wrote the definitive article on diamond marketing for *The Atlantic* in 1982: https://www.theatlantic.com/magazine/archive/1982/02/have-you-ever-tried-to-sell-a-diamond/304575/

http://www.capetowndiamondmuseum.org/about-diamonds/south-african-diamond-history/

http://www.nytimes.com/2013/05/05/fashion/weddings/how-americans-learned-to-love-diamonds.html

https://www.washingtonpost.com/opinions/why-a-diamond-is-forever-has-lasted-so-long/2014/02/07/f6adf3f4-8eae-11e3-84e1-27626c5ef5fb_story.html

http://www.debeersgroup.com/content/dam/de-beers/corporate/documents/Reports/Insight/FlashData/Diamond%20Insight%20Flash%20Data%20April%202016.pdf/_jcr_content/renditions/original

https://www.theatlantic.com/international/archive/2015/02/how-an-ad-campaign-invented-the-diamond-engagement-ring/385376/

Pricing

William Poundstone, *Priceless: The Hidden Psychology of Value* (Oxford, Oneworld, 2010).

Robert H. Frank, *The Economic Naturalist* (London, Virgin Books, 2007).

Tim Harford, *The Undercover Economist* (London, Little, Brown, 2006).

Gig Economy

http://www.bbc.co.uk/news/business-11600902

http://theweek.com/articles/631927/inside-japans-booming-rentafriend-

industry
http://www.huffingtonpost.com.au/2016/07/04/meet-the-1m-man-who-s-making-a-killing-from-freelancing_a_21423270/

第九章：定義

我所使用的字典為簡明牛津英語辭典（*Concise Oxford English Dictionary*），可以從中找到各個字的定義。

Famine

http://www.un.org/apps/news/story.asp?NewsID=39113#.WdofsROPJAa
https://www.theguardian.com/global-development/2017/feb/20/famine-declared-in-south-sudan
https://www.dec.org.uk/press-release/dec-east-africa-crisis-appeal-reaches-a-staggering-%C2%A350-million-in-just-3-weeks
http://www.npr.org/sections/parallels/2014/08/27/343758300/when-do-food-shortages-become-a-famine-theres-a-formula-for-that

Rwanda

https://www.theguardian.com/world/2004/mar/31/usa.rwanda
http://www.bbc.co.uk/news/world-11108059
https://www.theatlantic.com/magazine/archive/2001/09/bystanders-to-genocide/304571/
https://treaties.un.org/doc/publication/unts/volume%2078/volume-78-i-1021-english.pdf
https://www.cnbc.com/id/100546207

Monica Lewinsky

http://www.washingtonpost.com/wp-srv/politics/special/clinton/icreport/6narritiii.htm
http://www.washingtonpost.com/wp-srv/politics/special/clinton/

icreport/7groundsi.htm

Gender

http://www.npr.org/2016/06/17/482480188/neither-male-nor-female-oregon-resident-legally-recognized-as-third-gender

https://www.americandialect.org/2015-word-of-the-year-is-singular-they

https://www.theguardian.com/society/2015/aug/18/bisexual-british-adults-define-gay-straight-heterosexual

第十章：社會建構

Ceuta and Melilla

http://www.independent.co.uk/news/world/europe/refugee-crisis-migrants-ceuta-fence-climb-hundreds-mass-spain-mediterranean-record-deaths-a7586436.html

http://www.aljazeera.com/indepth/inpictures/2016/01/earning-living-border-morocco-spanish-enclave-160128090148249.html

https://www.pri.org/stories/2015-05-14/along-morocco-s-border-spanish-enclave-these-women-shoulder-twice-their-weight

Human Rights

https://www.libertarianism.org/publications/essays/excursions/jeremy-benthams-attack-natural-rights

https://www.history.org/Almanack/life/politics/varights.cfm

https://www.archives.gov/founding-docs/declaration-transcript

http://www.conseil-constitutionnel.fr/conseil-constitutionnel/english/constitution/declaration-of-human-and-civic-rights-of-26-august-1789.105305.html

http://www.un.org/en/universal-declaration-human-rights/index.html

http://www.dailymail.co.uk/news/article-3201918/One-three-cases-lost-

Britain-European-Court-Human-Rights-brought-terrorists-prisoners-criminals.html

China's Social Credit System

https://www.economist.com/news/briefing/21711902-worrying-implications-its-social-credit-project-china-invents-digital-totalitarian

http://www.independent.co.uk/news/world/asia/china-surveillance-big-data-score-censorship-a7375221.html

http://www.bbc.co.uk/news/world-asia-china-34592186

第十一章：名字

Megan's Law

http://www.nydailynews.com/news/crime/parents-girl-inspired-megan-law-recall-tragedy-article-1.1881551

https://usatoday30.usatoday.com/news/nation/2007-11-18-homeless-offenders_N.htm

http://www.cjcj.org/uploads/cjcj/documents/attitudes_towards.pdf

https://www.congress.gov/bill/104th-congress/house-bill/2137/actions

Dementia Tax

https://www.theguardian.com/commentisfree/2008/jul/13/mentalhealth.health

http://www.telegraph.co.uk/news/2017/05/26/conservative-poll-lead-cut-half-dementia-tax-u-turn/

Snowflake

https://www.collinsdictionary.com/word-lovers-blog/new/top-10-collins-words-of-the-year-2016,323,HCB.html

https://www.ft.com/content/65708d48-c394-11e6-9bca-2b93a6856354

Changing Names

http://www.telegraph.co.uk/finance/4469961/The-muck-stops-here.html

https://www.ft.com/content/b7bb4a8a-a8d2-11e5-955c-1e1d6de94879

http://www.dailymail.co.uk/news/article-2525775/Mugabe-orders-Victoria-Falls-renamed-smoke-thunders-rid-colonial-history.html

http://www.ntlis.nt.gov.au/placenames/view.jsp?id=10532

https://www.theguardian.com/politics/blog/2010/jun/14/obama-britain-bp-michael-white

Chilean Sea Bass

G. Bruce Knecht, *Hooked: Pirates, Poaching, and the Perfect Fish* (Emmaus, PA, Rodale, 2006).

Ralph Keyes, *Unmentionables* (London, John Murray, 2010).

https://www.wsj.com/news/articles/SB114670694136643399

http://news.nationalgeographic.com/news/2002/05/0522_020522_seabass.html

http://www.washingtonpost.com/wp-dyn/content/article/2009/07/30/AR2009073002478.html

http://www.independent.co.uk/life-style/food-and-drink/news/when-is-a-pilchard-not-a-pilchard-when-its-a-sardine-sales-of-the-once-neglected-fish-are-booming-9833601.html

http://usa.chinadaily.com.cn/epaper/2014-10/13/content_18730596.htm

https://cantbeatemeatem.com/2904-2/

http://news.bbc.co.uk/1/hi/world/middle_east/4724656.stm

http://www.twincities.com/2014/04/27/asian-carp-gets-a-name-change-in-minnesota-senate/

Frank Luntz

https://www.theatlantic.com/politics/archive/2014/01/the-agony-of-frank-luntz/282766/

https://www.irs.gov/businesses/small-businesses-self-employed/estate-tax
http://prospect.org/article/meet-mr-death

第十二章：預測

Pre-emptive War

Priscilla Roberts (ed.), *Arab-Israeli Conflict: The Essential Reference Guide* (Santa Barbara, CA, ABC-CLIO, 2014).

http://news.bbc.co.uk/1/shared/spl/hi/guides/457000/457035/html/nn1page1. stm

Jean Lartéguy, *The Walls of Israel* (Lanham, MD, Rowman & Littlefield, 2014).

https://history.state.gov/milestones/1961-1968/arab-israeli-war-1967

https://www.foreignpolicyjournal.com/2010/07/04/israels-attack-on-egypt-in-june-67-was-not-preemptive/

http://www.washingtoninstitute.org/policy-analysis/view/the-six-day-war-and-its-enduring-legacy

Global Warming

The 2017 Climate Science Special Report is available at https://assets. documentcloud.org/documents/3914641/Draft-of-the-Climate-Science-Special-Report.pdf

http://e360.yale.edu/features/investigating-the-enigma-of-clouds-and-climate-change

https://www.ipcc.ch/publications_and_data/ar4/wg1/en/ch8s8-6-3-2.html

https://www.ipcc.ch/pdf/assessment-report/ar5/wg1/WG1AR5_Chapter07_FINAL.pdf

http://edition.cnn.com/2017/09/15/us/climate-change-hurricanes-harvey-and-irma/index.html

https://www.nytimes.com/2017/08/07/climate/climate-change-drasticwarming-trump.html

https://www.nytimes.com/2017/09/24/us/puerto-rico-hurricane-maria-agriculture-.html

第十三章：信念

Jim Jones

Larry D. Barnett, 'Anti-Miscegenation Laws', *The Family Life Coordinator*, 13 (4) (October 1964).

http://www.in.gov/library/2848.htm

http://www.nytimes.com/1992/01/05/books/how-the-klan-captured-indiana.html

Valrie Plaza, *American Mass Murderers* (Lulu, 2015).

http://indianapublicmedia.org/momentofindianahistory/jim-jones/

http://www.indystar.com/story/news/history/retroindy/2013/11/18/peoples-temple/3634925/

http://content.time.com/time/arts/article/0,8599,1859903,00.html

http://www.latimes.com/world/africa/la-me-jonestownarchive19-2003nov19-story.html

http://people.com/archive/four-years-after-surviving-jonestowns-hell-tim-reiterman-tries-to-explain-how-it-happened-vol-18-no-21/

Group Beliefs

https://www.simplypsychology.org/asch-conformity.html

https://www.theguardian.com/world/2005/oct/08/terrorism.booksonhealth

Bhagavad Gita

Quotation is from the translation by Franklin Edgerton (1944).

http://www.thehindu.com/opinion/op-ed/gita-gandhi-and-godse/article6835411.ece

https://www.theguardian.com/books/2007/aug/16/fiction

http://www.nybooks.com/articles/2014/12/04/war-and-peace-bhagavad-gita/

M. K. Gandhi, *An Autobiography* (Ahmedabad, Navajivan, 1927–29).

M. V. Kamath, *Gandhi: A Spiritual Journey* (Mumbai, Indus Source, 2007).

http://www.hindustantimes.com/punjab/imbibe-gita-teachings-to-make-india-world-leader-rss-chief/story-IGwO1smUgtPyMZMv1gdWtO.html

https://timesofindia.indiatimes.com/india/Mystery-shrouds-ownership-of-pistol-that-killed-Bapu/articleshow/16633870.cms

http://www.nytimes.com/learning/general/onthisday/big/0130.html#article

引用文獻

前言：當真相彼此牴觸

1 https://www.theguardian.com/lifeandstyle/2007/feb/24/foodanddrink. recipes1

2 http://www.independent.co.uk/life-style/food-and-drink/features/the-food-fad-that's-starving-bolivia-2248932.html

3 http://www.nytimes.com/2011/03/20/world/americas/20bolivia.html

4 https://www.theguardian.com/commentisfree/2013/jan/16/vegans-stomach-unpalatable-truth-quinoa

5 http://www.independent.co.uk/life-style/food-and-drink/features/quinoa-good-for-you-bad-for-bolivians-8675455.html

6 http://www.theglobeandmail.com/life/the-hot-button/the-more-you-love-quinoa-the-more-you-hurt-peruvians-and-bolivians/ article7409637/

7 http://intent.com/intent/169482/

8 Marc F. Bellemare, Johanna Fajardo-Gonzalez and Seth R. Gitter, 'Foods and Fads – The Welfare Impacts of Rising Quinoa Prices in Peru', Working Papers 2016-06, Towson University, Department of Economics (2016).

9 http://www.npr.org/sections/thesalt/2016/03/31/472453674/your-quinoa-habit-really-did-help-perus-poor-but-theres-trouble-ahead

10 http://vegnews.com/articles/page.do?pageId=6345&catId=5

11 https://www.theguardian.com/environment/2013/jan/25/quinoa-good-evil-complicated

12 http://www.independent.co.uk/life-style/food-and-drink/features/quinoa-good-for-you-bad-for-bolivians-8675455.html

13 http://vegnews.com/articles/page.do?pageId=6345&catId=5

14 Walter Lippmann, *Public Opinion* (New York, Harcourt, Brace and Company, 1922).

15 http://media.nationalarchives.gov.uk/index.php/king-george-vi-radio-broadcast-3-september-1939/

16 http://news.bbc.co.uk/1/hi/uk/6269521.stm

17 http://www.telegraph.co.uk/news/uknews/1539715/Colgate-gets-the-brush-off-for-misleading-ads.html

18 http://www.pbs.org/wgbh/pages/frontline/shows/persuaders/interviews/luntz.html

19 https://dshs.texas.gov/wrtk/

20 https://www.cancer.org/cancer/cancer-causes/medical-treatments/abortion-and-breast-cancer-risk.html

21 https://www.cancer.gov/types/breast/abortion-miscarriage-risk

22 https://www.washingtonpost.com/news/fact-checker/wp/2016/12/14/texas-state-booklet-misleads-women-on-abortions-and-their-risk-of-breast-cancer

23 Evan Davis, *Post-Truth: Why We Have Reached Peak Bullshit and What We Can Do About It* (London, Little, Brown, 2017).

24 Tony Blair, *A Journey* (London, Hutchinson, 2010).

第一章：複雜性

1 http://www.publishersweekly.com/pw/by-topic/industry-news/bookselling/article/62785-is-amazon-really-the-devil.html

2 http://www.independent.co.uk/news/people/profiles/james-daunt-amazon-are-a-ruthless-money-making-devil-the-consumers-enemy-6272351.html

3 http://www.csmonitor.com/Books/chapter-and-verse/2012/0607/Ann-Patchett-calls-out-Amazon

4 http://www.independent.co.uk/arts-entertainment/books/news/amazon-

the-darth-vader-of-the-literary-world-is-crushing-small-publishers-former-downing-st-adviser-a6888531.html

5　http://www.authorsunited.net/july/

6　James McConnachie, 'What do we think of Amazon?', *The Author*, Winter 2013.

7　https://www.theguardian.com/commentisfree/2014/jun/04/war-on-amazon-publishing-writers

8　https://www.srgresearch.com/articles/leading-cloud-providers-continue-run-away-market

9　https://www.thebureauinvestigates.com/stories/2011-12-07/revealed-the-wikipedia-pages-changed-by-bell-pottinger

10　https://press-admin.voteda.org/wp-content/uploads/2017/09/Findings-of-Herbert-Smith-Freehills-Review.pdf

11　http://amabhungane.co.za/article/2017-06-06-guptaleaks-how-bell-pottinger-sought-to-package-sa-economic-message

12　https://www.nelsonmandela.org/news/entry/transcript-of-nelson-mandela-annual-lecture-2015

13　http://amabhungane.co.za/article/2017-06-06-guptaleaks-how-bell-pottinger-sought-to-package-sa-economic-message

14　http://www.thetimes.co.uk/edition/news/450m-lost-over-failed-green-power-programme-n7hf0h6ht

15　https://georgewbush-whitehouse.archives.gov/news/releases/2002/10/20021007-8.html

16　https://thecaucus.blogs.nytimes.com/2007/07/10/scandal-taints-another-giuliani-ally/?mcubz=0&_r=0

17　http://abcnews.go.com/Blotter/DemocraticDebate/story?id=4443788

第二章：歷史

1　https://www.coca-colacompany.com/content/dam/journey/us/en/private/fileassets/pdf/2011/05/Coca-Cola_125_years_booklet.pdf

2　Civil War Preservation Trust, *Civil War Sites: The Official Guide to the Civil War Discovery Trail* (Guildford, CT, Globe Pequot Press, 2007).

3　https://www.washingtonpost.com/local/education/150-years-later-schools-are-still-a-battlefield-for-interpreting-civil-war/2015/07/05/e8fbd57e-2001-11e5-bf41-c23f5d3face1_story.html

4　http://www.nytimes.com/2015/10/22/opinion/how-texas-teaches-history.html

5　http://www.people-press.org/2011/04/08/civil-war-at-150-still-relevant-still-divisive/

6　https://www.washingtonpost.com/local/education/150-years-later-schools-are-still-a-battlefield-for-interpreting-civil-war/2015/07/05/e8fbd57e-2001-11e5-bf41-c23f5d3face1_story.html

7　http://www.latimes.com/opinion/editorials/la-ed-textbook27jul27-story.html

8　http://news.bbc.co.uk/1/hi/8163959.stm

9　http://news.bbc.co.uk/1/hi/world/africa/7831460.stm

10　http://abcnews.go.com/blogs/politics/2013/04/george-w-bushs-legacy-on-africa-wins-praise-even-from-foes/

11　http://www.nytimes.com/books/97/04/13/reviews/papers-lessons.html

12　http://www.nytimes.com/2015/04/25/opinion/will-the-vietnam-war-ever-go-away.html

13　http://news.bbc.co.uk/1/hi/world/asia-pacific/716609.stm

14　Ken Hughes, *Fatal Politics: The Nixon Tapes, the Vietnam War and the Casualties of Reelection* (Charlottesville, VA, University of Virginia Press, 2015).

15　http://www.theguardian.com/news/2015/apr/21/40-years-on-from-fall-of-saigon-witnessing-end-of-vietnam-war

16　Walter Lord, *The Miracle of Dunkirk* (New York, Viking, 1982).

17　http://www.bbc.co.uk/history/worldwars/wwtwo/dunkirk_spinning_01.shtml

18　https://theguardian.com/books/2017/jun/03/hilary-mantel-why-i-became-a-historical-novelist

第三章：脈絡

1　The Infinite Mind, 'Taboos' Program Transcript: https://books.google.co.uk/books?id=Z2jn-Txy5xIC&lpg=PA10

2　https://blogs.spectator.co.uk/2014/11/the-tribal-view-of-voters-illustrated-through-downing-streets-cats/

3　https://www.cbsnews.com/news/masterpieces-of-deception-some-fake-art-worth-real-money/

4　https://issuu.com/onview/docs/on_view_04-06.2014?e=1593647/7308241

5　https://www.economist.com/news/business/21716076-plant-based-meat-products-have-made-it-menus-and-supermarket-shelves-market

6　https://www.smithsonianmag.com/smart-news/biotech-company-growing-meatballs-lab-180958051/

7　http://www.nowtolove.com.au/news/latest-news/are-you-for-real-all-men-panel-at-the-global-summit-of-women-6288

8　https://twitter.com/rocio_carvajalc/status/479023547311202305

9　https://twitter.com/KathyLette/status/478980823014576128

10　https://www.globewomen.org/about/aboutus.htm

11　http://www.globewomen.org/ENewsletter/Issue%20No.%20CCXIV,%20December%2018,%202013.html

12　https://www.nytimes.com/2016/02/16/us/politics/ted-cruz-ad-goes-after-donald-trumps-stance-on-planned-parenthood.html

第四章：數字

1　S. Coren and D. F. Halpern, 'Left-handedness: a marker for decreased survival fitness', *Psychological Bulletin*, 109 (1) (1991).

2　http://www.nytimes.com/1991/04/04/us/being-left-handed-may-be-dangerous-to-life-study-says.html

3　http://www.bbc.co.uk/news/magazine-23988352

4　http://www.bbc.co.uk/news/magazine-19592372

5　http://uk.businessinsider.com/trump-says-94-million-americans-out-of-labor-force-in-speech-to-congress-2017-2?r=US&IR=T

6　https://www.washingtonpost.com/politics/2017/live-updates/trump-white-house/real-time-fact-checking-and-analysis-of-trumps-address-to-congress/fact-check-ninety-four-million-americans-are-out-of-the-labor-force/?utm_term=.54286ee433ca

7　http://www.nbcnews.com/politics/2016-election/trump-says-places-afghanistan-are-safer-u-s-inner-cities-n651651

8　http://www.forbes.com/sites/niallmccarthy/2016/09/08/homicides-in-chicago-eclipse-u-s-death-toll-in-afghanistan-and-iraq-infographic/#7fe711792512

9　http://watson.brown.edu/costsofwar/costs/human/civilians/afghan

10　https://blogs.spectator.co.uk/2017/10/theresa-mays-conservative-conference-speech-full-text/

11　http://www.independent.co.uk/news/uk/politics/theresa-may-housing-policy-new-homes-per-year-low-a7982901.html

12　http://www.iihs.org/iihs/topics/t/general-statistics/fatalityfacts/state-by-state-overview

13　http://www.forbes.com/sites/timworstall/2013/07/10/apples-chinese-suicides-and-the-amazing-economics-of-ha-joon-chang/#2c2fd5e36d1c

14　http://www.nsc.org/NSCDocuments_Corporate/Injury-Facts-41.pdf

15　http://edition.cnn.com/2013/04/18/us/u-s-terrorist-attacks-fast-facts/index.html

16　https://www.plannedparenthood.org/files/2114/5089/0863/2014-2015_PPFA_Annual_Report_.pdf

17　https://www.cdc.gov/mmwr/volumes/65/ss/ss6512a1.htm

18 http://www.oecd.org/dac/development-aid-rises-again-in-2016-but-flows-to-poorest-countries-dip.htm
   http://election2017.ifs.org.uk/article/the-changing-landscape-of-uk-aid

19 http://www.express.co.uk/news/royal/484893/Proof-our-sovereign-really-is-worth-her-weight-in-gold

20 https://inews.co.uk/essentials/news/doctors-warn-lifesaving-breast-cancer-drug-costing-just-43p-denied-thousands/

21 https://popularresistance.org/when-someone-says-we-cant-afford-free-college-show-them-this/

22 http://www.parliament.uk/business/publications/written-questions-answers-statements/written-question/Lords/2015-12-03/HL4253

23 http://renewcanada.net/2016/federal-government-announces-additional-81-billion-for-infrastructure/

24 https://twitter.com/DanielJHannan/status/608733778995998720

25 https://www.gov.uk/government/news/hm-treasury-analysis-shows-leaving-eu-would-cost-british-households-4300-per-year

26 https://www.childrenwithcancer.org.uk/stories/cancer-cases-in-children-and-young-people-up-40-in-past-16-years/

27 http://www.telegraph.co.uk/science/2016/09/03/modern-life-is-killing-our-children-cancer-rate-in-young-people/

28 http://www.cancerresearchuk.org/about-us/cancer-news/press-release/2015-11-26-childrens-cancer-death-rates-drop-by-a-quarter-in-10-years

29 http://www.bbc.co.uk/programmes/p04kv749

30 http://www.cancerresearchuk.org/health-professional/cancer-statistics/childrens-cancers#heading-Zero

31 Lance Price, *The Spin Doctor's Diary: Inside Number 10 with New Labour* (London, Hodder & Stoughton, 2005).

32 Danny Dorling, Heather Eyre, Ron Johnston and Charles Pattie, 'A Good Place to Bury Bad News?': Hiding the Detail in the Geography on the

Labour Party's Website', *Political Quarterly*, 73 (4) (2002) http://www.dannydorling.org/wp-content/files/dannydorling_publication_id1646.pdf

33 https://qz.com/138458/apple-is-either-terrible-at-designing-charts-or-thinks-you-wont-notice-the-difference/

34 http://www.telegraph.co.uk/news/politics/9819607/Minister-poor-families-are-likely-to-be-obese.html

35 https://www.gov.uk/government/statistics/distribution-of-median-and-mean-income-and-tax-by-age-range-and-gender-2010-to-2011

36 http://www.newstatesman.com/2013/05/most-misleading-statistics-all-thanks-simpsons-paradox

37 https://www.ft.com/content/658aba32-41c7-11e6-9b66-0712b3873ae1

38 https://www.jfklibrary.org/Research/Research-Aids/Ready-Reference/RFK-Speeches/Remarks-of-Robert-F-Kennedy-at-the-University-of-Kansas-March-18-1968.aspx

第五章：故事

1　Mervyn King, *The End of Alchemy: Money, Banking and the Future of the Global Economy* (London, Little, Brown, 2016).

2　Nassim Nicholas Taleb, *The Black Swan: The Impact of the Highly Improbable* (London, Random House, 2007).

3　Naomi Klein, *The Shock Doctrine: The Rise of Disaster Capitalism* (London, Penguin, 2007).

4　https://www.theguardian.com/uk-news/2017/mar/28/beyond-the-blade-the-truth-about-knife-in-britain

5　https://www.bbc.co.uk/education/guides/zyydjxs/revision/4

6　http://www.independent.co.uk/news/james-purvis-has-lost-his-job-and-his-faith-in-politicians-but-hes-hanging-on-to-the-sierra-1358104.html

第六章：道德性

1　http://www.larouchepub.com/eiw/public/1999/eirv26n07-19990212/
　　eirv26n07-19990212_056-stand_by_moral_truths_pope_urges.pdf

2　http://www.margaretthatcher.org/document/107246

3　http://www.phlmetropolis.com/santorums-houston-speech.php

4　http://articles.latimes.com/1990-09-06/news/mn-983_1_casual-drug-
　　users

5　Julia Buxton, *The Political Economy of Narcotics: Production,
　　Consumption and Global Markets* (London, Zed Books, 2006).

6　http://query.nytimes.com/mem/archive-free/pdf?res=9901E5D61F3BE63
　　3A2575BC0A9649C946596D6CF

7　David F. Musto, *The American Disease: Origins of Narcotic Control* (New
　　York, OUP, 1999).

8　Stephen R. Kandall, *Substance and Shadow: Women and Addiction in the
　　United States* (Cambridge, MA, Harvard University Press, 1999).

9　Timothy Alton Hickman, *The Secret Leprosy of Modern Days: Narcotic
　　Addiction and Cultural Crisis in the United States, 1870–1920* (Amherst,
　　MA, University of Massachusetts Press, 2007).

10　Susan L. Speaker, '"The Struggle of Mankind Against Its Deadliest Foe":
　　Themes of Counter-subversion in Anti-narcotic Campaigns, 1920–1940',
　　Journal of Social History, 34 (3) (2001).

11　http://www.theguardian.com/society/2016/mar/08/nancy-reagan-drugs-
　　just-say-no-dare-program-opioid-epidemic

12　https://harpers.org/archive/2016/04/legalize-it-all/

13　https://www.theguardian.com/us-news/2017/may/12/jeff-sessions-prison-
　　sentences-obama-criminal-justice

14　http://abcnews.go.com/ABC_Univision/Politics/obama-drug-czar-
　　treatment-arrests-time/story?id=19033234

15　S. L. A. Marshall, *Men Against Fire: The Problem of Battle Command in
　　Future War* (New York, William Morrow, 1947).

16　Peter Kilner, 'Military Leaders' Obligation to Justify Killing in War',

Military Review, 82 (2) (2002).

17 John Stuart Mill, *On Liberty* (1859)
http://www.econlib.org/library/Mill/mlLbty1.html

18 http://www.nytimes.com/2013/02/03/opinion/sunday/why-police-officers-lie-under-oath.html

19 https://www.youtube.com/watch?v=BmXWQm3d2Lw

20 http://www.nytimes.com/2012/03/14/opinion/why-i-am-leaving-goldman-sachs.html

21 http://www.theguardian.com/sustainable-business/2016/jan/18/big-banks-problem-ethics-morality-davos

22 https://www.theguardian.com/culture/culture-cuts-blog/2011/feb/15/arts-funding-arts-policy

第七章：吸引力

1 http://www.ft.com/cms/s/0/cb58980a-218b-11e5-ab0f-6bb9974f25d0.html

2 Yuval Noah Harari, *Sapiens: A Brief History of Mankind* (London, Harvill Secker, 2014).

3 Rajagopal Raghunathan, Rebecca Walker Naylor and Wayne D. Hoyer, 'The Unhealthy = Tasty Intuition and its Effects on Taste Inferences, Enjoyment, and Choice of Food Products', *Journal of Marketing*, 70 (4) (2006).

4 http://www.caltech.edu/news/wine-study-shows-price-influences-perception-1374

5 Andrew S. Hanks, David Just and Adam Brumberg, 'Marketing Vegetables: Leveraging Branded Media to Increase Vegetable Uptake in Elementary Schools' (10 December 2015). https://ssrn.com/abstract=2701890

6 Brian Wansink, David R. Just, Collin R. Payne and Matthew Z. Klinger, 'Attractive names sustain increased vegetable intake in schools',

Preventative Medicine, 55 (4) (2012). https://www.ncbi.nlm.nih.gov/pubmed/22846502

7 https://www.theguardian.com/lifeandstyle/2016/jan/05/diet-detox-art-healthy-eating

8 https://www.theguardian.com/careers/2016/feb/11/why-i-love-my-job-from-flexible-working-to-chilled-out-bosses

9 https://www.glassdoor.com/Reviews/Employee-Review-Aspen-Valley-Hospital-RVW10555388.htm

10 https://www.glassdoor.ie/Reviews/Employee-Review-NBCUniversal-RVW11687972.htm

11 https://sliwinski.com/5-loves/

12 http://www.gallup.com/poll/165269/worldwide-employees-engaged-work.aspx

13 https://www.theguardian.com/sustainable-business/2014/nov/05/society-business-fixation-profit-maximisation-fiduciary-duty

14 http://www.tarki.hu/hu/news/2016/kitekint/20160330_refugees.pdf

15 http://www.bbc.co.uk/news/world-europe-37310819

第八章：金錢價值

1 https://www.theatlantic.com/magazine/archive/1982/02/have-you-ever-tried-to-sell-a-diamond/304575/

第九章：定義

1 http://www.bbc.co.uk/news/world-us-canada-14199080

2 ibid.

3 http://www.theguardian.com/global-development-professionals-network/2014/aug/04/south-sudan-famine-malnutrition

4 ibid.

5 https://www.theatlantic.com/magazine/archive/2001/09/bystanders-to-

genocide/304571/

6 http://nsarchive2.gwu.edu/NSAEBB/NSAEBB53/rw050194.pdf

7 https://www.unilever.co.uk/brands/our-brands/sure.html accessed 8/10/17

8 http://abcnews.go.com/Business/dannon-settles-lawsuit/story?id =9950269

9 http://nypost.com/2003/06/20/suit-poland-spring-from-dubious-source/

10 https://www.theguardian.com/uk/2004/mar/19/foodanddrink

11 http://adage.com/article/cmo-strategy/sierra-mist-changing/301864/

12 George Orwell, 'Politics and the English Language' (1946). http://www.orwell.ru/library/essays/politics/english/e_polit/

13 http://england.shelter.org.uk/news/november_2013/80,000_children_ facing_homelessness_this_christmas

14 https://england.shelter.org.uk/donate/hiddenhomeless

15 http://slate.com/articles/news_and_politics/chatterbox/1998/09/bill_ clinton_and_the_meaning_of_is.html

16 Lance Price, *The Spin Doctor's Diary: Inside Number 10 with New Labour* (London, Hodder & Stoughton, 2005).

17 http://www.cbsnews.com/news/poll-womens-movement-worthwhile/

18 http://www.theguardian.com/theobserver/2013/jun/30/susan-sarandon-q-and-a

19 https://www.facebook.com/WomenAgainstFeminism/info/ accessed 8/10/17

20 http://www.huffingtonpost.com/joan-williams/feminism_b_1878213. html

21 http://www.elleuk.com/life-and-culture/news/a23534/david-cameron-afraid-feminist-shirt-meaning/

22 http://www.independent.co.uk/voices/comment/feminists-should-weep-at-the-death-of-margaret-thatcher-and-why-would-that-be-exactly-8567202.html

23 https://www.instagram.com/p/2WJAqmwzOQ/

第十章：社會建構

1　Yuval Noah Harari, *Sapiens: A Brief History of Mankind* (London, Harvill Secker, 2014).

2　http://www.standard.co.uk/news/politics/eu-referendum-what-is-the-eu-trends-on-google-hours-after-brexit-result-announced-a3280581.html

3　http://www.un.org/ga/search/view_doc.asp?symbol=A/HRC/32/L.20

4　http://www.express.co.uk/comment/expresscomment/414006/This-human-rights-ruling-flies-in-the-face-of-UK-justice

5　http://www.bbc.co.uk/news/world-asia-china-34592186

第十一章：名字

1　https://www.theguardian.com/environment/2016/aug/29/declare-anthropocene-epoch-experts-urge-geological-congress-human-impact-earth

2　http://www.economist.com/node/18744401

3　http://www.nature.com/news/anthropocene-the-human-age-1.17085

4　http://e360.yale.edu/feature/living_in_the_anthropocene_toward_a_new_global_ethos/2363/

5　https://www.aeaweb.org/articles?id=10.1257/0002828042002561

6　http://www.emeraldinsight.com/doi/abs/10.1108/02683940810849648

7　https://insight.kellogg.northwestern.edu/article/name-letter_branding

8　Kate Fitch, 'Megan's Law: Does it protect children? (2) An updated review of evidence on the impact of community notification as legislated for by Megan's Law in the United States' (NSPCC, 2006).

9　http://www.nj.com/news/index.ssf/2009/02/study_finds_megans_law_fails_t_1.html

10　https://www.bjs.gov/content/pub/pdf/saycrle.pdf

11　Kate Fitch, 'Megan's Law: Does it protect children? (2) An updated review of evidence on the impact of community notification as legislated for by Megan's Law in the United States' (NSPCC, 2006).

12 Brian Christopher Jones, 'From the Innocuous to the Evocative: How Bill Naming Manipulates and Informs the Policy Process', available at https:// dspace.stir.ac.uk/bitstream/1893/9206/1/Thesis%20Examination%20 Copy%20-%20New%20-%20Final.pdf

13 Alzheimer's Society, 'The Dementia Tax 2011', June 2011.

14 https://support.google.com/glass/answer/4347178?hl=en-GB accessed 8/10/17

15 https://sites.google.com/site/glasscomms/glass-explorers

16 https://www.ft.com/content/af01ff78-c394-11e6-9bca-2b93a6856354

17 http://www.independent.co.uk/arts-entertainment/read-bret-easton-ellis-excoriating-monologue-on-social-justice-warriors-and-political-correctness-a7170101.html

18 http://www.washingtonpost.com/wp-dyn/content/article/2009/07/30/ AR2009073002478.html?sid=ST2009073002982

19 http://www.telegraph.co.uk/news/politics/ukip/10656533/Ukip-should-be-dismissed-as-a-modern-day-CND-says-Lord-Heseltine.html

20 David Fairhall, *Common Ground: The Story of Greenham* (London, IB Tauris, 2006).

21 https://www.theatlantic.com/politics/archive/2014/01/the-agony-of-frank-luntz/282766/

22 http://prospect.org/article/meet-mr-death

23 Frank Luntz, *Words that Work: It's Not What You Say, It's What People Hear* (New York, Hyperion, 2007).

24 http://www.nytimes.com/2009/05/24/magazine/24wwln-q4-t.html

25 Steven Poole, *Unspeak* (London, Little, Brown, 2006).

26 https://www.theguardian.com/environment/2014/may/27/americans-climate-change-global-warming-yale-report

27 http://www.pbs.org/wgbh/pages/frontline/shows/persuaders/interviews/ luntz.html

第十二章：預測

1　https://www.ft.com/content/d646b090-9207-311c-bdd1-fca78e6dd03e

2　https://www.theguardian.com/politics/2016/may/22/david-cameron-defence-minister-penny-mordaunt-lying-turkey-joining-eu

3　http://www.ipcc.ch/pdf/assessment-report/ar5/wg1/WG1AR5_SPM_FINAL.pdf

4　https://www.scientificamerican.com/article/10-ways-climate-science-has-advanced-since-an-inconvenient-truth/

5　https://www.forbes.com/forbes/2006/1225/038.html

6　https://www.thegwpf.org/matt-ridley-global-warming-versus-global-greening/

7　https://www.ecb.europa.eu/press/key/date/2012/html/sp120726.en.html

8　https://www.ft.com/content/45de9cca-fda7-3191-ae70-ca5daa2273ee

9　https://futureoflife.org/ai-principles/

10　http://www.bbc.co.uk/news/technology-30290540

11　http://www.huffingtonpost.com/entry/humankinds-greatest-threat-may-not-be-global-warming_us_59935cdde4b0afd94eb3f597

12　https://www.theguardian.com/technology/2014/oct/27/elon-musk-artificial-intelligence-ai-biggest-existential-threat

13　http://www.vanityfair.com/news/2017/03/elon-musk-billion-dollar-crusade-to-stop-ai-space-x

14　http://www.vanityfair.com/news/2017/04/elon-musk-is-seriously-starting-a-telepathy-company

15　https://qz.com/911968/bill-gates-the-robot-that-takes-your-job-should-pay-taxes/

第十三章：信念

1　https://www.theatlantic.com/national/archive/2011/11/drinking-the-kool-aid-a-survivor-remembers-jim-jones/248723/

2 http://edition.cnn.com/2008/US/11/13/jonestown.jim.jones/index.html

3 ibid.

4 https://www.theatlantic.com/national/archive/2011/11/drinking-the-kool-aid-a-survivor-remembers-jim-jones/248723/

5 https://www.archkck.org/file/schools_doc_file/curriculum/religion/religion-updated-8/3/15/Fifty_Truths_Every_Catholic_Teen_Should_Know_snack.pdf

6 https://www2.deloitte.com/us/en/pages/finance/articles/cfo-insights-culture-shift-beliefs-behaviors-outcomes.html

7 https://www.theatlantic.com/politics/archive/2015/08/how-millennials-forced-ge-to-scrap-performance-reviews/432585/

8 https://hbr.org/2015/01/ges-culture-challenge-after-welch-and-immelt

9 M. V. Kamath, *Gandhi: A Spiritual Journey* (Mumbai, Indus Source, 2007).

10 http://thehindu.com/opinion/op-ed/gita-gandhi-and-godse/article6835411.ece

11 https://theguardian.com/books/2007/aug/16/fiction

12 http://nybooks.com/articles/2014/12/04/war-and-peace-bhagavad-gita/

13 http://www.hindustantimes.com/punjab/imbibe-gita-teachings-to-make-india-world-leader-rss-chief/story-IGwO1smUgtPyMZMv1gdWtO.html

14 http://timesofindia.indiatimes.com/india/Narendra-Modi-gifts-Gita-to-Japanese-emperor-takes-a-dig-at-secular-friends/articleshow/41530900.cms

15 http://thehindu.com/opinion/op-ed/gita-gandhi-and-godse/article6835411.ece

16 http://nybooks.com/articles/2014/12/04/war-and-peace-bhagavad-gita/

17 http://downloads.bbc.co.uk/radio4/transcripts/2016_reith1_Appiah_Mistaken_Identies_Creed.pdf

18 https://www.jewishideas.org/healthy-and-unhealthy-controversythoughts-parashat-korach-june-25-2011

19 Jonathan Sacks, *The Dignity of Difference* (New York, Continuum, 2002).

後記：最終真相

1　http://www.cbc.ca/news/canada/toronto/rob-ford-s-crack-use-in-his-own-words-1.2415605

國家圖書館出版品預行編目資料

後真相時代：當真相被操弄、利用，我們該如何看？如何聽？
如何思考？/ 海特‧麥當納（Hector Macdonald）著；林麗雪、
葉織茵譯. -- 初版. -- 臺北市：三采文化, 2018.06
--　　面；14.8 x 21 公分. -- (Focus 83)
譯自：TRUTH: How the Many Sides to Every Story Shape
　　　Our Reality
ISBN 978-957-658-011-6（平裝）

1. 知識論　2. 思維方法

161　　　　　　　　　　　　　　　107007253

suncolor 三采文化集團

FOCUS 83

後真相時代
當真相被操弄、利用，我們該如何看？如何聽？如何思考？

作者｜海特‧麥當納（Hector Macdonald）　譯者｜林麗雪、葉織茵
主編｜吳愉萱　校對｜張秀雲
美術主編｜藍秀婷　封面設計｜池婉珊　內頁排版｜黃雅芬
行銷經理｜張育珊　行銷企劃｜王筱涵、周傳雅　版權負責｜杜曉涵

發行人｜張輝明　總編輯｜曾雅青　發行所｜三采文化股份有限公司
地址｜臺北市內湖區瑞光路 513 巷 33 號 8 樓
傳訊｜TEL:8797-1234　FAX:8797-1688　網址｜www.suncolor.com.tw
郵政劃撥｜帳號：14319060　戶名：三采文化股份有限公司
本版發行｜2018 年 6 月 29 日　定價｜NT$460

Truth: How the Many Sides to Every Story Shape Our Reality
Copyright © 2018, Hector Macdonald
Complex Chinese edition © 2018 by Sun Color Culture Co., Ltd.
This edition arranged with A. M. Heath & Co. Ltd. through Andrew Nurnberg Associates International Limited.
All rights reserved.

suncolor

suncolor

suncolor